海南省社会科学界联合会（海南省社会科学院）社科规划重大课题

海南省重点智库省社科院成果

海南省儋州洋浦一体化发展研究

主　　编◎王惠平

执 行 主 编◎熊安静　苏金明

执行副主编◎刘　桓　王艳婷

中国经济出版社

CHINA ECONOMIC PUBLISHING HOUSE

·北 京·

图书在版编目（CIP）数据

海南省儋州洋浦一体化发展研究 / 王惠平等主编
. --北京：中国经济出版社，2023.6
ISBN 978-7-5136-7325-9

Ⅰ. ①海… Ⅱ. ①王… Ⅲ. ①自由贸易区-经济建设-研究-海南 Ⅳ. ①F752.866

中国国家版本馆 CIP 数据核字（2023）第 091250 号

审图号：琼 S（2023）078 号

策划编辑 姜 静
责任编辑 郑 潇
责任印制 马小宾
封面设计 任燕飞工作室
封面照片拍摄 吴文生

出版发行 中国经济出版社
印 刷 者 北京富泰印刷有限责任公司
经 销 者 各地新华书店
开 本 710mm×1000mm 1/16
印 张 17.25
字 数 300 千字
版 次 2023 年 6 月第 1 版
印 次 2023 年 6 月第 1 次
定 价 88.00 元
广告经营许可证 京西工商广字第 8179 号

中国经济出版社 **网址** www.economyph.com **社址** 北京市东城区安定门外大街 58 号 **邮编** 100011
本版图书如存在印装质量问题，请与本社销售中心联系调换（联系电话：010-57512564）

编 写 委 员 会

主　　编　王惠平

执行主编　熊安静　苏金明

执行副主编　刘　桓　王艳婷

编写组成员（按拼音顺序排序）

安　洋　陈雨若　邓章扬　赖龙威

林凌子　林　婷　林祖司　刘　桓

孙继华　王　嘉　王维霞　王艳婷

夏勇开

序

位于海南岛西北部的洋浦经济开发区具有天然良港岸线条件和区位优势，深水近岸，避风少淤，深水岸线长达30多公里；处于泛北部湾中心地带，是北部湾距离国际主航线最近的天然深水良港，是海上丝绸之路的战略支点。1919年，孙中山先生在《建国方略》中首次提出建设洋浦港等海南港口。1989年4月28日，中国改革开放和现代化建设的总设计师邓小平同志亲自审阅批示《关于海南省设立洋浦经济开发区的汇报》，肯定了海南省委的决定。1992年3月，国务院正式批复设立洋浦经济开发区（国家级经济开发区）。洋浦经济开发区位于海南省儋州市，规划面积114.7平方公里，其中建设用地59.6平方公里，到2021年底只有9平方公里土地尚未使用，一方面新进的优质产业项目缺少用地指标，另一方面城市配套服务功能缺少用地空间，产城融合发展受到限制。同时，儋州市产业经济发展相对滞后，“有城无产”问题较为突出，迫切需要与洋浦深度融合发展。2021年12月29日，为适应海南全面深化改革开放和中国特色自由贸易港建设的需要，海南省委作出推进儋州洋浦一体化发展的重要决策部署，举全省之力支持儋州洋浦一体化发展，着力解决“儋州有城无产，洋浦有产无城”的问题，奋力把儋州洋浦打造成为海南高质量发展第三极。

2022年4月12日，习近平总书记莅临洋浦考察，充分肯定了儋州洋浦一体化发展思路，作出了“儋州因洋浦而更加开放、洋浦因儋州而更有深度”的重要指示，为儋州洋浦一体化发展指明了前进方向、提供了根本遵循。海南省委、省政府高度重视儋洋一体化建设工作。2022年1月21日，海南省政府工作报告提出：确保儋州洋浦一体化开好局、起好步，有序实施管理体制改革，扩展洋浦经济开发区范围，促进儋州洋浦城市功能互补、产业协同发展。2022年4月26日，中国共产党海南省第八次代表大会报告明确提出："加快推动儋洋经济圈发展，创建自由贸易港港产城融合发展先行区、示范区。"随着政策红利持续释放和营商环境不断优化，海南自贸港"港产城科"融合发展先行区示范区创建工作成绩斐然，儋洋经济圈聚合效应凸显，城市承载能力和服务水平不断提高。

为推进洋浦保税港区要素集聚和海南自由贸易港高质量发展，2021年10月，海南省社会科学界联合会、海南省社会科学院专家团队赴洋浦调研，智库专报《洋浦推进要素集聚的探索、问题及建议》获得海南省领导重要批示。为持续深入研究儋州洋浦一体化的理论与实践，科学测评儋洋一体化"港产城科"融合度，破解一体化过程中要素优化配置的难题，探索一体化发展的新方法与新路径，2021年11月，海南省社科联（海南省社科院）将《推进海南省儋州洋浦一体化研究》立项为省社科规划重大课题。课题组由海南省社科联（海南省社科院）、海南省工程咨询设计集团、海南师范大学、海南经贸职业技术学院等单位专家组成。2022年8月，课题组对儋州、洋浦进行了实地调研，与相关部门和管理人员进行了深入交谈，在查阅、整理、分析了大量的文献、数据后，课题研究成果形成最终书稿，并在此基础上形成本书《海南省儋州洋浦一体化发展研究》。

本书围绕海南省委、省政府关于儋州洋浦一体化发展重大战略决策，坚持"目标导向"与"问题导向"相结合，着重研究自由贸易港（以下简称自贸港）政策一体化落实、体制改革机制创新一体化谋划、港产城科一体化融合、现代产业体系一体化构建、生态文明建设一体化推进、城乡融合一体化发展、民生社会事业一体化改善等重大现实问题。通过文献综述和历史梳理，证明儋州洋浦融合发展是一个脉承两千年、激荡卅五载的历时性进程，也是一个战略发展机遇下的共时性创新；通过分析比较国际与国内港产城融合发展先进案例，量化分析港产城融合发展的时空特征和动力，明确儋州洋浦一体化的第一动力是形成产业、建立经济联系，需要构建环新英湾与那大区域发展双核结构，打造儋洋一体化的重要载体；科学衡量影响儋洋一体化的融合要素、竞争力因素和政策成效，从港口、产业、城市、科技维度提出融合发展建议，从生态文明、公共服务、城乡融合、行政体制创新、政策体系构建等角度寻求港产城科融合发展有效路径，提出环新英湾地区管理体制机制改革建议，提出构建儋洋一体化环新英湾“1+7+5N”发展政策体系，提出海南自贸港先行先试政策扩点扩区工作建议，努力为儋州洋浦一体化发展提供理论指导和智力支撑。

儋州洋浦一体化是一个分步推进、长期发展的过程，对儋州洋浦一体化的研究也是一个持续跟进、不断完善的过程。因成稿时间匆忙，本书尚有不足之处，敬请各位读者批评指正。

王惠平

2023 年 3 月

前言

推进儋州洋浦一体化发展是海南省委、省政府着眼于海南自贸港建设全局、统筹区域协调发展作出的重要战略决策，是解决儋州“有城无产”、洋浦“有产无城”矛盾的客观需要，更是海南全面深化改革开放和中国特色自贸港建设的需要。儋州洋浦一体化是港产城的一体化发展，但又不同于现有国内外其他区域的港产城一体化发展，具有其典型的区域发展特征和外部政策特色。儋州洋浦一体化发展是一个新课题，相关研究不足，需要科学的研究和指导。

本书全面系统研究儋州洋浦一体化发展关键问题，运用科学分析方法，深入探讨自贸港封关压力测试、港产城科融合发展、生态文明建设、公共服务提升、城乡融合发展、体制机制改革、政策体系创新等内容，分为九章。

第一章，儋州洋浦一体化发展的背景意义和基础条件分析。作为海南建制最早的古郡和改革开放的“排头兵”，儋州洋浦在海南两千年发展史中扮演着重要角色。如今，儋洋地处国内国际“双循环”重要节点、经略南海重要支点，承担着建设西部陆海新通道航运枢纽、海南自贸港政策压力测试区、海南高质量发展第三极的时代重任，一体化发展意义重大。一体化建设启动一年来成绩斐然，2022 年地区综合经济实力跃升至全省第二位，一批自贸港政策在国内首单、首笔、首次落地，“1+1>2”的聚合效应初步显现。同时，在进一步深化行政体制改革、推动发展政策落地实施、扩大封关压力测试效果、优化营商环境、提升公共服务和基础设施、推进产业链协同等方面仍面临诸多挑战。

第二章，儋州洋浦发展竞争力评价和港产城融合发展评价。第一，科学运用城市竞争力评价理论工具，将儋州洋浦放入北部湾城市群进行城市竞争力量化分析，得出主要结论：一是一体化发展中洋浦的龙头带动作用显著，要不断提升洋浦发展实力，拉动区域高质量一体化发展；二是儋州、洋浦之间的不协调主要是经济发展的不协调，要将建立经济产业联系作为一体化发展的第一动力；三是儋州、洋浦在政府支持、创新发展、对外开放、民生服务、文化建设等方面差距明显，理顺管理体制机制、着力推进一体化发展平台建设是解题关键；四是环新英湾地区与那大镇空间距离约为50公里，具备独立发展、各自向周边辐射的条件，构建环新英湾和那大镇双核发展结构是推进儋洋一体化的现实选择。第二，创新构建港产城融合发展评价指标体系，分析对比包括环新英湾在内的8个港口城市港产城融合发展水平，得出主要结论：一是儋州洋浦港产城融合的内部关系现状呈现“城市>港口>产业”特点；二是儋州洋浦港产城耦合度处于“拮抗”状态，存在一定相互阻抑现象；三是在港产城融合障碍因子诊断中，现代产业体系是儋州洋浦港产城融合最大的短板。儋洋当前的首要任务是加快重大产业项目落地，用好自贸港制度优势构建临港经济产业体系，以产业发展为核心动力，提升港口功能、促进城市发展。

第三章，自贸港“样板间”洋浦保税港区政策效应研究。洋浦保税港区于2007年经国务院批准设立，是我国第四个保税港区，肩负自贸港政策先行先试“样板间”重任。“一线”放开、“二线”管住，“加工增值免关税”“零关税”清单，“中国洋浦港”国际船籍港，新型离岸国际贸易试点等政策在洋浦保税港区落地实施取得了一定成效，烧开了自贸港建设“第一壶水”。但与社会各界期望以及设想目标相比，实施效果仍有一定差距，主要表现在政策压力测试效果不明显，政策落地效果有待进一步增强。应进一步扩大压力测试范围丰富应用场景，不断深化改革开放，提升贸易便利化程度，加大制度集成创新力度，打通政策堵点难点，推动自贸港政策实施从“烧开一壶水”到“烧开一锅水”。

第四章，儋州洋浦港产城科融合发展研究。环新英湾地区是推进儋州洋浦一体化的核心区域，也是儋州洋浦践行港产城科融合发展的重点区域，本章以环新英湾地区为重点进行深入探讨。一是围绕洋浦港打造“三小一大”干支航线网络，积极参与三条“双循环”海上物流大通道，协同联动北部湾港口群，加快建设西部陆海新通道国际航运枢纽；二是构建“361”现代产业发展体系，即形成港航物流、石化新材料和商贸服务3个千亿级业态集群，先进制造、清洁能源、清洁能源汽车、节能环保、数字经济、高端健康食品加工6个超百亿级战略性新兴产业集群和1个科教产业集群；三是按照“三年成势、五年成型、十年成城”分期滚动开发建设环新英湾全球共生城市，构建在人类命运共同体价值观引领下的中国最高标准开放的城市范式；四是谋划建设环新英湾科技城作为儋洋科技创新的核心载体，推动创新要素集聚，形成港产城科“四箭齐发”的高质量发展格局。

第五章，儋州洋浦生态文明一体化建设研究。本章将ESG理念创新引入城市生态文明建设，推动环新英湾建设绿色宜居、海陆统筹、可持续发展的“全球共生城市”，打造具有湾区特点的生态空间格局，推动儋洋互动绿色高质量发展。

第六章，儋州洋浦公共服务一体化提升研究。立足海南高质量发展“第三极”和海南自贸港区域中心城市发展要求，围绕公共服务的关键要素，以“辐射西部、服务自贸港、面向国内国际”为标准，儋洋一体打造海南自贸港西部地区教育、医疗、文体、消费、服务“五大中心”。

第七章，儋州洋浦城乡融合发展研究。海南省委、省政府支持儋州洋浦建设“城乡融合发展试验区”。坚持把城乡融合作为儋洋一体化的重要任务和目标，深化农村“三块地”改革，健全城乡资源要素流通机制，创新垦地合作模式，以城乡融合发展助力区域乡村振兴。

第八章，儋州洋浦管理体制一体化改革研究。儋州洋浦在体制机制上已初步实现一体化，儋州市委环湾办统筹协调环新英湾地区开发建设，成立伊始即取得良好开端。目前来看，仍存在体制机制改革不深化、不充分，市委环湾办有责无权、综合协调能力不足等问题。本章以环新英湾地区体制机制改革为重点，分析借鉴国内新区开发管理的四类主要模式及案例，总结提出：一是在初期，为保障环新英湾开发建设顺利高效推进，在儋州市委环湾办基础上设立新英湾管理局法定机构，施行“领导小组+法定机构+平台公司”管理架构；二是考虑区域长远发展，逐步研究推进儋州市设区工作，儋州设那大区、新英湾区两个市辖区，形成海陆联动、产业互动、定位互补、协同发展的东西双核新格局。

第九章，儋州洋浦一体化发展政策体系研究。对标借鉴国内先进地区政策体系设计优秀经验，创新提出构建儋洋一体化发展“1+7+5N”政策体系，助力自贸港“第三极”高质量发展。其中“1+7”为省级层面支持儋州洋浦一体化发展的系列政策文件，“5N”指在环新英湾（洋浦）实施的“5类N个”自贸港政策和自主制定政策，包括全岛适用的自贸港政策（8个）、洋浦独有的自贸港政策（4个）、洋浦先行先试的自贸港政策（2个）、洋浦制定的政策（11个）、环新英湾制定的政策（38个）。

目录

引　言

儋州地处海南岛西北部，毗邻北部湾，古称儋耳郡，有2100多年建城史，是海南第一个设行政建制的地区。儋州拥有海南最早的州学，苏东坡、伏波将军、冼夫人等诸多历史名人在这里留下深刻的文化印记，是海南文风始兴之地。

儋州市（含洋浦经济开发区）东邻临高县、澄迈县、琼中黎族苗族自治县，南临白沙黎族自治县、昌江黎族自治县，西、北临海，陆地面积为3406平方公里，约占海南省的1/10，海岸线长300公里，约占海南省的1/6，是海南省陆地面积最大、海岸线最长的地级市。儋州市下辖3个办事处、16个镇，常住人口97.0万人（2021年），约占全省的1/10。2022年，儋州市完成地区生产总值878.9亿元，跃居全省第二位；货物进出口占全省的近1/2，工业总产值占全省的1/3，成为海南自贸港名副其实的开放前沿和工业重镇。

2021年12月，儋州洋浦迈进一体化发展历史新征程。2022年4月，习近平总书记在儋州市考察调研，肯定了海南省委关于儋洋一体化发展重大改革决策，作出了"儋州因洋浦而更加开放、洋浦因儋州而更有深度"的重要指示，为儋洋一体化发展指明了前进方向、提供了根本遵循。

儋州洋浦将始终坚持以习近平新时代中国特色社会主义思想为指导，全面对标对表习近平总书记2022年考察海南提出的新定位、新要求，深入贯彻省第八次党代会各项决策部署，坚定不移全面落实"一本三基四梁八柱"[①]战略框架，以构建现代产业体系、推动区域协调发展为引擎，以

① "一本三基四梁八柱"战略框架："一本"指坚持以习近平总书记关于海南工作的系列重要讲话和指示批示为根本遵循；"三基"指以《中共中央、国务院关于支持海南全面深化改革开放的指导意见》《海南自由贸易港建设总体方案》《中华人民共和国海南自由贸易港法》为制度基石；"四梁"指以全面深化改革开放试验区、国家生态文明试验区、国际旅游消费中心、国家重大战略服务保障区为目标定位；"八柱"指以政策环境、法治环境、营商环境、生态环境、经济发展体系、社会治理体系、风险防控体系、组织领导体系为稳固支撑。

“空间调整、产业统筹、体制改革”为路径，把制度集成创新摆在更加突出位置，加快建设海南自贸港政策压力测试区、西部陆海新通道国际航运枢纽、临港经济引领区、海南自贸港区域中心城市；加快推动儋洋经济圈发展，创建自贸港港产城融合发展先行区示范区，让儋州因洋浦更加开放、洋浦因儋州更有深度。

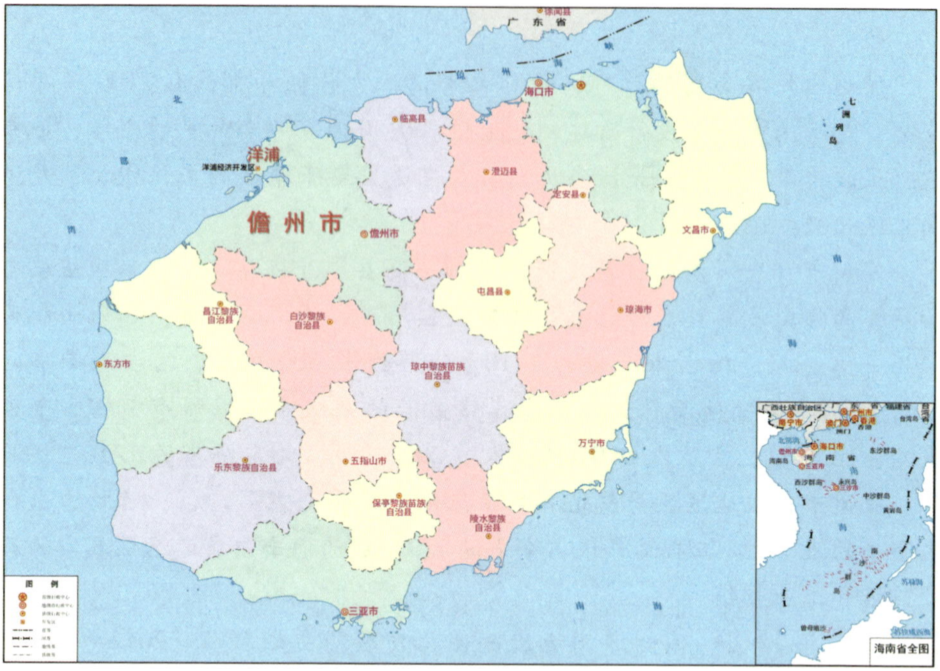

引言图1　儋州洋浦区位图

第一章

脉承两千年激荡卅五载，儋州洋浦展开中国风范亮丽名片新卷轴

第一节　儋州洋浦发展历程

推进儋州洋浦一体化发展对儋州洋浦发展具有重大的现实意义和重要的历史意义，从历史的角度简要梳理儋州洋浦两千多年的发展脉络，特别是回顾海南建省以来儋州洋浦的发展历程，有助于我们深刻认识当前推进儋州洋浦一体化的重要意义。

一、古道边城：公元前112—1884年

这一时期，儋州洋浦地区建置几经变更，逐步形成今日雏形。

公元前112年（西汉元鼎五年），南越叛乱，汉武帝派路博德将军等进击岭南。平叛后，在海南岛设立珠崖郡、儋耳郡，属交趾刺史部。儋耳郡辖儋耳县（今儋州）、至来县（今昌江）、九龙县（今东方）三县，郡治在儋耳县高麻都南滩浦（今洋浦三都镇旧州坡）。

公元前82年（西汉始元五年），废除儋耳郡，并入珠崖郡。

公元前46年（西汉初元三年），罢珠崖郡，设朱卢县。

43年（东汉建武十九年），复设珠崖县。

67年（东汉永平十年），复设儋耳郡，后于东汉建康元年（144年）废。此后百年由于王朝更替、战乱频繁，海南岛郡县行政建制时设时废。

610年（隋大业六年），改珠崖郡为儋耳郡，辖义伦（今儋州）、毗善（今临高）、昌化（今昌江）、吉安（今昌江北部）、感恩（今东方）等地区，郡治在义伦。

622年（唐武德五年），设儋州，儋州之名自此开始。州治位于义伦县高

坡（今儋州中和镇），辖义伦、昌化、感恩、富罗（毗善更名，今临高）四县。

1073年（北宋熙宁六年），改儋州为昌化军。

1097年（北宋绍圣四年）至1100年（宋哲宗元符三年），苏东坡谪居儋州。

1235年（南宋端平二年），改昌化军为南宁军，属广西。

1369年（明洪武二年），改回儋州，属广东琼州府。

清袭明制。

二、兴亡沉浮：1884—1950年

这一时期，海南岛战略地位凸显，洋浦港口区位优势得到重视。

1884年（清光绪十年），法国发动中法战争，侵占越南，危及海南岛。

1887年（清光绪十三年），清朝两广总督张之洞到海南部署防务并到洋浦视察，他上疏清朝廷建议将海南改为行省，开发建设洋浦港，但未被采纳。

1912年，撤销儋州，改设儋县。

1919年，孙中山先生在《建国方略》中提出海南岛洋浦地区建港和开发计划，将洋浦港列入中国未来大港。

1939年，日军占领海南岛，把海南作为“不沉的航空母舰”，洋浦沦为重要交通中转港。

三、激情岁月：1950—1988年

这一时期，儋州洋浦发展由慢向快，洋浦港开始建设，为后期发展打下重要基础。

1950年，儋县洋浦随海南岛一同解放。

1957年，国务院决定设立那大县，将儋县的大成区、那大区划归那大县管辖。

1958年，中共广东省委决定合并儋县和那大县，成立新的儋县，撤销那大县行政建置。

1960年，周恩来总理视察海南岛，在儋县考察海南粮食问题和种植橡胶等热带作物问题。

1972年，洋浦港建设列入国家建港发展规划。

1974年，广东省设立建港领导小组启动洋浦港研究规划并形成成果，后因财力不足搁浅。

1983 年，洋浦港筹建办公室再度挂牌，编制洋浦地区总体规划，后因资金缺乏未能立时上马。

1987 年，洋浦港正式破土动工，被列入国家“七五”重点工程。

四、突云破障：1988—2005 年

这一时期，洋浦发展承受住了巨大压力，打破质疑，儋州洋浦发展定位在探索中逐渐清晰，洋浦进一步理顺了管理体制。

1988 年 4 月，海南建省，成为全国最大经济特区。同年 6 月，海南省政府与熊谷组（香港）有限公司（以下简称“熊谷组”）达成开发洋浦初步协议，并上报国务院。

1989 年 2 月，海南省研究起草洋浦开发区管理条例和开发协议，这些文件时至今日仍有闪光之处。

专栏 1-1　改革开放初期时任党和国家领导人对洋浦（海南）开发建设的指示

1984 年，邓小平同志同几位重要负责人谈话时说：“除现在的特区之外，可以考虑再开放几个港口城市，如大连、青岛。这些地方不叫特区，但可以实行特区的某些政策。我们还要开发海南岛，如果能把海南岛的经济迅速发展起来，那就是很大的胜利。”同年，邓小平同志会见美国企业家哈默时说：“我们决定开发海南岛。利用天然气还可带动其他行业。这里铁矿丰富，可以发展钢铁工业。”①

1986 年，田纪云同志考察洋浦，他指出：“洋浦很有前途，应好好规划，好好建设，三五年或十年八年内这地方要搞成一个现代化的港口城市。”②

1987 年，邓小平在会见南斯拉夫领导人时说：“我们正在搞一个更大的特区，这就是海南岛经济特区。海南岛和台湾的面积差不多，那里有许多资源，有富铁矿，有石油天然气，还有橡胶和别的热带亚热带作物。海南岛好好发展起来，是很了不起的。”③

① 彭青林．海南岛好好发展起来，是很了不起的［N］．海南日报，2013-04-26（T5）．

② 海南史志网．洋浦开发大事记［EB/OL］．（2012-02-02）［2023-02-09］．https：//www.hnszw.org.cn/xiangqing.php? ID=51728&Deep=7&Class=5205．

③ 彭青林．海南岛好好发展起来，是很了不起的［N］．海南日报，2013-04-26（T5）．

1989年3月，5名全国政协委员在全国政协七届二次大会上联合发言，对“洋浦模式”提出7点疑问，影响波及全国乃至日本、美国，史称“洋浦风波”。

1991年9月，海南省政府以海南省投资促进委员会名义与熊谷组签订《关于投资开发经营洋浦开发区三十平方公里土地项目意向书》，并上报国务院批准。

1992年3月，国务院批准海南省吸收外商投资开发建设洋浦经济开发区，规划面积30平方公里、规划预备用地70平方公里，为中国首例外商投资成片开发区、国内开放度最高的经济开发区。

1992年8月，省政府与熊谷组签订《洋浦地区三十平方公里土地使用权出让合同》，并上报国务院批准。

1993年3月，儋县撤县设市（县级）。

1993年4月，洋浦经济开发区管理局（正厅级）挂牌成立。

1993年9月，洋浦经济开发区封关运作，成为中国最大的境内海关监管区。

1996年9月，国务院决定将中海油大化肥项目、印度尼西亚金光纸浆项目设在洋浦。

专栏1-2 “洋浦风波”后时任党和国家领导人对洋浦开发建设的指示批示①

1989年3月30日，王震同志批示：“洋浦地区30平方公里土地的开发由熊谷组承包事，完全可行。谨建议：中央、国务院批准。”

1989年4月28日，邓小平同志就洋浦开发作出批示：“我最近了解情况后，认为海南省委的决策是正确的，机会难得，不宜拖延，但须向党外不同意者说清楚。手续要迅速周全。”

1990年5月，江泽民同志视察洋浦时指出：“海南在洋浦划出一块地方来搞成片开发，吸引外商投资，这是一件好事，党中央、国务院非常支持。洋浦的自然条件很好，有发展前途，应该很好开发。”

1990年12月，李鹏同志在海南视察时指出：“要通过洋浦的开发，探索成片开发的路子。”

① 苏盛葵．洋浦，你如今怎么啦？[J]．南风窗，1999（2）：54-56. DOI：10.19351/j.cnki.44-1019/g2.1999.02.024.

五、勇毅前行：2005—2022 年

这一时期，儋州洋浦发展驶入快车道，儋州建设西部中心城市并升格为地级市，洋浦建设高质量发展增长极，儋洋进入一体化发展新的历史阶段。

2005 年 9 月，经国务院批准的洋浦土地开发公司重组方案签约落地，海南省政府成为洋浦开发建设主导，土地开发一直由外资控股的局面就此结束。

2008 年 11 月，洋浦保税港区封关运行。

2010 年 1 月，省委出台关于加快海南西部地区开发建设的若干意见，提出将儋州建设成西部中心城市。

2010 年 3 月，洋浦管理局更名为洋浦管理委员会，洋浦控股公司成建制划入，建立集经济、社会、行政于一体的党政企联席机制，洋浦开发体制机制得到完善。

2011 年 12 月，省委决定全面加快洋浦开发建设，围绕“一港三基地”把洋浦打造成为海南科学发展、改革开放排头兵。

2013 年 10 月，儋州市三都镇并入洋浦经济开发区。

2015 年 2 月，国务院同意设立地级儋州市。

2018 年 4 月，习近平总书记出席庆祝海南建省办经济特区 30 周年大会并发表重要讲话，中共中央、国务院发布关于支持海南全面深化改革开放的指导意见。

2019 年 2 月，儋州提出打造海南西部教育中心、医疗中心、文体中心、消费中心、服务中心“五大中心”。

2019 年 6 月，省委、省政府提出将洋浦打造成海南自贸港建设先行区示范区、全省高质量发展增长极。

2020 年 6 月，《海南自由贸易港建设总体方案》发布，发布当天国际船籍港政策在洋浦落地实施，成为落地最快的海南自贸港政策。

2021 年 12 月，海南省委召开全省推进儋州洋浦一体化发展动员大会，举全省之力支持儋州洋浦一体化发展，奋力打造海南高质量发展第三极。①

① 况昌勋，王江顺．举全省之力支持儋州洋浦一体化发展　奋力打造海南高质量发展第三极［N/OL］．海南日报，（2021 - 12 - 30）［2023 - 02 - 09］．http：//hnrb. hinews. cn/html/2021 - 12/30/content_ 58464_ 14326267. htm.

2022年1月，中共中央组织部副部长，国家公务员局局长徐启方（时任海南省委常委、组织部部长，儋州市委书记，洋浦经济开发区工委书记）提出儋州洋浦一体化要加快推进自贸港政策、体制改革机制创新、现代产业体系、生态文明建设、城乡融合发展、基础设施建设、民生社会事业、社会治理水平、思想文化建设、重大风险防控等十大领域“一体化”。①

2022年4月，习近平总书记在儋州市考察调研，肯定了海南省委关于儋洋一体化发展重大改革决策，作出了“儋州因洋浦而更加开放、洋浦因儋州而更有深度”的重要指示，为儋洋一体化发展指明了前进方向、提供了根本遵循。②

2022年5月，省委、省政府出台《关于支持儋州洋浦一体化发展的若干意见》，吹响推进儋州洋浦一体化发展、打造海南高质量发展第三极的号角。

专栏1-3　2005年以来现任和时任党和国家领导人对洋浦开发建设的指示

2005年2月，吴仪同志到洋浦经济开发区考察时指出，要尽快明确洋浦开发区今后发展设想，按照国家级经济开发区规范化的模式重新改造洋浦开发区，研究总体发展规划和产业定位，使洋浦开发区成为海南发展的龙头，承担起带动海南经济的重任。

2008年4月，胡锦涛同志视察洋浦经济开发区时指出，要积极参与中国—东盟自由贸易区建设和环北部湾的经济合作，以洋浦开发区为龙头，努力打造面向东南亚的航运枢纽、物流中心和出口加工基地。

2009年4月，温家宝同志视察洋浦经济开发区时指出，洋浦开发区一定要办成一流的企业、一流的管理、一流的效益、一流的质量、一流的环保，最重要的是一流的环保。

2010年4月，习近平同志到洋浦经济开发区视察，提出洋浦“要坚持走新型工业化道路，积极发展科技含量高、带动能力强、污染排放低、综合效益好的产业，实现工业跨越式发展”。③

① 中国共产党儋州市第十三次代表大会秘书处．中国共产党儋州市第十二届委员会报告［R］．（2022-01-03）．

② 儋州市人民政府．儋州市2023年政府工作报告［R/OL］．（2023-01-20）［2023-02-08］．https：//www. danzhou. gov. cn/danzhou/ywdt/jrdz/202301/t20230120_ 3350436. html.

③ 洋浦经济开发区志编纂委员会．洋浦经济开发区志（1992—2010）［A］．北京：方志出版社，2015.

2022年4月，习近平同志在儋州市考察调研。在展示馆，习近平指出，洋浦经济开发区作为海南自由贸易港先行区、示范区，要总结好海南办经济特区经验，用好“中国洋浦港”船籍港的政策优势，大胆创新、先行先试。在洋浦国际集装箱码头小铲滩港区，习近平强调，振兴港口、发展运输业，要把握好定位，增强适配性，坚持绿色发展、生态优先，推动港口发展同洋浦经济开发区、自由贸易港建设相得益彰、互促共进，更好服务建设西部陆海新通道、共建“一带一路”。习近平指出，党中央选派干部来自由贸易港挂职，既体现了党中央对自由贸易港建设的关心和支持，也是对干部的培养锻炼，要发挥挂职干部的积极作用，让他们在基层一线增长才干。①

第二节　儋州洋浦一体化战略定位

一、国内国际“双循环”重要节点

构建以国内大循环为主体、国内国际双循环相互促进的新发展格局，是以习近平同志为核心的党中央立足我国新发展阶段，贯彻新发展理念，推动高质量发展，把握未来发展主动权的战略性布局和先手棋。如果把国内国际双循环比作一个“8”字形，海南自贸港恰好处在“8”字形中间的交会点上。儋州洋浦既直面东南亚及“一带一路”，又背靠国内统一大市场，拥有一流的国际化营商环境，要发挥海南自贸港政策先行先试优势，塑造开放型体制机制，保障资金、物流、数据、创新、人力资源等要素自由流通，积极打造“两个总部基地”②，吸引全球资源要素集聚，提升海南在全球产业链、价值链、创新链中的服务功能。

---

① 习近平在海南考察：解放思想开拓创新团结奋斗攻坚克难　加快建设具有世界影响力的中国特色自由贸易港［N/OL］. 新华社，（2022-04-13）［2023-02-22］. http：//www.gov.cn/xinwen/2022-04/13/content_5685109.htm.

② 两个总部基地：海南省委提出“利用海南自由贸易港区位优势、政策优势，打造中国企业进入东盟的总部基地和东盟企业进入中国市场的总部基地”，简称“两个总部基地”。

二、经略南海重要支点

国家重大战略服务保障区是党中央赋予海南“三区一中心”[①] 战略定位的重要组成部分，要求海南提升在国家战略格局中的地位和作用。[②] 南海扼守太平洋和印度洋海运要冲，全球80%的海上跨国贸易由此经过，是我国至关重要的战略运输生命线。[③] 儋州洋浦位于北部湾重要位置，在区位、港口、产业、政策等方面具有独特优势，要高质量发展海洋经济，推动海洋工程、海上风电、海洋渔业、港航物流高水平发展，提升海洋服务保障能力，深度融入和更好服务海洋强国战略，成为经略南海、守好祖国南大门的重要支点。

三、海南自贸港政策压力测试区

2022年4月，习近平总书记在儋州洋浦考察时对压力测试的做法表示肯定，指出“压力测试也是自己能力提高的一个过程。要循序渐进，尽早去调研、去准备”。[④] 习近平总书记还强调“洋浦经济开发区作为海南自由贸易港先行区、示范区，要总结好海南办经济特区经验，用好‘中国洋浦港’船籍港的政策优势，大胆创新、先行先试”。[⑤] 党中央决定建设中国特色海南自贸港以来，洋浦承担自贸港先行先试“样板间”重任，“一线”放开“二线”管住、“零关税”、国际船籍港、加工增值内销免关税、离岸贸易等政策率先在洋浦落地。儋州洋浦要加快政策落地和试点事项向洋浦以外扩点扩区，加快开放口岸、非设关地以及无感通关等设备设施建设，为海南全岛封关运作积累经验。

四、西部陆海新通道国际航运枢纽

2022年4月，习近平总书记在儋州洋浦考察时指出，要更好服务建设西

---

① 三区一中心：全面深化改革开放试验区、国家生态文明试验区、国际旅游消费中心、国家重大战略服务保障区。

② 《中共中央 国务院关于支持海南全面深化改革开放的指导意见》。

③ 吴士存．南海缘何再度成为大国角逐的舞台［J］．人民论坛·学术前沿，2021（3）：16-27. DOI：10.16619/j.cnki.rmltxsqy.2021.03.03.

④ “探索试验蹚出来一条路子”——记习近平总书记赴海南考察调研［N/OL］．新华社，（2022-04-15）［2023-02-22］．http：//www.gov.cn/xinwen/2022-04/15/content_5685311.htm.

⑤ 习近平在海南考察：解放思想开拓创新团结奋斗攻坚克难 加快建设具有世界影响力的中国特色自由贸易港［N/OL］．新华社，（2022-04-13）［2023-02-22］．http：//www.gov.cn/xinwen/2022-04/13/content_5685109.htm.

部陆海新通道、共建“一带一路”。[①] 西部陆海新通道纵贯我国西南地区，北接丝绸之路经济带，南连21世纪海上丝绸之路，在区域协调发展格局和对外开放新格局中具有重要战略地位。洋浦港是中国经北部湾通往南海的最后一个集装箱深水良港，也是从南海经北部湾进入中国的第一个集装箱门户港口，国家《西部陆海新通道总体规划》赋予洋浦港区域国际集装箱枢纽港地位。[②] 儋州洋浦要增强中转集拼业务功能，加快建设我国面向太平洋和印度洋的门户港、国际集装箱枢纽港、港口型国家物流枢纽，打造区域性国际航运枢纽。

五、海南高质量发展第三极

2022年4月，习近平总书记在海南考察时强调，“要突出陆海统筹、山海联动、资源融通，推动城乡区域协调发展”。[③] 海南作为岛屿型地理单元，建省以来历经“南北带动、两翼推进、发展周边、扶持中间”[④]、“加快西部地区开发建设”[⑤]、“海澄文”一体化综合经济圈[⑥]（后升级为“海澄文定”综合经济圈[⑦]）和“大三亚”旅游经济圈[⑧]等阶段。进入新发展阶段，海南自贸港打造“三极一带一区”区域协调发展新格局，[⑨] 推动全岛区域发展从等级

---

① 习近平在海南考察：解放思想开拓创新团结奋斗攻坚克难　加快建设具有世界影响力的中国特色自由贸易港［N/OL］. 新华社，（2022-04-13）［2023-02-22］. http：//www. gov. cn/xinwen/2022-04/13/content_ 5685109. htm.

② 国家发展改革委关于印发《西部陆海新通道总体规划》的通知，发改基础〔2019〕1333号，2019年8月15日。

③ 习近平在海南考察：解放思想开拓创新团结奋斗攻坚克难　加快建设具有世界影响力的中国特色自由贸易港［N/OL］. 新华社，（2022-04-13）［2023-02-22］. http：//www. gov. cn/xinwen/2022-04/13/content_ 5685109. htm.

④ 董纯进. 回顾建省25周年：2002十六字诀统筹区域发展［N］. 海南日报，2013-04-24（A6）.

⑤ 中共海南省委关于加快海南西部地区开发建设的若干意见. 梁振球. 海南年鉴［M］. 海南年鉴社，2011：565-569.

⑥ 《海南省国民经济和社会发展第十三个五年规划纲要》，“海澄文”一体化综合经济圈包括海口、澄迈、文昌。

⑦ 《海南省国民经济和社会发展第十四个五年规划和二〇三五年远景目标纲要》，“海澄文定”综合经济圈包括海口、澄迈、文昌、定安。

⑧ 《海南省国民经济和社会发展第十三个五年规划纲要》，“大三亚”旅游经济圈包括三亚、陵水、保亭、乐东。

⑨ 《中共海南省委　海南省人民政府关于海南自由贸易港统筹区域协调发展的若干意见》（琼发〔2022〕7号），“三极”指海口经济圈、三亚经济圈、儋洋经济圈，“一带”指滨海城市带，“一区”指中部生态保育区。

范式向网络范式转变，把统筹区域协调发展作为推动海南高质量发展“两大引擎”① 之一。儋州经济圈与海口经济圈、三亚经济圈上升到同等高度，肩负起海南高质量发展第三极的历史使命，要着力优化空间发展格局、加快建设西部陆海新通道国际航运枢纽、推动产业协调发展、推动港产城融合发展（见表 1-1）。

表 1-1　儋洋经济圈在海南自贸港区域协调发展中的功能任务

功能任务	具体要求（节选）
优化空间发展格局	加快建设环新英湾新区，引导城市中心向环新英湾拓展，打造西部区域发展的核心区和主引擎。推动儋州洋浦与海口、洋浦与那大城区的快速互联互通，打造环新英湾快速交通网络和慢行系统，构建儋洋半小时交通圈和儋州洋浦与海口 1 小时交通圈。推进水、电、气设施一体化。加快智慧园区建设
加快建设西部陆海新通道国际航运枢纽	对接西部陆海新通道建设，打造保税油供应中心，提升全球航运资源配置能力。建设区域性综合交通枢纽，推动形成“空、海、铁、公”协同的互联互通立体化综合交通体系，实现海陆联运、海空联运、水水中转的有机衔接。加强与广西、重庆联动发展，推动洋浦港与钦州港优势互补、融合发展，加快建设区域国际枢纽港，吸引国内沿海西行至东南亚、南亚、欧洲的货物和东盟国家特别是越南东行至东北亚、美西的货物经洋浦港中转。加快“中国洋浦港”船籍港建设
推动产业协调发展	依法将省政府赋予洋浦的省级管理权限拓展到儋州全域。大力发展新一代信息技术、人工智能、石化新材料、新能源、海洋装备、健康食品及旅游消费品等高端制造业。延长上下游产业链，打造石化新材料、港航物流、商贸服务等千亿级业态和健康食品加工、制浆造纸、高端旅游消费品制造等超百亿级产业集群。建设文化和旅游融合发展示范区。建设热带特色高效农业高地
推动港产城融合发展	按常住人口规模配置公共资源，推动海南西部中心医院、儋州市人民医院和滨海新区医院、海南大学儋州校区、德国比勒菲尔德应用科技大学、海南电影学院、上海师范大学附属实验学校、洋浦产城融合安居工程等项目加快建设，推进城乡公共文化体育服务体系一体建设。推动城镇基本公共服务常住人口全覆盖。扩大义务教育阶段公办学校学位供给。深化实施职业技能提升行动，提升农业转移人口就业能力。推进那大城区城市更新，建设城乡融合发展试验区

资料来源：《中共海南省委　海南省人民政府关于海南自由贸易港统筹区域协调发展的若干意见》（琼发〔2022〕7 号）

六、港产城融合发展先行区、示范区

2022 年 4 月，习近平总书记在儋州洋浦考察时了解到儋洋有港、有产、有城，他指出：“这样就把儋州拖到一个更大的开放圈里来了。我们古老的郡

① “两大引擎”：构建现代产业体系和推动区域协调发展。

县，大多离海远远的。现在城市向海边发展，也要陆海兼修。”① 儋州洋浦一体化要坚持港产城融合，将洋浦的政策、区位、产业优势，与儋州城市功能和腹地优势相结合，不断提高环新英湾地区城市承载能力和服务水平，建设港产城融合发展先行区、示范区。② 儋州洋浦要优化城市、港口、产业发展空间，完善城市市政公用设施等“硬”功能，提质升级教育、医疗、文体、旅游、消费等城市服务“软”实力，大力把科技创新贯穿于港产城融合发展全过程，形成港产城科“四箭齐发”③ 的高质量发展格局。

第三节　儋州洋浦一体化发展基础

一、地区综合实力不断提升

1988 年海南建省以来，儋州洋浦发展驶入快车道，主要经济社会发展指标快速增长。1992 年洋浦成为国家级开发区，2008 年洋浦保税港区封关运行，2015 年儋州升格为地级市；2022 年，儋州洋浦地区生产总值（GDP）跃升至全省第二位，货物进出口贸易额占全省的近 1/2，工业总产值占全省的 1/3，登记国际船舶总载重吨位居全国第二位，④ 常住人口近百万人，城镇化率达到 54.6%，⑤ 成为海南自贸港的发展引擎、开放前沿、航运中心和工业重镇。

二、自贸港政策逐步落地见效

2020 年 6 月《海南自由贸易港建设总体方案》实施以来，儋州洋浦全力推动海南自贸港早期政策安排落地见效，洋浦打造自贸港“样板间”，一批政

---

① “探索试验蹚出来一条路子”：记习近平总书记赴海南考察调研［N/OL］. 新华社，（2022-04-15）［2023-02-22］. http：//www. gov. cn/xinwen/2022-04/15/content_ 5685311. htm.

② 《中共海南省委　海南省人民政府关于支持儋州洋浦一体化发展的若干意见》（琼发〔2022〕9 号）。

③ 冯飞在儋州宣讲党的二十大精神［N/OL］. 海南广播电视总台，（2022-11-30）［2023-02-22］. https：//mp. weixin. qq. com/s? src = 11&timestamp = 1677124219&ver = 4367&signature = MA2y04R47tzoL1TwyxTM2wNhIaEKUtcIvEo79IUklNCVrpF0wItCtiteDPv969L8IHXQuwyDZj7O * i3LHvkkBX5XkDnhvHocViNwSkJPHA8OQLygZxPRXEBAjij3P0PF&new = 1.

④ 儋州市人民政府 . 儋州市 2023 年政府工作报告［R/OL］.（2023-01-20）［2023-02-08］. https：//www. danzhou. gov. cn/danzhou/ywdt/jrdz/202301/t20230120_ 3350436. html.

⑤ 儋州市统计局，国家统计局儋州调查队 . 儋州统计年鉴 2022［M］. 北京：中国统计出版社，2022.

策在国内首单、首笔、首次落地。“中国洋浦港”国际船籍港推动国际航运枢纽加快建设，登记国际船舶总载重吨位居全国第二位，实现西部陆海新通道“铁海联运+内外贸同船”。[①] 自贸港政策扩点增面，加工增值内销免关税政策效应持续放大，实施“一线”放开、“二线”管住进出口管理制度，境外货物“径予放行”、出区货物“单侧申报”、“先入区后检测”等政策开展实单业务。内外贸同船运输船舶加注不含税油、三张“零关税”清单、企业和个人所得税优惠等政策有效实施。新型离岸国际贸易先行示范区挂牌成立。

三、现代产业体系加快构建

儋州洋浦高新技术产业、旅游业、现代服务业、热带特色高效农业蓬勃发展，初步构建起海陆兼修、三产并进、科技先导的现代产业体系。2018 年以来，儋州加快由农业大市向热带特色高效农业高地、海南西部消费中心和服务中心转型，围绕热带特色高效农业、旅游业和现代服务业布局产业链供应链，入选全国农村第一、第二、第三产业融合发展先导区创建名单，滨海新区旅游产业园蓬勃发展，东坡文化游成为新热点。洋浦由传统工业园区向高科技产业新城转型，发展动力由二产独大向二产、三产“并驾齐驱”转变，积极建设国家新型工业化产业示范基地、循环化改造示范试点园区和国家级绿色园区，一批高新技术产业项目建设投产，2020—2022 年集装箱吞吐量增速连续三年在全国百万标准箱级海港中排名第一。

四、改革持续向纵深推进

儋州洋浦持续深化改革创新，制度集成创新成效显著。2021 年，儋州工程建设项目审批制度改革第三方评估排名全省第二，基层联动调解机制案例入选第三批全国乡村治理典型案例，全省率先成立市县级营商环境专班。2021 年，洋浦“保税港区物流分离监管”等 6 项创新案例面向全国发布，“打造海南自由贸易港建设‘样板间’”被国务院列为典型案例通报表扬，85. 5%的政务服务事项实现“最多跑一次”甚至“一次都不用跑”，[②] 实现企业开办“一日办”“零费用”“零跑动”，政务服务“一窗受理”“一网通办”“一枚印章管审批”，审批改革“告知承诺制”“准入即准营”“落地即开工”，

---

① 林书喜，李灵军．打造国际航运枢纽　服务共建“一带一路”［N］．海南日报，2022-06-20（A2）．DOI：10. 28356/n. cnki. nhlrb. 2022. 003175.

② 儋州市人民政府．儋州市 2023 年政府工作报告［R/OL］．（2023-01-20）［2023-02-08］．https：//www. danzhou. gov. cn/danzhou/ywdt/jrdz/202301/t20230120_ 3350436. html.

口岸通关进口货物船边直提、出口货物抵港直装，民营经济发展软环境评价位居海南省第一位。

五、民生福祉持续改善

儋州洋浦大力保障改善民生，社会事业长足进步。2018 年以来，儋州坚持公共财政支出的 80%以上用于民生事业，[①] 海南西部教育、医疗、文体、消费、服务“五大中心”功能不断增强。2018 年以来，儋州建成海南省首家紧密型医联体、海南西部首个院士工作站，海南西部中心医院、儋州市人民医院升级“三甲”医院，基层医疗服务网络基本实现全覆盖；引进南开大学附属中学、上海师范大学等优质教育资源，通过国家义务教育发展基本均衡市评估认定，学前教育“两个比例”[②] 提前达标。2020 年，儋州 36 个贫困村全部摘帽出列，建档立卡贫困人口 14902 户 69681 人全部脱贫。[③] 近年来，获得“全国双拥模范城”“国家园林城市”“国家卫生城市”等称号，入选“全国文明城市”提名。洋浦加快建设东部生活区，2021 年，滨海文化广场、滨海公园二期等生活配套设施建成投用，建设 7000 多套人才房、安居型商品房、搬迁安置房，落地国际幼儿园、洋浦外国语学校优质教育资源，完成基层卫生院和村卫生室标准化建设。[④]

第四节 儋州洋浦一体化顺利开局

一、顶层设计和支持政策持续出台

2021 年 12 月底，海南省委、省政府作出推进儋州洋浦一体化发展的重要战略决策。2022 年 5 月，海南省委、省政府出台《关于支持儋州洋浦一体化发展的若干意见》，全面系统提出儋洋一体化总体要求、支持措施、保障措施。随后，海南省发展改革委、省交通运输厅、省资规厅、省财政厅、省工

① 《中国共产党儋州市第十三次代表大会报告》。

② 学前教育“两个比例”指公办园就读幼儿比例达到 50%、普惠性幼儿园覆盖率提高到 80%。

③ 南海网．关注市县党代会|儋州：推进儋洋一体化 打造海南高质量发展“第三极”［EB/OL］．（2022-01-03）［2023-02-03］．https：//view. inews. qq. com/k/20220103A05N8600？web_ channel=wap&openApp=false.

④ 林书喜，李灵军．自贸港“样板间”初步成型［N］．海南日报，2022-01-28（A07）．DOI：10. 28356/n. cnki. nhlrb. 2022. 000652.

信厅、省金融局、人民银行海口支行等9个部门配套推出7个文件共118条具体支持措施，在省级层面形成支持儋洋一体化“1+7”政策体系（见表1-2）。

表1-2　海南省级层面支持儋州洋浦一体化政策文件

出台部门	出台文件
海南省委　省政府	《中共海南省委　海南省人民政府关于支持儋州洋浦一体化发展的若干意见》
海南省发展改革委	《海南省发展和改革委员会关于支持儋州洋浦一体化发展的若干措施》
海南省工信厅	《海南省工业和信息化厅关于支持儋州洋浦一体化发展的若干措施》
海南省财政厅	《海南省财政厅关于支持儋州洋浦一体化发展的若干措施》
海南省资规厅	《海南省自然资源和规划厅关于支持儋州洋浦一体化发展的若干措施》
海南省交通运输厅	《海南省交通运输厅关于支持儋州洋浦一体化发展的若干措施》
海南省金融局	《海南省地方金融监督管理局关于支持儋州洋浦一体化金融发展工作方案》
人民银行海口支行联合银保监会海南监管局、证监会海南监管局、外汇管理局海南省分局	《关于金融支持儋洋一体化　打造海南自由贸易港贸易投资高水平开放先行区的意见》

资料来源：本书编写组整理

二、行政体制改革稳步实施

儋州洋浦一体化建设启动一年以来，大力调整优化管理体制和机构设置。2022年，儋州市委、市政府与洋浦经济开发区工委、管委会合署办公，实行一套工作机构、两个机关名称，对儋州、洋浦进行统一管理。组建儋州市委推进环新英湾港产城一体化开发建设领导小组办公室，对环新英湾区域内的工作事项统筹协调、督促落实。仅用不到百天时间就完成了儋州洋浦一体化机构改革，实现“一套班子，两块牌子”管理模式，党政机构减少10个、事业单位减少24个。[①] 保留洋浦在规划调整、用地用海用林审批、土地出让、环境评价、市场监管等方面的高效行政管理体制机制，并将省政府赋予洋浦的省级管理权限、税收省级部分全留政策拓展到儋州全域。

① 本书编写组根据调研资料整理。

三、自贸港政策效应持续放大①

儋州洋浦一体化建设启动一年以来，洋浦国际航运枢纽加快建设，2022 年集装箱吞吐量为 176.7 万标准箱，同比增长 34.1%。到 2022 年，“中国洋浦港”累计登记国际船舶 33 艘、总载重吨 490 万吨；累计开通内外贸航线 40 条，初步构建以洋浦港为枢纽，对内连接国内沿海主要港口，对外贯通东盟、南太平洋和印度洋的航线布局。洋浦港实行“24 小时一站式服务”“船舶检查一次性办结”，海关推出“不同品种保税油品同船混装运输监管模式”“出口成品油即检即放检验监管”“保税港区物流分离监管”等监管创新举措。

儋州洋浦一体化建设启动一年以来，持续推进海南自贸港政策扩点增面。三张“零关税”清单享惠面不断扩大，到 2022 年，累计进口货物价值 109.9 亿元，占全省 80%，减免缓缴税款 18.8 亿元；加工增值内销免关税政策扩展至洋浦保税港区外，累计开展业务 291 单、免征关税 2.2 亿元；企业个人“双 15%”所得税政策累计减免税收 13.5 亿元。“一线”放开、“二线”管住进出口管理制度顺利实施，完成通关服务备案企业 23 家，开展境外货物“径予放行”业务 14 单、出区货物“单侧申报”业务 335 单。

儋州洋浦一体化建设启动一年以来，经济外向度明显提升。2022 年，货物进出口额达到 950 亿元、同比增长 35.4%，服务进出口额 91 亿元、同比增长 111%，两项指标对全省增长贡献率分别达到 47%、76%。全年实际利用外资 6.4 亿美元、同比增长 239%。全年跨境贸易投资高水平开放外汇管理改革试点落地 9 项，办理业务 2214 笔，涉及金额 103.2 亿美元；新型离岸贸易结算 116.6 亿美元、同比增长 87.5%，占全省 75%。洋浦经济开发区获批国家进口贸易促进创新示范区，洋浦保税港区全国排名跃升至第 27 位。

四、经济产业发展呈现聚合效应

儋州洋浦一体化建设启动一年以来，由“物理叠加”到“化学反应”，“1+1>2”的聚合效应初步显现。2022 年，儋州洋浦地区生产总值为 878.9 亿元，跃居全省第二位，工业总产值首次突破千亿元，全年申报研发经费同比实现翻番。百万吨乙烯生产项目建成试车，苯乙烯类热塑性弹体、环氧乙烷、

① 儋州市人民政府．儋州市 2023 年政府工作报告［R/OL］．（2023-01-20）［2023-02-08］．https：//www.danzhou.gov.cn/danzhou/ywdt/jrdz/202301/t20230120_ 3350436.html.

聚对苯二甲酸乙二醇酯（PET）、精对苯二甲酸（PTA）等产业链项目加快建设，初步形成石化新材料全产业链条。两个全球先进的海上风电及装备制造项目开工建设，风力发电和风电装备产业集聚崛起。以第一名的成绩获评省级全域旅游示范区。获评国家生猪养殖业转型综合标准化示范区，获得国务院给予的生猪调出大县奖励。①

五、营商环境显著提升

儋州洋浦一体化建设启动一年以来，营商环境优化实现新突破。在海南全省率先成立营商环境建设局，加挂行政审批局。49 项省政府赋予洋浦的省级管理权限拓展到儋州全域，实现“能放全放”。“一枚印章管审批”划转 935 项审批事项，数量居全省第一。实行投资项目“四评合一”，审批时间由原来的 181 个工作日压缩至 31 个工作日。梳理“零跑动”事项 1498 项，可办率 70.6%。建立“企业首席服务专员”制度。加快创建诚信儋州，创新“信易+”场景 12 个，儋州市在全国城市信用监测中的排名上升 168 位，位列全国地级市第 54 名。②

第五节　儋州洋浦一体化面临的挑战

一、行政体制改革需进一步深化

儋州市环新英湾地区覆盖洋浦经济开发区和儋州市七个镇，是推进儋州洋浦一体化建设的核心区域。儋州市委推进环新英湾港产城一体化开发建设领导小组办公室成立伊始即取得良好开端，但统筹、协调、推进全区开发建设的工作机制尚未完全建立，职能发挥偏“虚”偏“弱”，决策部署流程需进一步完善、统筹协调机制需进一步优化、督促落实抓手需进一步强化、工作人员需用多种办法补足，尽早把“三定方案”赋予的各项工作职能落到实处，有效放大行政体制改革释放的发展红利。

① 儋州市人民政府．儋州市 2023 年政府工作报告［R/OL］.（2023-01-20）［2023-02-08］. https：//www. danzhou. gov. cn/danzhou/ywdt/jrdz/202301/t20230120_ 3350436. html.

② 儋州市人民政府．儋州市 2023 年政府工作报告［R/OL］.（2023-01-20）［2023-02-08］. https：//www. danzhou. gov. cn/danzhou/ywdt/jrdz/202301/t20230120_ 3350436. html.

二、发展政策落地需进一步细化

海南省级层面出台儋州洋浦一体化“1+7”政策体系，涉及面广、支持力度大，但儋州洋浦层面尚未出台系统化的落地政策。广州南沙新区、深圳前海深港现代服务业合作区、珠海横琴粤澳深度合作区、上海自贸区临港新片区立足各自上位支持政策，建立了体系化、多层次、多领域、追求落地可操作、颗粒度具体精细、支持手段丰富多样的政策体系。比如，广州南沙仅支持鼓励产业发展的政策体系就有“1+1+10+N”之多；深圳前海“1+N”的颗粒度达到了高端法律服务业集聚、新型贸易发展、产业扶持用房、立体复合开发用地、工程建设领域人士机构执业的精细程度；珠海横琴“1+1+1+N”中的3个“1”指合作区条例、实施方案、总体发展规划，“N”包含双15%所得税、集成电路、中小微企业融资、企业挂牌上市、赴澳发行债券、外商股权投资等政策；上海临港“4+N”中的“4”指金融、产业、科技、人才四大方向，“N”已超30个并持续增加，其出台的氢能和燃料电池汽车产业政策一度刺激相关股票大涨，说明政策的精准性和可操作性极强。儋州洋浦需对标先进地区，建立体系化、多层次、可操作的落地政策体系，按照自贸港政策、产业发展政策、科技创新政策、要素保障政策的基本框架搭建儋洋一体化政策体系。

三、封关压力测试效果需进一步增强

从洋浦先行先试的自贸港政策落地效果来看，通关服务、加工增值等政策备案企业数量较多但实际开展业务企业数量仍需增加，“中国洋浦港”政策落地伊始登记船舶较多但2022年以来势头有所放缓，保税油加注政策落地实施较早但业务量有待加大，新型离岸国际贸易发展突飞猛进但金融配套服务还不充分，部分自贸港政策存在“名声响亮实效不亮”现象。儋州洋浦需进一步打通自贸港政策落地堵点，不断扩大先行先试范围，提升政策执行主体经验能力，加快监管软硬件基础设施建设，推进试点事项向洋浦经济开发区扩点扩区，并进一步向环新英湾、儋州全域扩散，实现从“烧开一壶水”到“烧开一锅水”的转变。

四、营商环境和办事效率需进一步拉齐

洋浦是海南营商环境标杆，儋州与洋浦营商环境存在一定差距。儋州洋浦应加快“一枚印章管审批”“只进一扇门”“最多跑一次”等改革，进一步

提高“一窗受理”行政审批事项比重，贯彻“只说 YES 不说 NO”工作要求，坚持做到企业的事优先办、快速办、便捷办。

专栏 1-4　儋州洋浦企业和有关部门关于营商环境的调研座谈摘要

A 部门：儋州洋浦一体化建设启动以来，洋浦新注册企业增速有所放缓，有企业担忧儋洋一体化后洋浦营商环境水平有所下降、优惠承诺不能及时兑现。

B 企业：洋浦企业办理部分事项需要前往儋州市政府所在地那大镇，从 30 分钟“办事不出区”变为 3 个小时“办事两边跑”，办事时间延长、便利度下降、无形中使成本增加。

C 企业：儋州洋浦一体化机构改革变动较大，企业找不到新的对口“店小二”，企业寻求帮助和反馈意见诉求的渠道不够通畅。

D 企业：海南自贸港系列政策内涵外延十分丰富，企业难以完全理解和充分应用，需要有关部门积极主动向企业宣传解读。

E 企业：由于海南岛屿特点，企业用工、用电、用地、用房等日常运营成本较高，尤其是中小企业压力较大。

F 企业：大中小企业普遍面临融资难、资金成本高、银行手续费高等问题，信用证、押汇等部分银行业务手续费外地打八折海南不打折。

G 部门：儋州洋浦本地缺少高水平的工程设计、法律、税务、科技孵化、管理咨询、货代、报关行等中介服务机构。

H 部门：整体生活成本偏高影响人才稳定性和吸引力，租房成本、子女教育、医疗条件分别是刚毕业年轻人才、有工作经验中坚人才、中老年管理技术人才最关注的方面。

I 企业：技能人才难招难留，洋浦技工学校招生规模过小。

资料来源：本书编写组整理

五、“五网”和公共服务等需进一步衔接

由于发展背景和任务不同，儋州洋浦前期在基础设施、公共服务方面规划建设的导向存在一定区别。儋州是传统的城乡规划建设理念，重视镇墟建设、城乡统筹和基本公共服务。洋浦采用园区型、港口型规划建设理念，以

港产发展为先，配套必要城市服务。在儋州洋浦一体化新阶段，需进一步做好五网基础设施、城乡公共服务、生态环境、陆海统筹等规划建设衔接，通盘考虑资金、项目、能耗、用地、用林、用海等资源要素，以环新英湾地区为先导示范，优先推进环新英湾地区统一规划、统一开发、统一建设、统一管理。

六、产业链、供应链联系需进一步培育

儋州与洋浦产业结构大相径庭，儋州以热带农业种植养殖、农产品加工、旅游业和本地居民消费为主，洋浦以港航物流、石化、加工制造业等外向型经济为主，两地之间产业发展的阶段、路径、逻辑大不相同，产业链供应链的联系不够密切。儋州、洋浦需结合各自资源禀赋，着眼国内大循环和国内国际双循环，统一谋划布局产业发展，建立重大产业项目库，把环新英湾地区打造成为儋州、洋浦建立产业链供应链联系的重要枢纽地带。

七、区域文化需进一步融合

文化认知共同体是区域一体化发展的高级阶段，儋州和洋浦的文化风貌各有特色。儋州是有着 2000 多年历史的古道边城，延续千年的琼岛文化尊崇传承与温良平和，孕育出东坡文化、海垦精神等闪光点；洋浦是典型的开发区文化，35 年发展历程锻造出开放创新、效率优先、追求卓越的精神内核，虽来自五湖四海但来了就是洋浦人。洋浦脱胎于儋州、发展在儋州，儋洋本是一家人，尽管文化风貌各有特色，但并非不可调和。要积极塑造海南自贸港时代背景下儋洋一体化的共同记忆，把东坡文化作为重要的区域文化建设载体，培育守正创新、改革进取、实干担当的共同认知和文化凝聚力，突出兼收并蓄的文化一体化宣传建设。要进一步加强干部队伍建设，坚持政治意识、大局意识，凝聚一体化改革共识，转变干部作风，消除能力恐慌，优化薪酬结构，建立先进带后进的良性机制，营造政通人和、人心思齐、人心思干的干事创业氛围。

第二章

提升儋州洋浦区域发展竞争力，推进港产城融合发展

本章从儋州洋浦区域发展竞争力及港产城融合发展水平两个方面出发，建立了相应的评价指标体系，分别对2020年儋州洋浦的区域发展竞争力及港产城融合发展水平进行了测度分析，以探究儋州洋浦区域整体发展竞争力水平及港产城融合发展程度并提出相应的建议。在区域发展竞争力方面选取了16个北部湾城市的37个指标，通过建立发展竞争力评价指标体系测度区域发展竞争力水平，并采用Ward系统聚类法对选取城市进行分组综合比较，结果显示洋浦对儋州及儋洋整体的发展都具有较强的拉动作用，儋州、洋浦之间的不协调主要是经济发展的不协调。儋洋港产城融合发展方面选取了8个可比城市的19个指标进行分析，结果发现，儋洋港产城融合发展水平较低，未来需要在吸引外资、增加集装箱吞吐量和泊位数方面加大投入力度。本章在现状分析部分多采用2021年数据展示各城市基本情况，但由于两套体系涉及指标较多，数据来源多样，为了保持评价结果的相互参照性及前后衔接性，统一采用2020年的数据进行分析比较。

第一节　儋州洋浦发展竞争力评价

迈克尔·波特在研究"国家竞争优势"时提到，其理论框架虽然是从国家层面出发的，但是也适合分析地区、州和城市等级别。[①] 为科学呈现儋州与洋浦之间发展竞争力梯度差距，本章利用城市竞争力理论工具，将儋州洋浦放入北部湾城市群中开展量化分析，以北部湾城市群为研究背

---

① 迈克尔·波特. 国家竞争优势［M］. 李明轩，邱如美，译. 北京：华夏出版社，2002.

景，考察儋州与洋浦之间发展竞争力影响要素和发展制约瓶颈问题，并提出相关建议。

一、城市竞争力理论基础

（一）城市竞争力概念研究

于涛方等认为城市竞争力是一个城市为满足区域、国家或者国际市场的需要生产商品、创造财富和提供服务的能力，它综合反映了城市的生产能力、生活质量、社会全面进步及其对外影响，[①] 该提法强调城市的综合服务能力。宁越敏等认为城市竞争力是指在社会、经济结构、价值观、文化、制度政策等多个因素综合作用下创造和维持的，一个城市为其自身发展在其从属的大区域中进行资源优化配置的能力，[②] 该提法认为城市竞争力是基于多因素综合作用下的产业，强调了城市的资源优化配置能力。倪鹏飞认为城市竞争力是指一个城市在发展过程中与其他城市相比较所具有的吸引、争夺、拥有和转化资源，占领和控制市场，以创造价值、为其居民提供福利的能力，[③] 该提法侧重于强调城市对资源和市场的控制能力。城市竞争力是一个相对的概念，强调与其他城市的比较，不仅着眼于城市现实状态，更加强调城市的发展潜力及城市的增长后劲。[④]

（二）城市竞争力测度指标研究

郝寿义等从指标的可获得性出发，在综合经济实力、资金实力、开放程度、人才及科技水平、管理水平、基础设施六个方面选取了 21 个原始指标或生成统计指标组成城市竞争力评价指标体系。[⑤] 这些指标大多为人均指标或统计数据中的常见指标，缺点是指标数量较少，缺乏软性环境评价指标，城市竞争力的分析结果存在误差。为全面反映城市经济竞争力，倪鹏飞等在构建全球 500 个城市的竞争力测度模型时，选取了 GDP 规模、GDP 增长、人均 GDP、地均 GDP、专利申请数、全球联系度等 6 项指标

---

① 于涛方，顾朝林，涂英时．新时期的城市和城市竞争力［J］．城市规划汇刊，2001（4）：12-14+17+79.

② 宁越敏，唐礼智．城市竞争力的概念和指标体系［J］．现代城市研究，2001（3）：19-22.

③ 倪鹏飞．城市竞争力从何而来［J］．宁波经济（财经视点），2002（4）：30-31.

④ 袁瑞娟．中国城市竞争力问题研究综述［J］．经济学动态，2003（1）：48-50.

⑤ 郝寿义，倪鹏飞．中国城市竞争力研究：以若干城市为案例［J］．经济科学，1998（3）：50-56. DOI：10. 19523/j. jjkx. 1998. 03. 007.

构成城市综合竞争力指标体系，以及包含企业素质、要素供给、当地市场、内部结构、公共制度、全球联系等方面在内总共50个具体观测指标的城市竞争力要素环境指标体系。① 这套指标体系综合考虑了城市竞争力的软硬实力，能够较好反映城市各个方面竞争力情况，但设置的指标数量太多对数据采集及研究分析提出一定挑战。当前，城市竞争力指标体系已逐步由注重硬实力转向更加注重软硬实力兼备的评价，科技创新等也逐渐在城市竞争力评价中占据关键地位。②

（三）城市竞争力评价方法研究

国内学者多采用主观赋权法（如层次分析法、德尔菲法、模糊综合评价法等），该类方法可操作性强，但确定指标权重时易受评价者主观认知影响，③ 采用客观赋权法进行城市竞争力研究仍较少。从研究对象上看，城市竞争力的研究对象“城市”集中于长三角、珠三角、京津冀、成渝等地区，对中西部城市的竞争力研究较少，在北部湾城市群背景下对儋州、洋浦的城市竞争力分析较少。

基于此，本节以儋州、洋浦为研究对象，分析在北部湾城市群背景下儋州、洋浦之间的竞争力关系，从软硬实力方面构建评价指标体系，采用客观赋权法（熵值法）、聚类分析法进行定量研究，揭示儋州、洋浦竞争力的分异特征，为两地一体化更好地发展提供依据。

二、对比区域选取

（一）选取思路和选取对象

北部湾城市群包含广西、广东、海南，背靠祖国大西南、毗邻粤港澳、面向东南亚，位于全国“两横三纵”城镇化战略格局中沿海纵轴最南端，是我国沿海沿边开放的交会地区，在我国与东盟开放合作的大格局中具有重要战略地位。为推动北部湾城市群发展，2017年国务院批复《北部湾城市群发

---

① 倪鹏飞，赵璧，魏劭琨．城市竞争力的指数构建与因素分析：基于全球500典型城市样本［J］．城市发展研究，2013，20（6）：72-79．

② 吴少华，李语佳．基于主成分分析的西部地区城市竞争力评价研究［J］．经济问题，2021，（11）：115-120．

③ 金英淑，陈昊，杨小林．基于熵权TOPSIS法的中原城市群城市竞争力空间分异与障碍因子诊断研究［J］．河南理工大学学报（社会科学版），2022，23（5）：44-51．

展规划》，提出将北部湾城市群建设为国家级城市群，包括广西壮族自治区的南宁、北海、钦州、防城港、玉林、崇左，广东省的湛江、茂名、阳江，海南省的海口、儋州（含洋浦）、东方、澄迈、临高、昌江。

北部湾城市群中各城市具有同类型的自然资源要素、相近的发展阶段及发展基础，有着较紧密的社会人文联系，具有较强的可比性。本研究以儋州、洋浦为研究对象，以北部湾城市群作为研究背景，将儋州、洋浦放入北部湾城市群中开展城市竞争力分析，以便更加直观地了解儋州、洋浦之间的发展差距，为儋洋一体化提出针对性建议。根据需要，一方面本研究把儋州洋浦作为整体进行研究，另一方面把儋州、洋浦作为两个独立单元放入北部湾城市群中展开研究。

（二）北部湾城市群概述

北部湾城市群陆域面积 11.66 万平方公里、海岸线长 4234 公里，有洋浦港、钦州港、防城港、北海港、湛江港、海口港等优良深水港口和丰富的海洋、矿产、旅游等资源，是我国沿海第四大城市群。2017 年《北部湾城市群发展规划》实施以来，以石化、冶金、能源、粮油加工为支柱的临港产业集群初步形成，新兴产业和现代服务业加快发展，骨干公路网基本建成，港口航线网络已覆盖东盟和国内主要港口，与东盟交流合作日益深化。根据第七次全国人口普查各市县普查结果及 2021 年统计年鉴，北部湾城市群常住人口为 4402.01 万人，2020 年地区生产总值为 2.17 万亿元。与之相比，珠三角城市群（广州、佛山、肇庆、深圳、东莞、惠州、珠海、中山、江门）常住人口为 7801.43 万人，地区生产总值达 8.95 万亿元，可见北部湾城市群仍有巨大的发展潜力。

在广西部分，南宁以其优越的政治经济地位、便捷的交通网络和资源配置能力等，成为北部湾城市群的核心城市。位于桂东南地区的玉林作为广西、广东接壤的“要冲之地”，随着南广高铁开通、交通成本下降，承接广东的部分外溢资源，经济体量和社会发展水平位于北部湾城市群广西部分前列。北海、钦州、防城港拥有独特的滨海旅游资源和港口资源，在航运、物流产业等方面与南宁有一定互补性，与南宁之间基本形成以高速铁路为骨干、交通联运枢纽为节点、公路网络为支撑的一小时通勤圈，成为北部湾城市群重要的发展节点。崇左不沿海，产业发展水平不高，缺乏工业基础，是全国边境贸易第一大市，但口岸优势还未转化为开放发展优势，整体发展水平较弱。

在广东部分，湛江因其特色农业、水产养殖和临港重化产业等优势，发挥了区域带动作用，是北部湾城市群广东部分的核心城市，与茂名一并成为带动北部湾城市群的重要发展轴。阳江距离湛江、广州和南宁均较远，“距离”成本较高，经济发展水平较湛江、茂名低。

在海南部分，海口作为省会城市，是对外交流的门户和带动省域发展的引擎，是北部湾城市群海南部分的核心城市。儋州持续全力打造海南西部中心城市，洋浦优化产业结构，不断促进产业向高质量发展，是北部湾城市群海南部分的重要发展节点。东方、临高、昌江经济规模小、整体发展缓慢，为需要辐射带动的特色县（县级市）。

三、评价指标体系和研究方法

（一）指标体系建立原则

城市竞争力受多方面因素影响，国内学术界尚未形成一个权威、统一的城市竞争力评价体系。总体上，应遵循可操作性、科学性原则。

可操作性原则。从可获得性出发，指标数据能从统计年鉴、统计公报等公开权威及具有可信度的资料中获得。

科学性原则。指标选取尽量严谨全面，能够科学合理地反映城市的综合能力水平。

（二）指标体系的建立

本研究统筹考虑前人指标选取经验和数据可获得性，指标体系选取城市发展力、经济竞争力、基础设施竞争力、创新支撑力、人口服务力、政府支撑力、开放竞争力、生态保护力、文化影响力等 9 个方面作为一级指标，能够兼顾城市竞争力的软硬实力评价。每个一级指标下设二级、三级指标，共 9 个一级指标、16 个二级指标、37 个三级指标（见表 2-1）。

表 2-1 儋州洋浦发展竞争力评价指标体系

序号	一级指标	二级指标	三级指标	属性
1	城市发展力	城乡融合	城镇常住居民人均住房建筑面积	适度
			城乡居民人均可支配收入比	逆向
			常住人口城镇化率	正向

续表

序号	一级指标	二级指标	三级指标	属性
2	经济竞争力	产业经济	GDP 总量	正向
			地区生产总值增速	正向
			社会固定资产投资总额	正向
			第二、第三产业增加值占地区生产总值比重	正向
		发展质量	非农产业从业人员比重	正向
			单位土地经济效益	正向
			单位地均税收	正向
			人均地区生产总值	正向
			单位土地工业经济效益（工业总产值）	正向
		经济活力	物流网点数量	正向
3	基础设施竞争力	基础设施支撑	人均城市道路面积	正向
			人均日生活用水量	适度
			人均日用电量	适度
			学校数量	正向
4	创新支撑力	创新投入产出	全社会研发经费占 GDP 比重	正向
			万人发明专利拥有量	正向
5	人口服务力	人口规模	常住人口规模	正向
		人口服务	接待旅游者人数（2017 年）	正向
			每千人口拥有执业（助理）医师数	正向
			每千人口拥有医院、卫生院床位数	正向
6	政府支撑力	政府调控	人均地方财政预算内收入	正向
			人均地方财政预算内支出	正向
		城市关注度	城市关注度	正向
7	开放竞争力	外资合作	实际利用外资总额	正向
			外贸进出口总额	正向
8	生态保护力	生态资源	人均公园绿地面积	正向
			建成区绿化覆盖率	正向
		绿色生产	每万元 GDP 耗水量（总用水量/GDP）	逆向
		绿色生活	污水处理率	正向
			空气质量优良天数比例	正向

续表

序号	一级指标	二级指标	三级指标	属性
9	文化影响力	文化设施	公共图书馆数量	正向
			藏书量	正向
		文化影响	展览数量	正向
			展览面积	正向

指标体系的数据主要来自《广西统计年鉴2021》、《广东统计年鉴2021》、《海南统计年鉴2021》、各城市2020年国民经济与社会发展统计公报、各城市2021年政府工作报告、各城市第七次全国人口普查公报、《2020年度中国展览数据统计报告》等。其中，城乡居民人均可支配收入比、每万元GDP耗水量的指标属性为“逆向”，指标数值越小表示指标表现越好，进行预处理转为正向指标后再进行无量纲化处理。城镇常住居民人均住房建筑面积、人均日生活用水量、人均日用电量的指标属性为“适度”，指标以某一特定值为标准，大于或小于该值都不好。物流网点数量采用主要物流公司网点合计数量。城市关注度采用百度搜索引擎的城市名称搜索结果条数。部分缺失数据使用科学平滑等方法予以估算。

（三）研究方法

1. 熵值法

熵值法是一种客观赋权法，可根据各样本的指标所体现出的相对差异构造权重系数。熵值法在构造权重系数中体现出客观、操作简便等优势。在熵值法的计算过程中，指标数据的差异程度越大，提供的信息量越大，指标被赋予的权重越大，反映系统混乱程度的熵值越小；反之则反。[①] 本研究采用熵值法对儋州、洋浦在北部湾城市群中的城市竞争力进行客观评价。

2. Ward系统聚类法

聚类分析根据分类样本数据特征的相似性，按照一定的规则将样本分成若干类，使同一类中的样本之间具有高相似度，而不同类的样本间高度

① 王富喜. 基于熵值法的山东省城镇化质量测度及空间差异分析［J］. 地理科学，2013，33（11）：1323-1329.

相异。[1] 类与类间距离的定义可采用 7 种不同的方法，分别是最短距离法（single）、最长距离法（complete）、中间距离法（median）、重心法（centroid）、类平均法（average）、可变类平均法（flexible average）和离差平方和法（ward）。本研究采用 Ward 系统聚类法对北部湾城市群的城市竞争力进行聚类分析研究。

四、分析过程

（一）设定评价情景

为探讨儋州、洋浦之间地区发展竞争力的差异，以及儋州洋浦作为一个整体在北部湾城市群中的地区发展竞争力地位，本研究设定两个评价情景。

评价情景一：将儋州、洋浦作为两个独立单元放入北部湾城市群中进行评价，研究儋州、洋浦在北部湾城市群中分别处于何种位序的竞争力水平。

评价情景二：将儋州洋浦作为一个整体放入北部湾城市群中进行评价，研究儋州洋浦在北部湾城市群中处于何种位序的竞争力水平。由于儋州洋浦一体化的时间尚短，一体化效果尚不明确，且相关统计数据较难获得，本研究采用的儋州洋浦数据为儋州、洋浦数据机械相加后所得，或存在商榷之处。

（二）计算评价指标权重

采用客观赋权法（熵值法）对各样本指标所体现的相对差异计算权重系数。不同指标的属性不同，有的数值为正向指标（指标数值越大表示指标表现越好），有的为逆向指标（指标数值越小表示指标表现越好），有的指标则适度最好，本章根据属性对三级指标进行归类。利用熵值法对两种评价情景下的北部湾城市群进行竞争力分析，经过无量纲化处理、数据平移、确定评价指标权重、熵值计算、差异性系数计算、确定评价指标权重等一系列计算，得到各评价指标权重（见表 2-2）。

---

① Han Jiawei，Kamber Micheeline，Pei Jian. 数据挖掘概念与技术［M］. 范明，孟小峰，译. 北京：机械工业出版社，2010：10-100.

表 2-2 儋州洋浦地区发展竞争力评价指标权重

序号	一级指标	权重	二级指标	权重	三级指标	权重
1	城市发展力	0.05014	城乡融合	0.05014	城镇常住居民人均住房建筑面积	0.01372
2					城乡居民人均可支配收入比	0.01915
3					常住人口城镇化率	0.01727
4	经济竞争力	0.34084	产业经济	0.06331	GDP 总量	0.02383
5					地区生产总值增速	0.00998
6					社会固定资产投资总额	0.02562
7					第二、第三产业增加值占地区生产总值比重	0.00389
8			发展质量	0.25365	非农产业从业人员比重	0.01257
9					单位土地经济效益	0.03899
10					单位地均税收	0.10290
11					人均地区生产总值	0.03213
12					单位土地工业经济效益（工业总产值）	0.06706
13			经济活力	0.02388	物流网点数量	0.02388
14	基础设施竞争力	0.04625	基础设施支撑	0.04625	人均城市道路面积	0.01343
15					人均日生活用水量	0.00353
16					人均日用电量	0.00353
17					学校数量	0.02576
18	创新支撑力	0.04972	创新投入产出	0.04972	全社会研发经费占 GDP 比重	0.01398
19					万人发明专利拥有量	0.03573
20	人口服务力	0.06477	人口规模	0.02267	常住人口规模	0.02267
21			人口服务	0.04210	接待旅游者人数（2017 年）	0.02933
22					每千人口拥有执业（助理）医师数	0.00451
23					每千人口拥有医院、卫生院床位数	0.00825
24	政府支撑力	0.10301	政府调控	0.09179	人均地方财政预算内收入	0.04214
25					人均地方财政预算内支出	0.04965
26			城市关注度	0.01122	城市关注度	0.01122
27	开发竞争力	0.06837	外资合作	0.06837	实际利用外资总额	0.03977
28					外贸进出口总额	0.02859

续表

序号	一级指标	权重	二级指标	权重	三级指标	权重
29	生态保护力	0.03066	生态资源	0.01109	人均公园绿地面积	0.00687
30					建成区绿化覆盖率	0.00423
31			绿色生产	0.01024	每万元 GDP 耗水量（总用水量/GDP）	0.01024
32			绿色生活	0.00933	污水处理率	0.00356
33					空气质量优良天数比例	0.00577
34	文化影响力	0.24625	文化设施	0.04827	公共图书馆数量	0.02790
35					藏书量	0.02037
36			文化影响	0.19798	展览数量	0.09666
37					展览面积	0.10132

1. 无量纲化处理

将两种评价情景下的北部湾城市群样本数据按照以下公式进行无量纲化处理：

对于正向指标，按如下公式处理：

$$x_{ij}^{*}=\frac{x_{ij}-m_j}{m_j-m_j}(i=1, 2, \cdots, n; j=1, 2, \cdots, m)$$

对于逆向指标，按如下公式处理：

$$x_{ij}^{*}=\frac{m_j-x_{ij}}{m_j-m_j}(i=1, 2, \cdots, n; j=1, 2, \cdots, m)$$

其中 x_{ij} 为样本数据，表示第 i 个市县或地区的第 j 个指标相应的数据。$M_j=max\ [x_{ij}]$，$m_j=min\ [x_{ij}]$，M_j 和 m_j 分别表示第 j 项指标下所有市县或地区样本数据的最大值和最小值。

2. 数据平移

为了数据运算处理有意义，必须消除零，故对无量纲化后的数据进行整体平移，即 $x'_{ij}=x*_{ij}+\alpha$。为了不破坏原始数据的内在规律，最大限度地保留原始数据，α 的取值必须尽可能地小，故 α 按 0.0001 取值。

3. 确定评价指标权重

计算第 j 个指标下，第 i 个市县或地区的特征比重或贡献度：

$$p_{ij}=\frac{x'_{ij}}{\sum_{i=1}^{n}x'_{ij}}$$

4. 熵值计算

计算第 j 项指标的熵值 e_j：

$$e_j = -\frac{1}{lnn}\sum_{i=1}^{n} p_{ij}ln(p_{ij}),\ 0 \leqslant e_j \leqslant 1$$

5. 差异性系数 g_j 计算

$$g_j = 1 - e_j$$

6. 确定评价指标的权重 w_j

$$w_j = \frac{g_j}{\sum_{j=1}^{m} g_j},\ j = 1,\ 2,\ 3\cdots\cdots,\ m$$

（三）计算竞争力得分

分别计算各地区的发展竞争力综合得分：

$$F_i = \sum_{j=1}^{m} w_j p_{ij}$$

根据地区发展竞争力评价指标权重，代入数据计算得到两种评价情景下的北部湾城市群地区发展竞争力综合得分。

在儋州与洋浦分别评价情景下，洋浦排名第 2 位，仅次于南宁。儋州排名第 13 位，排名相对靠后，得分仅高于昌江、东方、临高。洋浦经济开发区作为产业园区，与其他城市进行竞争力对比有其优势。洋浦在经济竞争力、政府支撑力等方面的较大竞争优势，使其在北部湾城市群的综合竞争力排名中几乎独占鳌头，这也说明一直以来国家和省各级领导对洋浦发展的重视及资源的倾注。

在儋州与洋浦合并评价情景下，儋州洋浦排名第 4 位，位于南宁、海口、湛江之后，可见洋浦具有较强的带动能力（见表 2-3）。

表 2-3　北部湾城市群发展竞争力综合得分

儋州与洋浦分别评价			儋州与洋浦合并评价		
排名	地区	综合得分	排名	地区	综合得分
1	南宁	0.24476	1	南宁	0.30629
2	洋浦	0.23894	2	海口	0.17055
3	海口	0.13165	3	湛江	0.06027
4	湛江	0.04764	4	儋州洋浦	0.05739
5	茂名	0.04150	5	茂名	0.05373

续表

儋州与洋浦分别评价			儋州与洋浦合并评价		
排名	地区	综合得分	排名	地区	综合得分
6	北海	0.03885	6	北海	0.05233
7	玉林	0.03880	7	玉林	0.04955
8	防城港	0.03398	8	防城港	0.04368
9	崇左	0.03253	9	崇左	0.04175
10	阳江	0.03106	10	阳江	0.03999
11	澄迈	0.02947	11	澄迈	0.03914
12	钦州	0.02916	12	钦州	0.03704
13	儋州	0.02240	13	昌江	0.01802
14	昌江	0.01503	14	东方	0.01581
15	东方	0.01271	15	临高	0.01445
16	临高	0.01166			

（四）Ward 系统聚类分析

运用 SPSS19.0 版软件，通过 Ward 系统聚类法，对两种评价情景下的北部湾城市群发展竞争力综合得分进行聚类分析，按照很强、强、一般、弱、很弱将北部湾各城市的发展竞争力分为五类（见表 2-4、图 2-1、图 2-2）。

表 2-4 北部湾城市群发展竞争力层次分布

发展竞争力	儋州与洋浦分别评价	儋州与洋浦合并评价
很强	南宁、洋浦	南宁
强	海口	海口
一般	湛江、茂名、北海、玉林	湛江、儋州洋浦、茂名、北海、玉林
弱	防城港、崇左、阳江、澄迈、钦州	防城港、崇左、阳江、澄迈、钦州
很弱	儋州、昌江、东方、临高	昌江、东方、临高

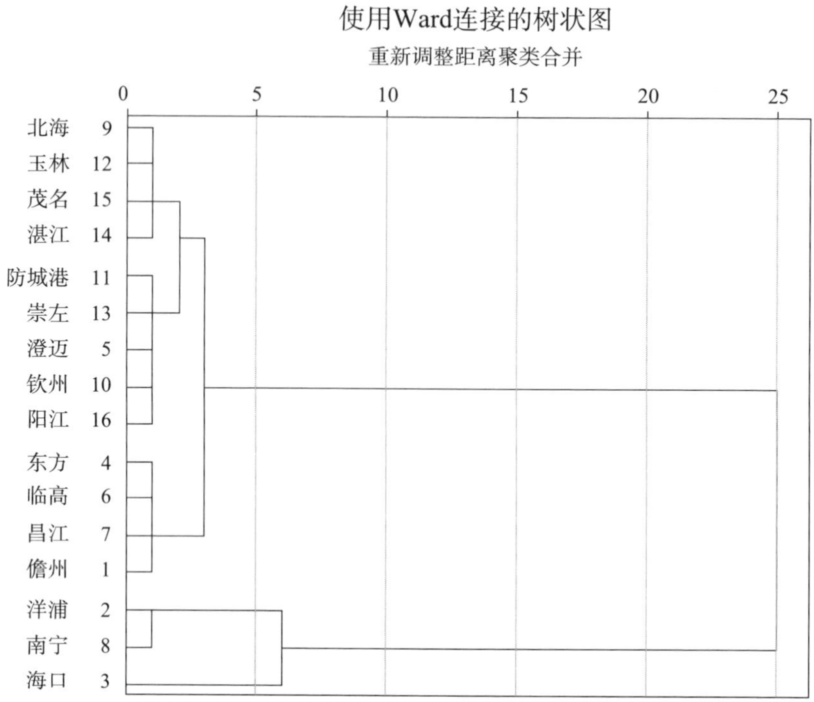

图 2-1　16 个地区发展竞争力聚类分析树状图（儋州洋浦分别评价）

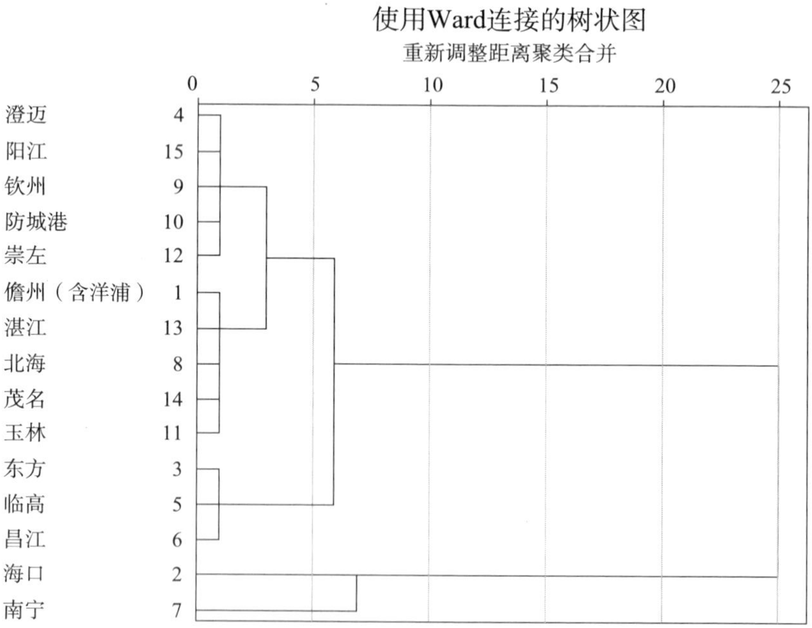

图 2-2　16 个地区发展竞争力聚类分析树状图（儋州洋浦合并评价）

在儋州与洋浦分别评价情景下，洋浦发展竞争力为“很强”，与南宁处于同一水平，高于海口及其他地区；儋州为“很弱”，仅高于省内的昌江、东方、临高。儋州、洋浦两地之间发展基础差距十分明显。

在儋州与洋浦合并评价情景下，儋州洋浦发展竞争力为“一般”，综合得分低于南宁、海口、湛江。在合并后，儋州得分排名大幅上升，体现出儋州洋浦一体化战略对儋州建设海南西部中心城市具有重要的现实意义。

五、分析结论

（一）洋浦具有很强的龙头带动作用

根据两种情景下的评价结果可知，儋州洋浦的竞争力得分排名靠前（第 4 位），仅落后于洋浦作为独立单元时（第 2 位）两个名次，却远超儋州作为独立单元时的得分排名（第 13 位）。综合考虑各指标权重和发展实际，合并评价结果主要展现出洋浦对儋州发展竞争力的拉动作用，对整体发展竞争力排名靠前的支撑作用。主要原因是洋浦经济开发区设立以来作为先行先试的改革示范区，在外资合作、发展质量和政府支持方面具有很大优势。如拥有“中国洋浦港”船籍港、加工增值“免关税”、“一负三正”、“零关税”清单等多项自贸港政策红利，以及海南全省 1/3 的工业总产值和 1/2 的货物进出口量，全省排名第一的地区生产总值增速和固定资产投资增速等。儋州洋浦合并评价的综合得分排名上升也是对儋州洋浦一体化决策正确性的有力支撑。

（二）儋州、洋浦之间的不协调主要是经济发展的不协调

经济竞争力在城市竞争力评价体系中占有最大权重，是影响北部湾城市群发展竞争力的核心，基本决定了城市竞争力水平。在分别评价情景下，洋浦得分大于儋州的一级指标有 7 个，差距由大到小排序为：经济竞争力>政府支撑力>创新支撑力>开放竞争力>城市发展力>生态保护力>基础设施竞争力，其中经济竞争力的差距高达 49. 3 倍，远远超过其他指标的差距。儋州得分大于洋浦的一级指标有 2 个，差距由大到小排序为：人口服务力>文化影响力。由此可知，儋州与洋浦之间的发展竞争力差异核心是经济竞争力差异，政府支撑力、文化影响力、创新支撑力、开放竞争

力、人口服务力差异也很大，但由于指标权重较低或得分差距相对较小，不是主要影响因素。

儋州洋浦区域一体化是同一行政边界内的一体化，从一级指标得分看主要为经济发展不协调，需要两地在经济、社会、空间、文化等多维资源要素层面协调发展，着力推进区域间产业分工、资源投入和要素流动协调。从二级指标看，经济竞争力包括产业经济、发展质量、经济活力三个二级指标，其中儋州洋浦在二级指标发展质量中的单位地均税收、单位土地工业经济效益发展最不均衡。单位地均税收、单位土地工业经济效益等主要与产业结构、产业质量相关，因此着力推进儋州洋浦产业链分工布局及产业转型升级，缩小经济发展差距是儋州洋浦一体化发展的核心命题（见表 2-5 至表 2-7）。

表 2-5　儋州与洋浦发展竞争力一级指标得分比较

指标类型	指标名称	儋州得分	洋浦得分	儋州：洋浦
总指标	总得分	0.02240	0.23894	1：10.7
一级指标	经济竞争力	0.00337	0.16613	1：49.3
	政府支撑力	0.00547	0.04489	1：8.2
	创新支撑力	0.00355	0.01200	1：3.4
	开放竞争力	0.00170	0.00467	1：2.7
	城市发展力	0.00355	0.00651	1：1.8
	生态保护力	0.00148	0.00232	1：1.6
	基础设施竞争力	0.00187	0.00240	1：1.3
	文化影响力	0.00013	0.00002	6.5：1
	人口服务力	0.00128	0.000001	∞：1

表 2-6 16 个地区发展竞争力一级指标得分比较

排名	城市发展力		经济竞争力		基础设施竞争力		创新支撑力		人口服务力		政府支撑力		开放竞争力		生态保护力		文化影响力	
	地区	得分	地区	得分	地区	得分	地区	得分	地区	得分	地区	得分	地区	得分	地区	得分	地区	得分
1	洋浦	0. 00651	洋浦	0. 16613	湛江	0. 00614	洋浦	0. 01200	南宁	0. 01409	洋浦	0. 04489	海口	0. 01828	防城港	0. 00254	南宁	0. 18494
2	茂名	0. 00472	南宁	0. 02381	玉林	0. 00593	海口	0. 01038	玉林	0. 00750	昌江	0. 00816	南宁	0. 00871	茂名	0. 00243	海口	0. 06288
3	阳江	0. 00428	海口	0. 02118	茂名	0. 00530	南宁	0. 00429	湛江	0. 00601	澄迈	0. 00763	崇左	0. 00865	海口	0. 00238	玉林	0. 00649
4	海口	0. 00398	北海	0. 01821	钦州	0. 00348	澄迈	0. 00396	钦州	0. 00538	海口	0. 00616	湛江	0. 00556	洋浦	0. 00232	湛江	0. 00638
5	湛江	0. 00392	湛江	0. 01457	阳江	0. 00293	儋州	0. 00355	茂名	0. 00481	儋州	0. 00547	洋浦	0. 00467	北海	0. 00218	茂名	0. 00547
6	儋州	0. 00355	茂名	0. 01381	防城港	0. 00280	防城港	0. 00273	北海	0. 00478	东方	0. 00523	防城港	0. 00377	澄迈	0. 00206	崇左	0. 00409
7	南宁	0. 00329	玉林	0. 01132	北海	0. 00271	茂名	0. 00205	崇左	0. 00419	临高	0. 00402	钦州	0. 00361	南宁	0. 00191	阳江	0. 00380
8	北海	0. 00313	防城港	0. 01049	洋浦	0. 00240	湛江	0. 00200	海口	0. 00412	防城港	0. 00294	澄迈	0. 00330	钦州	0. 00189	防城港	0. 00344
9	澄迈	0. 00272	阳江	0. 01021	海口	0. 00235	玉林	0. 00179	阳江	0. 00320	北海	0. 00267	北海	0. 00241	湛江	0. 00185	钦州	0. 00319
10	临高	0. 00230	钦州	0. 00999	崇左	0. 00212	阳江	0. 00174	防城港	0. 00317	崇左	0. 00230	儋州	0. 00170	阳江	0. 00177	北海	0. 00222
11	防城港	0. 00211	崇左	0. 00714	儋州	0. 00187	崇左	0. 00073	澄迈	0. 00131	南宁	0. 00223	茂名	0. 00147	玉林	0. 00166	澄迈	0. 00052
12	东方	0. 00194	澄迈	0. 00645	南宁	0. 00164	北海	0. 00056	儋州	0. 00128	阳江	0. 00176	阳江	0. 00132	崇左	0. 00159	东方	0. 00013
13	玉林	0. 00188	儋州	0. 00337	澄迈	0. 00144	钦州	0. 00049	昌江	0. 00065	茂名	0. 00125	玉林	0. 00123	儋州	0. 00148	儋州	0. 00013
14	崇左	0. 00173	临高	0. 00269	东方	0. 00127	昌江	0. 00042	东方	0. 00063	湛江	0. 00117	东方	0. 00024	临高	0. 00116	昌江	0. 00010
15	昌江	0. 00145	昌江	0. 00242	临高	0. 00082	东方	0. 00036	临高	0. 00041	钦州	0. 00100	昌江	0. 00001	昌江	0. 00106	临高	0. 00006
16	钦州	0. 00013	东方	0. 00204	昌江	0. 00076	临高	0. 00018	洋浦	0. 000001	玉林	0. 00097	临高	0. 00001	东方	0. 00086	洋浦	0. 00002

表 2-7　儋州与洋浦经济竞争力三级指标得分比较

一级指标	二级指标	三级指标	儋州得分	洋浦得分	儋州：洋浦
经济竞争力	产业经济	GDP 总量	0.0002751	0.0001787	1：0.6
		地区生产总值增速	0.0009305	0.0013574	1：1.5
		社会固定资产投资总额	0.0002622	0.0000692	3.8：1
		第二、第三产业增加值占地区生产总值比重	0.0001323	0.0003584	1：2.7
	发展质量	非农产业从业人员比重	0.0002007	0.0010025	0.2：1
		单位土地经济效益	0.0005826	0.0174252	1：29.9
		单位地均税收	0.0000495	0.0875834	1：1769.4
		人均地区生产总值	0.0005806	0.0136635	1：23.5
		单位土地工业经济效益	0.0000044	0.0444892	1：10111.2
	经济活力	物流网点数量	0.0003489	0.0000006	581.5：1

（三）在政府支撑力、创新支撑力、开放竞争力等方面差距明显

在政府支撑力方面，人均地方财政预算内收入、人均地方财政预算内支出差距明显，儋州与洋浦在政府财力、地方提留比例、产业发展规模质量、人口规模上有较大差距。在创新支撑力方面，万人发明专利拥有量差距明显，儋州与洋浦在科技投入、产业发展上有较大差距。在开放竞争力方面，实际利用外资总额差距明显，儋州与洋浦在对外开放水平、招商引资能力、营商环境上有较大差距。综上所述，应加快缩小儋州与洋浦在财政资源要素投入、科技创新投入上的差距，积极推进两地产业链分工协作，提升儋州对外开放水平和营商环境（见表 2-8）。

表 2-8　儋州与洋浦政府支撑力、创新支撑力、开放竞争力三级指标得分比较

一级指标	二级指标	三级指标	儋州得分	洋浦得分	儋州：洋浦
政府支撑力	政府调控	人均地方财政预算内收入	0.0023150	0.0178440	1：7.7
		人均地方财政预算内支出	0.0022303	0.0268270	1：12
	城市关注度	城市关注度	0.0009270	0.0002232	1：0.2
创新支撑力	创新投入产出	全社会研发经费占 GDP 比重	0.0005449	0.0008899	1：1.6
		万人发明专利拥有量	0.0030078	0.0111078	1：3.7
开放竞争力	外资合作	实际利用外资总额	0.0001655	0.0030175	1：18.2
		外贸进出口总额	0.0015345	0.0016518	1：1.1

（四）人口服务力、文化影响力等不协调制约一体化发展

在北部湾城市群中，儋州与洋浦在人口服务力、文化影响力方面的得分都较低，二者都需要进一步加强，其中儋州与洋浦在人口服务力上差距较大，主要体现在每千人口拥有执业（助理）医师数和每千人口拥有医院、卫生院床位数两个三级指标上；儋州与洋浦在文化影响力上的不平衡主要体现在藏书量方面。洋浦在其他竞争力方面均达到了很高的水平，但在人口服务力等社会建设方面垫底，儋州在经济发展方面较弱，但人口服务力、文化影响力优于洋浦，尤其在人口服务力方面，这也从侧面显示出洋浦的生产性活动竞争力很强，儋州的生活服务力水平较高，儋州与洋浦之间存在生产制造和生活服务融合不平衡不充分的问题。促进儋州与洋浦在规划协同、民生建设、文化发展等资源要素层面的协调，实现产城融合发展，是推进儋州洋浦一体化发展的重要一环（见表2-9）。

表2-9　儋州与洋浦人口服务力、文化影响力三级指标得分比较

一级指标	二级指标	三级指标	儋州得分	洋浦得分	儋州：洋浦
人口服务力	人口规模	常住人口规模	0.0003942	0.0000004	985.5：1
	人口服务	接待旅游者人数（2017年）	0.0001544	0.0000008	193：1
		每千人口拥有执业（助理）医师数	0.0002336	0	∞：1
		每千人口拥有医院、卫生院床位数	0.0004993	0.0000001	4993：1
文化影响力	文化设施	公共图书馆数量	0.0000006	0.0000006	1：1
		藏书量	0.0001117	0.0000051	21.9：1
	文化影响	展览数量	0.0000056	0.0000056	1：1
		展览面积	0.0000072	0.0000072	1：1

六、主要建议

（一）高质量一体化将显著提升儋州洋浦区域竞争力

两种评价情景下的不同排名结果，表明在一体化背景下，洋浦具有很强的龙头带动作用，儋州的加入并没有显著拉低总体竞争力，并在部分方面对洋浦形成有益补充，儋州洋浦呈现出较明显互补性，有力印证了推进儋州洋浦一体化重大决策的科学性。

儋州与洋浦要坚持走高质量一体化发展道路，提升洋浦的辐射带动作用。起步阶段围绕“十个一体化”、“135”、三步走思路，推进一体化体制机制改

革；推动空间和产业规划相互衔接，实现资源互补、产业互通、要素互联；适度超前、统筹推进一体化区域路网建设，加快构建外通内联、空港陆铁协同的综合交通体系。

（二）儋州洋浦一体化的第一动力是建立经济产业联系

经济发展不协调是当前儋州洋浦一体化的最大短板，而经济竞争力又是发展潜力最大、发挥效应最突出的指标。在儋州、洋浦之间培育建立密切的经济产业联系，缩小经济发展差距，编织跨区域产业链、供应链，将对儋洋一体化进程起到“四两拨千斤”的作用。

儋州、洋浦要加快培育区域内产业链供应链创新链联系，洋浦要加快落实自贸港“先行先试”政策，由洋浦保税港区向洋浦经济开发区扩散，并加快推进向环新英湾地区“应扩尽扩”，进一步向儋州全域扩散；儋州要坚持强链、补链、延链，积极主动承接洋浦产业外溢，依托洋浦港航物流和产业基础谋划新的重大产业发展方向。

（三）儋州洋浦一体化要以体制机制创新突破协调“瓶颈”

解决儋州、洋浦在经济竞争力、政府支撑力、创新支撑力、开放竞争力、人口服务力、文化影响力等方面不协调的问题，理顺管理体制机制、着力推进一体化发展平台建设是关键。以体制机制创新突破协调“瓶颈”，以便两地在产业分工、资源投入及要素流动等多维层面加快协同对接，实现儋州洋浦一体化高质量发展。

儋州、洋浦要加快建立精简高效、权责一致、决策科学、监督有力的行政管理体制，构建上下联动、推进有力的工作协调机制，理顺环新英湾工作机制和投融资机制，为实施统筹区域资源要素融合提供强有力的保障。

（四）儋州洋浦一体化要形成环新英湾和那大双核结构

儋州、洋浦处于不同发展阶段，发展动力和发展逻辑大相径庭，在经济竞争力、政府支撑力、创新支撑力、开放竞争力方面，洋浦显著优于儋州；在城市发展力、生态保护力、基础设施竞争力方面，洋浦较儋州有一定优势；在文化影响力、人口服务力方面，儋州较洋浦有明显优势。环新英湾地区与那大镇空间距离约为50公里，具备独立发展、各自向周边辐射的条件，构建环新英湾和那大镇双核发展结构是推进儋洋一体化的现实选择。

环新英湾地区要突出作为儋洋一体化重要载体的作用，积极向海发展，高起点规划、高标准建设湾区新城，力争成为港产城科融合发展的先行区示范区。那大地区要突出作为儋州辐射岛内的功能核心，积极向陆地发展，承接环新英湾产业辐射，强化交通中心枢纽地位和文化、医疗服务中心地位，打造西部中心城市。

第二节　儋州洋浦港产城融合发展评价

环新英湾是儋州洋浦一体化的关键区域，坚持港产城融合发展是环新英湾地区发展建设的内在要求，也是儋州洋浦打造海南高质量发展第三极的内在要求。构建儋州洋浦港产城融合发展评价指标体系，采用赋权法、耦合协调度模型等定量方法，对比分析包括儋州洋浦在内的 8 个港口城市的港产城融合发展水平，加快“港—产”互动发展，加强“产—城”融合深度，加大“港—城”协调力度，积极把科技创新融入港产城发展全过程，形成港产城科“四箭齐发”的发展格局。

一、港产城融合发展的理论基础

近年来，随着港口经济的不断发展，港产城融合发展受到越来越多学者关注。国内外现有研究多定性分析港口与经济、港口与城市两者之间的耦合协调关系，较少对港口、产业、城市三者之间的关系进行定量评价研究，已有的定量研究主要通过个案研究港产城关系实践，停留在理论推演层面。同时，现有港城融合发展评价研究多针对单个港口城市开展，缺少典型港口城市间的横向比较分析，围绕儋州洋浦港产城融合发展的研究也较少。

（一）基本含义

港产城融合发展包括港口、产业、城市三大核心要素，临港区域繁荣发展是三者融合互动共促的结果，城因港而生、港因城而荣、产与港城相生相伴，港产城螺旋式上升是港口城市发展演变的普遍规律。港产城融合发展的内涵是：以港口为龙头、产业为核心、城市为载体，依托海陆腹地和综合运输体系，开展生产力布局，发展港口枢纽经济，实现港口、产业、城市三大要素之间的有机结合、协调互动、共同发展，形成经济繁荣、宜居乐业的港口城市。港口、产业、城市之间是互为依托、相互促进、共生共荣的关系，港口为产业提供能源、原材料和产成品的运输服务；产业反过来为港口发展提供充足的货源保障，推动港口进一步发展；城市是港口经济的载体，城市人口、资金向港口、产业集聚，港口、临港产业的发展反过来进一步提升城市的综合水平。

在全球化、工业化进程深度依赖港口的背景下，在大型化、现代化的同时，港口功能业态持续多样化发展，港口已超出传统交通运输范畴，呈现多样化、全产业链化、跨界化趋势，加快向“第四代”港口、“第3+X代”港口转型。临港产业依托港口区位优势，提供与港口相关或由港口衍生的业务服务，并广泛延伸出多种多样的服务业和制造业业态，建立起具有港口城市特点的产业集群，极大地拓展丰富了港口的传统功能，反向推动港口向更高阶段发展，是推动港口和港口城市长期繁荣发展的核心动力。城市在港口和临港产业孕育下迅速发展，在全球化背景下具有显著的外向型特征，通常拥有CBD、自贸区、保税区、开放型产业园区等，成为一国对外开放的窗口，发挥十分重要的作用（见图2-3）。

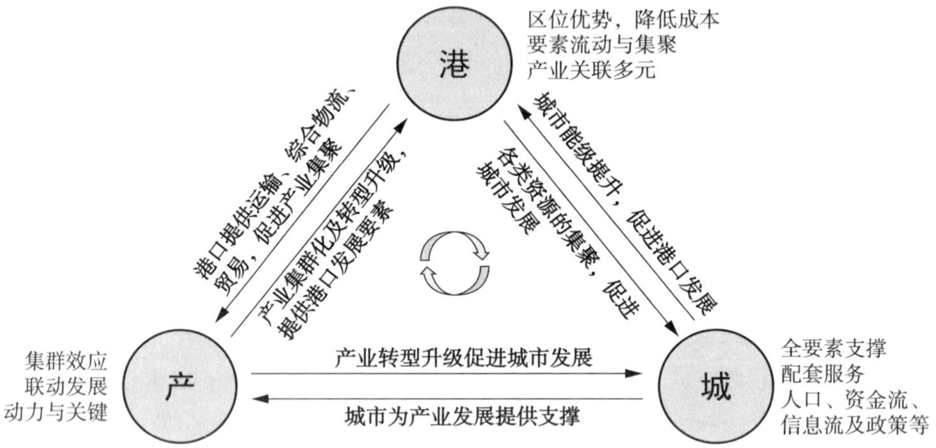

图2-3　港口、产业、城市融合发展互动关系

图片来源：本书编写组整理

（二）时空特征

港口、产业、城市各自拥有繁荣与萧条的周期性规律，呈现出系统失调、勉强协调、和谐发展等动态性变化。港产城融合发展过程中存在港产城“并举发展”“以产兴港、以港促城”“以港兴业、以城促港”等模式，三者逐渐在数量上形成一定比例，发展阶段大致划分为集聚期、融合期、拓展期、更新期，并在功能上实现“1+1+1>3”的效果（见表2-10）。

表 2-10　港产城融合发展的阶段特征①

		集聚期	融合期	拓展期	更新期
港口	功能定位	运输功能为主的区域门户	国家工业、运输、贸易中心	跨国物流枢纽	全球资源配置枢纽
	存在形式	独立港口	港口区	港口群	港口网络
产业	发展时期	手工业及工业化前期	工业化初期	工业化中期	工业化中后期
	产业类型	港口产品装卸运输业	海运、集疏运、仓储、海上贸易、临港加工	港口相关金融、保险、商贸、娱乐等服务业	港口智能化管理、绿色能源、城市商业休闲、创意科研
港产城系统		港产关联性强，无专门港区，城市雏形期	产业聚集，形成港区，城市空间扩张	产业升级，促进港口专业化，城市自增长，老港区更新，新港区外迁并带动发展卫星城	空间网络互联，卫星城不断发展，城市形成多核心组团

区域发展空间的主战场由港口延伸至城市，沿港空间、临港产业空间和主要城市空间的比例不断发生变化，靠近港口区域主要具备港口空间特征，有部分城市空间形态，靠近城市区域主要以居住、商业等功能空间为主，但其形成和日常运营离不开港口的作用。

一是沿港空间。共生产业在沿港空间带紧密布置，具有空间宽敞、与港池联系紧密、用地类型限制小等优点，沿港池布置航运和港口装卸设施，港池周边建设大型仓储设施。

二是临港空间。具有交通便利、场地规模大等优势，工业布局上应尽可能靠近港口和仓库，依托航运、铁路、公路形成高效集疏运系统，产业以石油化工、机械制造、冶金为代表。

三是腹地空间。依据与主城区的关系形成不同形态的腹地空间，产业内容与港口息息相关、与主城区联系更紧密，如金融、保险、餐饮、商娱等现代服务业，满足现代航运服务业发展需求。

（三）发展动力

港产城融合发展的动力具有多样性、不均衡性特点，没有固定模式可循，

---

① 李翔，常江，马杰等．欧洲重要港口“港产城”融合发展研究［J］．中国港口，2021（10）：27-30.

基本规律是依托港口区位优势，具有强大市场需求，培育适应当前发展阶段和地区特征的临港产业，促进临港地区企业最大限度地接近目标市场。同时，临港产业集聚效应对港口城市产生巨大的要素需求，带动城市发展，提升城市能级，衍生多元化产业，聚集人流、物流、资本流和信息流，进一步带动港口与产业发展，实现港产城融合发展的螺旋式上升。

一是资源优势扩散。港口城市在发展过程中，如果港、产、城中某一个要素存在特别的先发优势，则很容易带动另外二者发展。很好地利用优势扩散机制，则能促进港产城融合发展、互利共进。① 多数老牌港口城市都是由港口发展带动城市和产业兴盛，如鹿特丹港、新加坡港等。

二是生产要素流动。劳动力和资金等生产要素是港产城融合发展的血液，二者循环流动，构成“港产城”融合发展中“看不见”的纽带。港区依赖城区提供劳动力来源，又为城市创造就业机会，提供税收；港口发展容易在区域形成吸引点，吸引外来人口，补充城市劳动力储备。在许多港口城市中，港区和城区常常有明显的空间分界，港产城融合更多体现在人员、资金、信息等各种要素流的往来上。

三是技术创新驱动。技术创新是港口竞争力中不可或缺的一环，航运、装载、物流管理等方面的技术创新能大幅提高港口运输效率，降低运输成本，增加港口竞争力。港口业务通常涉及较大区域内竞争，保持技术代际革新既是难点也是重点。与航运专业相关的教育、研究机构将会布局在港口周边，如果港区周边科研机构形成规模，研究成果又将成为新一轮支撑港区发展的动力。

（四）定性和定量研究

在港产城融合发展定性研究方面，国内外学者对港口城市和港口经济等单要素的研究起源较早。在国内，随着港口城市功能业态多元化发展，以及在陆续出台的一系列区域协调发展战略影响带动下，学术界的关注点从对单个港口城市的港口、产业、城市两两之间的互动关系、演进阶段、动力因素等发展规律的研究，逐步转变为对港口群港产城三者融合以及城市群港产城区域协调发展的相互作用机制等的研究。

---

① 李翔，常江，马杰等．欧洲重要港口“港产城”融合发展研究［J］．中国港口，2021（10）：27-30.

专栏2-1 港产城定性研究相关理论综述

一、港产城融合发展规律研究方面

李翔、常江、马杰等对鹿特丹港和汉堡港的发展历程进行梳理总结后，提出了港产城融合发展的规律。[①]

二、港产城两两之间关系研究方面

甘俊伟在研究分析宜宾港产城联动发展情况的基础上，依托港产城联动发展作用机理，提出了发展临港产业、进一步完善港口集疏运体系、突出物流化运营、制定一体化发展战略、构建多式联运通道以及拓展对外交流等发展策略；[②] 沈锋结合港产城联动发展的内涵和机制，对浙江嘉兴滨海新区推进港产城联动发展的优势条件进行了分析，提出了打造特色港口、发展临港产业、建设滨海新城等推进港产城联动发展的路径、任务，以及相关保障机制；[③] 黄珊从增长极理论、产业集聚理论和系统理论出发，通过研究中国香港、新加坡、伦敦、青岛等国内外港口城市的“港产城”融合发展经验，并结合自由贸易试验区的制度创新经验，为广州黄埔临港经济区的“港产城”融合发展提出了对策建议。[④]

三、单个港口城市港产城关系研究方面

尹泺枫、郑铄、尤方璐等从港产城三者的博弈关系入手，通过借鉴新加坡、中国香港、天津、鹿特丹等国内外港口城市的成功案例经验，分析港产城三者之间融合的必要性和融合方式，提出宁波港的发展路径；[⑤] 李翠娟结合唐山市的港、产、城发展情况，客观分析了三者之间融合存在的问题，并据此提出了对策建议；[⑥] 窦江海以青岛董家口经济区发展

---

① 李翔，常江，马杰等．欧洲重要港口“港产城”融合发展研究［J］．中国港口，2021（10）：27-30.

② 甘俊伟．宜宾市港产城联动发展策略研究［J］．港口经济，2016（11）：25-28.

③ 沈锋．以港产城联动推动沿海工业园区发展探讨：以浙江嘉兴滨海新区为例［J］．海洋开发与管理，2016，33（11）：23-26.

④ 黄珊．自由贸易试验区背景下黄埔临港经济区“港产城”融合发展研究［D］．广州：华南理工大学，2019.

⑤ 尹泺枫，郑铄，尤方璐．“港产城”博弈下的宁波港口地区发展路径思考：以宁波大榭港区和梅山岛港区为例［A］．中国城市规划年会会议论文集［C］．成都 2021，141-153.

⑥ 李翠娟．“一港双城”战略下的唐山市港产城融合发展探析［J］．知识经济，2019（33）：6-7.

情况为例，对构建港产城循环经济体系进行了分析和探索，并提出了对策建议；① 范忠华从打破体制机制障碍、突出港口拉动作用、强化产业支撑作用、找准发展突破点、推进城市与产业良性互动等角度，为连云港实现港产城融合发展提出了建议。②

四、港口群港产城融合发展研究方面

孙国东从协同驱动理论、供应链体系、空间布局调整、区域一体化等角度，对港产城一体化进行了分析，并针对河北省港口群建设发展情况，提出了对策建议；③ 李俊哲、刘畅、徐蕊等以波特五力模型对秦皇岛港、唐山港、沧州黄骅港的现状进行分析，为推进以上三市的港产城协调发展提出对策建议；④ 杨郑鑫、王腾飞、何枫鸣等在分析港、产、城之间关系的基础上，结合天津的发展情况，从港城、港产、产城关系方面分析未来港产城融合发展的趋势，提出了建设高质量发展津滨双城的思路与策略。⑤

五、城市群港产城区域协调发展研究方面

葛建钰、刘春启在详细分析丹阳市、扬中市和镇江新区等三地港口、产业、城市发展现状的基础上，对三地的发展问题进行了梳理、总结，并从优化区域空间、强化资源整合、完善基础设施、实现互动发展等方面提出发展建议；⑥ 成长春、陈长江以梳理总结推进江苏港产城联动的难点为切入点，提出了创新机制、放大优势、搭建平台等具体地实现江苏沿海城市“港产城”高质量联动的重点建议；⑦ 周艳、张璐基于协同发展的相关理论，对宁波和舟山港口核心区“港产城”协同发展情况进行了研究，提出了强化组织领导作用、创新管理体制、产业错位布局、完善外部共生环境等协同发展策略。⑧

---

① 窦江海．港产城循环经济体系构建的探索和实践——以青岛董家口经济区为例［J］．山东经济战略研究，2020（11）：62-64.

② 范忠华．连云港实现港产城融合发展的建议［J］．港口经济，2016（8）：36.

③ 孙国东．从不同视角看港产城融合发展关系［J］．交通企业管理，2018，33（4）：4-5.

④ 李俊哲，刘畅，徐蕊．河北省沿海港产城协调发展的问题与对策研究［A］．中国城市规划年会会议论文集［C］．成都 2021，332-341.

⑤ 杨郑鑫，王腾飞，何枫鸣．津滨双城格局下天津港产城协同发展思路初探［D］．重庆：重庆师范大学，2008：3-4.

⑥ 葛建钰，刘春启．丹阳市、扬中市、镇江新区　港产城融合发展建议［J］．水运管理，2018，40（12）：8-10.

⑦ 成长春，陈长江．高效推进江苏沿海“港产城”联动［J］．群众，2021（14）：10-11.

⑧ 周艳，张璐．提升浙江省海洋经济核心区“港产城”协同发展水平研究［J］．宁波经济（三江论坛），2019（11）：22-28.

在港产城融合发展定量研究方面，国外学者开展了较为深入的研究，取得了一定研究成果，其中最具代表性的是英国学者 Bird J H 通过研究分析港口基础设施变化，发现了港口与城市之间的空间联系，提出港口通用模型，为后续港产城融合发展定量研究奠定了基础。① 国内开展港产城融合发展定量研究起步较晚，多以具体港口城市或城市群为研究对象，采用不同模型及方法进行实证研究。

专栏 2-2 港产城定量研究相关理论综述

一、采用港产城指标定量对比分析进行研究

战炤磊、李芸通过对南通、盐城、连云港等江苏省三个沿海城市，与宁波、青岛等城市的港产城指标进行定量对比分析，进一步挖掘江苏沿海城市的港产城联动突出问题，提出了有针对性的发展路径；② 汪德贵重点分析了粤港澳大湾区港口吞吐量增速与 GDP 增速的定量关系，结合粤港澳大湾区向转型期发展的定性分析，提出了一系列的发展建议，促进了区域港产城高质量协调发展。③

二、利用耦合协调度模型进行研究

姜莫愁运用系统综合发展度模型、双系统耦合度模型、三系统耦合协调度模型对上海市港产城系统耦合协调发展状况进行了测算，提出了促进上海市港产城协调发展的建议和路径；④ 王艳丽对烟台市港产城系统进行耦合协调度分析，并与其他沿海港口城市进行比较，提出了进一步提高港产城协调发展的政策建议。⑤

三、利用遥感数据及 GIS 技术，对港城空间关系进行研究

孙静雯运用青岛市的六期 Landsat 遥感影像数据，结合 GIS 技术进行数据处理及土地利用类型分类，并通过 Apriori 算法、Logistics 逻辑回归等定量与定性分析相结合的方式，挖掘自然条件因素及社会经济因素对港城空间关系演变造成的影响，从空间重心转移层面得出港、产、城三者之间的相互作用关系。以此揭示不同阶段青岛市港城空间演变的特征及规律，为青岛市的规划布局提供理论支撑。⑥

---

① Bird J H. The Major Seaports of the United Kingdom [M]. London: Hutchinson, 1965: 243-245.

② 战炤磊，李芸．江苏沿海开发中的港产城联动：动因、问题与路径［J］．科学进步与对策，2014，31（8）：47-52.

③ 汪德贵．粤港澳大湾区港产城协同发展策略［J］．港口科技，2019（11）：43-48.

④ 姜莫愁．上海“港产城”系统时空格局演进及其耦合协调发展研究［D］．上海：华东师范大学，2017.

⑤ 王艳丽．烟台市“港产城”协调发展的评价研究［D］．杭州：浙江大学，2016.

⑥ 孙静雯．青岛市港产城一体化发展特征研究［D］．大连：大连理工大学，2019.

四、建立评价指标体系，采用熵值法进行研究

张旭、魏福丽、吕明睿等通过构建港产城融合水平评价指标体系，运用熵值法、耦合协调度模型、修正的引力模型、障碍度模型分析了大连、营口、锦州、丹东、天津、秦皇岛、唐山、沧州、青岛、烟台、日照、威海等环渤海 12 个城市港产城融合水平、时空特征与障碍因素，并结合各城市的经济发展基础、资源禀赋和障碍因素关系，提出针对性的港产城融合建议；① 王霞、王岩红、苏林等通过建立适用于高新区的产城融合度评价体系，并用熵值法为各类评价指标赋权重，对我国 56 家国家高新区进行综合评分，找出了各高新区发展存在的问题，并提出政策建议；② 祝勇、朱佳翔、林徐勋等通过区位熵定量分析扬子江城市群的石化产业集聚程度，进而梳理总结了扬子江城市群港产城协同发展的突出问题，提出了促进港产城协同发展的对策。③

（五）案例分析借鉴

对新加坡裕廊、韩国釜山、荷兰鹿特丹、德国汉堡及我国青岛港产城融合发展过程进行案例分析，研究发现 4 个方面的借鉴启示：一是把港产城融合发展理念贯穿到规划建设中；二是港产城管理体制机制对长远发展至关重要；三是港产城融合需要理念和实践持续升级；四是整合区域港口资源有利于形成发展合力。

一是把港产城融合发展理念贯穿到规划建设中。新加坡裕廊工业园于 1961 年开工建设，按照先产业园区和港口、后城市的时序规划建设，利用 7 年时间建设园区基础设施、港口码头、集疏运体系。随后，新加坡政府建设产城一体化模式的新型工业城镇，沿裕廊河两岸规划住宅和各种生活设施，完善教育、医疗、购物、金融、娱乐等城市服务，通过政策引导鼓励员工安家落户，裕廊发展成为新加坡最大的城镇之一。裕廊的经验在于在规划之初牢固树立办工业就是办城市的理念，并科学安排发展建设时序，使生产生活相互促进、相辅相成。儋州洋浦“有港无城”“有城无产”的现象，部分原

---

① 张旭，魏福丽，吕明睿等．高质量发展视域下环渤海地区港产城融合研究［J］．资源开发与市场，2022，38（6）：732-738.

② 王霞，王岩红，苏林等．国家高新区产城融合度指标体系的构建及评价：基于因子分析及熵值法［J］．科学学与科学技术管理，2014，35（7）：79-88.

③ 祝勇，朱佳翔，林徐勋等．石化“双转”背景下扬子江城市群“港产城”协同发展研究［J］．常州大学学报（社会科学版），2019，20（5）：36-45.

因在于港产城融合发展理念贯彻不坚决、执行不彻底，要在建设港口、产业园区基础设施的同时，加快完善城市建设和公共服务基础设施，在规划建设层面同步推进港产城协调发展。

二是港产城管理体制机制对长远发展至关重要。园区制度设计和安排的先进性确保裕廊工业园持续稳步发展，裕廊集团的成功经验在于能够正确处理政府和市场的关系，政府赋予管理局高度自主权，并实现政企分开，充分发挥政府和市场各自的优势。裕廊镇工业管理局是以立法形式设立的半官方机构，是政府和企业共同参与工业区管理的一种制度安排，管理局主要领导由政府委派，下属人员实行聘任制，管理局以土地使用费为继续建设的资金来源，实行自收自支、自负盈亏的管理模式。管理局集行政职能和经济职能于一体，在权限范围内企业化运作，受法律约束，不受政府部门干预，既发挥了政府的长处，又发挥了市场的作用。政府负责园区发展规划、相关政策制定和基础设施建设。1998 年，裕廊镇工业管理局更名为裕廊集团，在形式上完成了向企业的过渡，专业化程度进一步提高。[①] 洋浦经济开发区是较早、较成功借鉴裕廊模式的园区，儋州洋浦在港口和临港产业园区融合发展中可继续借鉴裕廊模式，采用政府主导加市场运作的模式，成立市场化运作的专职管理机构，正确处理政府与市场的关系，这样，既能发挥集中力量办大事的优势，也能激励市场主体参与港产城发展建设。

三是港产城融合需要理念和实践持续升级。裕廊工业园经历了由劳动密集型产业向资本密集型产业转型，再由资本密集型产业向技术密集型产业转型，最后由技术密集型产业向知识密集型产业转型的发展历程。新加坡政府审时度势，善于把握世界经济发展大方向，主动推动裕廊工业园转型升级，裕廊工业园的成功经验是产业自主演进和人为刺激推动结合的结果。[②] 儋州洋浦港产城转型升级要把握经济发展新特征、新要求，要深度结合嵌入自贸港发展建设，港口要加快基础设施建设和管理创新、坚持航运枢纽港发展方向，产业要逐步淘汰落后产能、坚持创新引领，城市要积极推进更新改造、坚持高水准规划建设。

四是整合区域港口资源有利于形成发展合力。釜山港在港口资源整合方面提供了成功经验，在周边港口竞争压迫下，釜山港北港 5 个集装箱码头由各自运营商经营向一体化运营整合。在这个过程中，有的码头放弃集装箱业务并向优势码头集中，通过集装箱码头之间的整合，有效利用岸线资源应对

① 刘友建．新加坡开发裕廊工业区的经验以及对我国的借鉴［J］．中国商贸，2013（19）：181-183.

② 刘友建．新加坡开发裕廊工业区的经验以及对我国的借鉴［J］．中国商贸，2013（19）：181-183.

复杂变化的市场环境，通过港口、物流园区和附近城区的融合发展，实现港口与城市互补发展。洋浦港泊位经营主体较为分散，公共码头占比较低，需要整合本就不充裕的港口岸线资源，形成统一合力、统筹发展的港口码头格局，为港产城融合发展打下坚实的基础。

专栏 2-3　新加坡裕廊地区港产城融合发展案例分析

一、基本情况

新加坡裕廊地区是世界知名的产业新城，位于新加坡岛西南部滨海地带，距离市区约 10 公里，面积约 70 平方公里，是新加坡最大的现代化工业基地，工业产值占新加坡全国的 2/3 以上。区内有约 7000 家本土及跨国公司，主导产业从初期的出口加工制造等逐步向通信技术、生命科学等高新技术产业转化，为推动新加坡进入新兴工业国家作出了重要贡献。

二、不断升级的产业体系

裕廊工业园根据自身区位和资源禀赋特点，以及国际产业发展的趋势和机遇，从实际出发，不断调整产业结构和发展方向。20 世纪六七十年代，新加坡工业化起步，为解决依赖单一转口贸易、工业基础薄弱和严重失业等问题，裕廊工业园着力发展以出口为导向的劳动密集型制造业。80 年代，为顺应国际产业发展潮流，将制造业向高附加值的资本密集型和技术密集型方向转变，并积极促进服务业发展。90 年代至今，高新技术、研发、工程设计、软件服务业等知识密集型产业成为发展重心。在确立园区核心产业后，裕廊工业园围绕核心产业深入拓展，并沿产业链合理延伸，不断增强产业链各环节实力，提高相关企业市场竞争力，在园区内形成产业集聚优势，从而保证园区整体竞争力。

三、港产城空间布局

临港区域依托港口优势发展临港物流、临港工业、商贸服务等功能，形成多个临港产业集中布置的园中园。居住区围绕生态核心独立连片布置，与临港工业园之间以宽阔绿化带隔离。工业用地围绕对外交通设施集中连片布置，以快速干线为主要轴线串联主要功能区，从外向内依次布置重工业、轻工业、新兴工业。轴线形成服务业走廊，联系生态绿化区、居住区、工业区、公共设施区。临港物流园紧邻港区布置，港区岸线考虑保留足够的纵深，同时保有一定的沿海公共活动岸线。

资料来源：本书编写组整理

专栏 2-4　韩国釜山港产城融合发展案例分析

一、基本情况

韩国釜山位于韩国东南沿海，与日本对马岛对峙。根据上海国际航运研究中心的数据，釜山港是韩国最大的港口，2022 年在全球集装箱吞吐量排名中居第 7 位，是全球第二大国际转运港，全球主要海运公司船舶都在此停泊，通过每周 500 多艘次集装箱航运定期服务连接世界 150 多个国家和地区的 500 多个港口。

二、典型的国际集装箱中转港

2021 年，釜山港集装箱吞吐量为 2270.6 万标准集装箱（TEU），中转货物占比达到 54%。集装箱货源地前五名分别是中国 629.8 万 TEU、美国 329.6 万 TEU、日本 291.5 万 TEU、俄罗斯 83.5 万 TEU、加拿大 73.2 万 TEU。釜山港为了在东北亚众多港口中脱颖而出，通过聚焦小港口、小航线、小船舶的方式加强中转货源的开发，最终实现“大中转”目标，这是釜山港集装箱中转量快速发展的重要原因。地理区位优势也是釜山港发展国际中转的基础和前提，釜山港是东北亚中心地带，处于欧洲—美洲主航线上，是东北亚至美西航线的最后一个枢纽港，东北亚沿海港口至美西货物到釜山集聚中转是比较合理和经济的航运线路。此外，以较低港口收费及中转货物奖励机制吸引货物中转，施行国外货物转港出口不备案等“境内关外”自由港政策，为国际货物中转提供优越口岸环境。

三、顺利完成港口码头整合工作

2016 年之前釜山港北港 5 个集装箱码头各自运营，而分散运营难以与新港竞争，之后，北港码头运营商通过资源整合实现了一体化运营，牛岩码头停止集装箱业务，推进甘湾码头与神仙台码头整合，岸线资源得以有效使用，并通过港口、物流园区和附近城区的结合，实现港口城市的互补发展。

四、积极参与国际海事服务领域合作

对中国港口而言，釜山港依托境外港口地位，具有明显的国际中转优势。大部分外资国际班轮公司因无法承运中国沿海港口之间支线货运业务，都会选择加挂釜山港，便于实现货源集聚或货物更换航线。釜山港与新加坡港一样具有区域中转枢纽作用，釜山港借机大力发展燃油加注、物资供应、船员换班、船舶维修等海事服务。

资料来源：本书编写组整理

专栏2-5 荷兰鹿特丹、德国汉堡、中国青岛港产城融合发展案例分析

一、荷兰鹿特丹

鹿特丹是荷兰第二大城市，位于欧洲莱茵河与马斯河交汇处。鹿特丹港作为新亚欧大陆桥的西桥头堡，是连接欧洲、美洲、亚洲、非洲、大洋洲五大洲的重要港口，素有“欧洲门户”之称，是欧洲最大的海港。

虽然鹿特丹港在历史上几经战火，被摧毁殆尽，但是仍凭借其关键的地理位置和自然条件，多次重建发展至今。纵观鹿特丹港发展历程，“以港兴产，产兴促城，港城互动”是其港产城融合发展的主要特点。“以港兴产”是港口的航运业带动临港和腹地产业的兴起和聚集，进而形成区域强大的工业综合体；“产兴促城”是发达的临港产业与腹地产业体系带动鹿特丹市的金融、信息、保险、代理和咨询等服务业的快速发展，港口的第三产业经济贡献逐渐占据较大比例；“港城互动”体现在临港经济促进城市发展后，城市为港口和产业提供智力、信息、人力、空间等资源，反哺港口及产业，港产城和谐共生。

二、德国汉堡

汉堡是德国第二大城市，位于易北河、阿尔斯特河与比勒河的入海口处。汉堡港是世界大港，是伴随着易北河自由通行及免税权，从内河航运逐步拓展到远洋航运的港口，被誉为“德国通往世界的大门”。

从汉堡港的发展经验看港口城市的港产城融合发展，首先是临港产业的发展必须依托港口区域的资源优势，其次港产城融合发展必须重视港口衍生产业，并预留发展空间，最后适当引入市场化机制和创新管理体制有利于发展提速。

三、中国青岛

青岛港是东北亚国际航运枢纽，是“一带一路”、新亚欧大陆桥经济走廊主要节点城市和海上合作战略支点。截至2021年底，青岛港海上集装箱航线总数达到210条，数量和密度稳居中国北方沿海港口首位，与世界上180多个国家和地区的700多个港口有贸易往来。

青岛港的发展历程是典型的港产城融合发展的过程。青岛港老港区坐落于山东省胶州湾，业务领域集中在散、杂货和内贸。伴随着青岛城市化进程的快速推进，港口与城市之间的矛盾越发凸显，尤其是老港区周边道路交通、噪声、粉尘污染以及安全等方面存在的问题，已经阻碍了城市的发展。为此，青岛港调整了老港区的功能定位，并开辟了新港区，将装卸、物流、仓储等生产性功能逐渐转移到前海湾和董家口等新港区。老港区逐步向旅游、商务等生活、娱乐性功能转型，并注重发展邮轮产业，科学规划建设邮轮码头和邮轮母港基地，将老港区逐步打造成青岛市的新名片：国际邮轮中心。

资料来源：本书编写组整理

二、对比区域选取

（一）选取思路和选取对象

本节以儋州洋浦为研究对象，选取经济发展阶段相近、地理位置临近的海口、防城港、北海、钦州 4 个港口城市作为横向比较对象，以考察儋州洋浦港产城融合发展在北部湾地区 5 个主要港口城市中的位置特点。同时，为了呈现北部湾地区与国内先进地区的差距，本节还选择了国内港口发展起步较早、产业及城市发展实力较强、港产城融合水平较高的上海、天津、大连 3 个港口城市作为横向比较对象，为儋州洋浦港产城融合发展提供高标准参照物和学习范本。

（二）港口发展情况

上海港发展历史悠久，位于长江入海口，地理位置优越，是南北货运枢纽，经济腹地广阔，是长三角一体化区域的核心，同时也是江西、重庆、安徽、湖南和湖北等周边地区的对外贸易港口。上海港交通运输网络完善，具备由铁路、高速公路、航空和水运组成的基础运输网络。铁路连接北京、杭州，水运内接长江、大运河，外接太平洋，航空方面拥有虹桥机场和浦东国际机场。在众多优势集聚下，上海港 2010 年超越新加坡，成为世界最大的集装箱港口。此后集装箱与货物吞吐量不断上涨，一直蝉联世界集装箱第一大港。

天津港位于中国天津市滨海新区，地处渤海湾西端，是中国大陆最早进行国际集装箱运输的港口，是中国华北、西北和京津地区的重要水路交通枢纽，与多条铁路干线交汇，公路网络发达，地处环渤海及京津冀经济圈，腹地深厚，以北京、天津、华北、西北为主。充足的货源保证了天津港的繁忙作业，使其位列《劳氏日报》2021 年全球百大集装箱港口第 8 名。

大连港位于辽东半岛南端的大连湾内，具备装卸储存、中转换装、多式联运、运输代理、通信信息和生活服务六大功能，在中国东北港口群中处于枢纽和主导地位。经济腹地为辽宁、吉林、黑龙江三省和内蒙古自治区东部等重工业集中区，主要从事原油、成品油、液体化工品的装卸、储运服务，以及客运服务等方面业务，是我国最大的散粮、石油进出口及对外贸易的口岸，在《劳氏日报》2021 年全球百大集装箱港口中排第 51 名。

北部湾港位于广西壮族自治区南部北部湾，包括防城港、钦州港、北海港 3 个港口。北部湾港的直接经济腹地为广西壮族自治区，向外辐射到云、贵、川、渝等地区。其中，防城港是我国重要的建材进出口及粮油加工基地和煤炭储存配送中心，钦州港是我国南方进口锰矿第一装卸港，现在正形成以镍、铜、锌等金属矿石为主的矿石运输中心，其粮食集散中心的地位也越来越显著。北海港的主要经济腹地为临港地区、玉林地区及中南、桂东南地区，北海港的运输货物主要为石油天然气及其制品、煤炭及其制品以及金属矿石。2021 年北部湾港货物吞吐量从全国第 15 名升至第 10 名，其中钦州港在《劳氏日报》2021 年全球百大集装箱港口中排第 44 名。

海口港位于海南岛北部，直接经济腹地为海南省，间接经济腹地可延伸至北部湾经济圈，是从事港口装卸、仓储、水上客货运输、集装箱运输、外轮理货、船舶修理、商业贸易、旅游、房地产开发、物业管理等活动的多元化综合性实体。但随着经济多样性的发展和激烈的竞争，海口港越来越难以适应客户灵活多样的个性化和一站式服务需求。其港口集装箱吞吐量较小，2021 年 1—12 月海口港集装箱吞吐量为 201 万 TEU，大约为上海港的 4%，天津港的 10%。

洋浦港位于海南省洋浦经济开发区，经济腹地为海南省。由于海南省经济发展水平较低，航线数量少，货物运输需求量较低，2021 年 1—12 月洋浦港集装箱吞吐量约为 132 万 TEU①。洋浦港业务范围为港务管理，货物装卸运输、仓储业、木片加工、集装箱拆装及运输、水陆客货运输及代理、水运辅助、邻港储运业、邻港加工业等。2019 年 8 月国家发展改革委发布《西部陆

① 中华人民共和国交通运输部．2021 年 12 月全国港口货物、集装箱吞吐量．https：//xxgk. mot. gov. cn/2020/jigou/zhghs/202201/t20220119_ 3637308. html.

海新通道总体规划》提出要将洋浦港作为区域国际集装箱枢纽港，重点发展国际中转业务，这将为洋浦港延伸经济腹地至大陆西部，提升洋浦港的集装箱运输量带来新的发展机遇。

（三）产业发展情况

2021 年，上海市实现地区生产总值 43214.85 亿元①。第一产业增加值为 99.97 亿元，第二产业增加值为 11449.32 亿元，第三产业增加值为 31665.56 亿元，产业结构呈“三二一”的格局。全年新能源、高端装备、生物、新一代信息技术、新材料、新能源汽车、节能环保、数字创意等战略性新兴产业完成规模以上工业总产值 16055.82 亿元，比上年增长 14.6%，占全市规模以上工业总产值比重达到 40.6%，战略性新兴产业对上海市的工业发展贡献较大。上海市全年实现社会消费品零售总额 18079.25 亿元，比上年增长 13.5%。全年上海关区货物进出口总额为 75742.70 亿元，比上年增长 17.3%。在全国各城市中排名第一。其中，进口额为 32059.73 亿元，增长 18.6%；出口额为 43682.96 亿元，增长 16.3%。

2021 年，天津市实现地区生产总值 15695.05 亿元②，在全国各城市中排名第 11 位。分产业看，第一产业增加值为 225.41 亿元，第二产业增加值为 5854.27 亿元，第三产业增加值为 9615.37 亿元，产业结构整体呈“三二一”的格局。全市农林牧渔业总产值 509.26 亿元，比上年增长 2.1%。全市工业增加值为 5224.57 亿元，比上年增长 8.0%，制造业增加值占地区生产总值比重为 24.1%。2021 年，天津市社会融资规模增量累计 3184 亿元。年末中外金融机构本外币各项存款余额为 35903.09 亿元。全市批发和零售业增加值为 1496.09 亿元，比上年增长 8.8%，实际直接利用外资突破 50 亿美元，达到 53.89 亿美元，比上年增长 13.8%。各产业总体呈现出良好的发展态势。

2021 年，大连市实现地区生产总值 7825.9 亿元③，第一产业增加值为 513.3 亿元，第二产业增加值为 3301.6 亿元，第三产业增加值为 4011.0 亿元。全市农林牧渔业总产值为 1021.6 亿元，全市规模以上工业增加值环比增长 15.0%，其中高技术制造业增加值增长 18.9%。全市固定资产投资方面

---

① 《2021 年上海市国民经济和社会发展统计公报》. https://tjj.sh.gov.cn/tjgb/20220314/e0dcefec098c47a8b345c996081b5c94.html.

② 《2021 年天津市国民经济和社会发展统计公报》. https://www.tj.gov.cn/sq/tjgb/202203/t20220314_5828933.html.

③ 《2021 年大连市国民经济和社会发展统计公报》. https://stats.dl.gov.cn/art/2022/6/1/art_3812_2020540.html.

（不含农户）比上年增长 1.2%，低于全国固定资产投资增长率 4.9%。其中，第一产业投资比上年增长 19.6%，第二产业投资比上年下降 6.0%，第三产业投资比上年增长 4.2%。但是大连市 2021 年全年高技术产业投资比上年增长 79.6%，其中高技术制造业和高技术服务业投资分别增长 89.0%和 49.5%，投资方向和投资结构在不断优化提高。2021 年，全市社会消费品零售总额为 1909.7 亿元，占全国社会消费品零售总额的 0.4%。分消费类型看，商品零售额为 1773.8 亿元，比上年增长 3.5%；餐饮收入额为 135.9 亿元，比上年增长 18.9%。实际使用外资 16.7 亿美元，虽然比上年增长 153%，但总值较小，仅占全国的 0.96%。

2021 年，北海市生产总值为 1504.43 亿元①，第一产业增加值为 225.31 亿元，第二产业增加值为 635.74 亿元，第三产业增加值为 643.38 亿元，产业结构呈“三二一”的格局。全市农林牧渔业总产值为 347.44 亿元，同比增长 6.5%，比上年提高 4.8 个百分点，两年平均增长 4.1%。全市规模以上工业总产值同比增长 27.6%，规模以上工业增加值同比增长 10.2%，两年平均下降 2.4%，工业增加值近年来呈下降态势。2021 年，北海市财政收入 231.12 亿元，同比增长 20.4%，财政收入占全省总财政收入的 12.8%。

2021 年，钦州市生产总值为 1647.83 亿元②，第一产业增加值为 315.99 亿元，第二产业增加值为 532.75 亿元，第三产业增加值为 799.09 亿元，产业结构呈“三二一”的格局。钦州市的前身钦州地区原属于农业地区，工业基础相对薄弱，设立地级市后相当一段时间主要发展轻工业。钦州市明确提出“打造北部湾临海核心工业区”的战略定位后，着力发展临港工业、构建战略性新兴产业体系。目前，已初步建成全国独有的“油、煤、气”三头并进的多元化石化产业体系，海洋工程装备、新能源、电子信息等战略性新兴产业快速发展，钦州市已逐步建设成为北部湾地区重要的修造船、能源保障、粮油加工、林浆纸制造基地。

2021 年，防城港市生产总值为 815.88 亿元③，第一产业增加值为 119.64 亿元，第二产业增加值为 398.52 亿元，第三产业增加值为 297.72

---

① 《2021 年北海市国民经济和社会发展统计公报》. http://xxgk.beihai.gov.cn/bhstjj/tszl_84932/tjxx_87313/ndtjxx_87315/202209/t20220921_3119011.html.

② 《2021 年钦州市国民经济和社会发展统计公报》. http://www.qinzhou.gov.cn/zfxxgk/fdzdgknr_6/tjxx/tjgb/t13660864.shtml.

③ 《2021 年防城港市国民经济和社会发展统计公报》. http://www.fcgs.gov.cn/tjj/zfxxgk/fdzdgknr/zwgk/t14094306.shtml.

亿元，产业结构呈“二三一”的格局。目前，防城港市现代临港产业集群初具规模，钢铁、有色、能源、石化、粮油食品、装备制造6个百亿级支柱产业初步形成。服务业方面逐渐发展形成了以交通运输、仓储和物流、批发和零售业等传统服务业为主，信息传输、租赁和商务等现代服务业加快发展的格局。

2021年，海口市生产总值为2057.06亿元①，第一产业增加值为85.43亿元，第二产业增加值为346.75亿元，第三产业增加值为1624.88亿元，产业结构呈“三二一”的格局。海口市的第三产业占比达到79%，这与海口市积极发展旅游业的政策相关，同时也反映了海口市工业基础较为薄弱的现状。全市农林牧渔业增加值为85.43亿元，同比增长4.7%。农业生产态势平稳，主要农产品产量增长较快。全市规模以上工业增加值同比增长15.9%，两年平均增长5.8%。工业呈恢复性增长态势。海口全市服务业（第三产业）增加值同比增长12.3%，高于整体经济1个百分点，对经济增长的贡献率为86.3%。服务业是海口市经济增长主动力，增势良好。2021年，全市固定资产投资同比增长8.4%，非房地产开发投资同比增长12.0%，高于房地产开发投资10个百分点，占固定资产投资比重较上年提高2.1个百分点，说明海口市固定资产投资结构优化向好。

2021年，儋州市（包含洋浦）生产总值为831.91亿元②，第一产业增加值为143.26亿元，第二产业增加值为240.90亿元，第三产业增加值为447.75亿元。第三产业占GDP的总体比重达到53%，产业结构呈“三二一”的格局。规模以上工业企业数可以在一定程度上反映地区工业化水平，企业数越少，工业化水平越低。全市规模以上工业企业58家，较前一年增加了2家，其增量和总数均在8个目标城市中最低。实际利用外资额是产业发展中的重要衡量指标，其对产业发展综合实力影响大，利用外资可以有效缓解地区建设资金不足的情况，推动地区技术进步和管理水平的提升以及产业结构的优化升级。但儋州市2021年实际利用外资额为1.88亿美元，仅占海南省全省的5.34%，外资利用水平较低，对地区发展的推动作用小。

（四）城市发展情况

2021年，上海市共有普通高等学校64所，普通中等学校867所，普通小

① 《2021年海口市国民经济和社会发展统计公报》.http：//tjj.haikou.gov.cn/hkstjj/tjsjfb/list2.shtml.

② 儋州市统计局，国家统计局儋州调查队.儋州统计年鉴2022［M］.北京：中国统计出版社，2022.

学 680 所，特殊教育学校 31 所[①]；全年专利授权量为 17.93 万件，比上年增长 28.3%；科技企业方面，科创板上市的上海企业有 59 家，居全国第 2 位，融资额 1603.40 亿元、总市值 1.4 万亿元，均居全国首位。全市有公共图书馆 23 个，全年共出版报纸 6.39 亿份、各类期刊 0.53 亿册、图书 4.79 亿册。上海市数字化综合发展水平居全国第 3 位[②]。医疗卫生方面，全市共有医疗卫生机构 6317 所，卫生技术人员 23.96 万人。总体来看，上海市在就业、社保、住房、养老、托育、教育、卫生等公共服务体系建设方面较上一年更加完善，处于全国领先水平。

截至 2021 年底，天津市有研究生培养机构 24 所，普通高校 56 所，中等职业教育学校 71 所，普通中学 535 所，小学 895 所，全年研究生招生 3 万人，在校生 8.63 万人，毕业生 2.15 万人[③]，教育事业优质均衡发展。2021 年，天津市专利授权量为 9.79 万件，占全国的 14%，占比较高，其中发明专利 7376 件，增长 40.2%；PCT 专利申请受理 444 件，增长 18.7%；年末有效发明专利 4.34 万件，增长 13.8%。医疗卫生方面，天津市有各类卫生机构 6084 个，其中医院 432 家。卫生机构床位 6.88 万张，其中医院 6.22 万张。卫生技术人员 12.13 万人，其中执业（助理）医师 5.16 万人，注册护士 4.67 万人。截至 2021 年末，全市林木绿化覆盖率达到 25%，蓝绿空间提升 65%，碳汇能力提高 15%，生态环境质量显著提高。

截至 2021 年底，大连市共有普通高等学校 31 所，在校研究生 6.1 万人，成人高等院校 7 所，中等职业学校 71 所，普通高中 80 所，九年义务教育阶段学校 625 所，幼儿园 1319 所[④]，教育资源较为丰富。全市共有公共图书馆 13 个，各类卫生机构（不含村卫生室）3561 个，每千人口医疗机构床位数 6.8 张，执业（助理）医师 3.2 人、注册护士 3.9 人，高于当年全国每千人口拥有的医疗床位数 6.7 张，每千人口执业（助理）医师 3.04 人，每千人口注册护士 3.56 人，人均医疗资源较为丰富。2021 年，大连市全体居民人均可支配收入 44267 元，高于当年全国平均水平 35128 元，全体居民人均消费支出

---

① 《2021 年上海市国民经济和社会发展统计公报》. https://tjj.sh.gov.cn/tjgb/20220314/e0dcefec098c47a8b345c996081b5c94.html.

② 《数字中国发展报告（2021 年）》. http://www.cac.gov.cn/2022-08/02/c_1661066515613920.htm.

③ 《2021 年天津市国民经济和社会发展统计公报》. https://www.tj.gov.cn/sq/tjgb/202203/t20220314_5828933.html.

④ 《2021 年大连市国民经济和社会发展统计公报》. https://stats.dl.gov.cn/art/2022/6/1/art_3812_2020540.html.

29771 元，高于全国平均水平的 24100 元。大连市人居环境良好，森林覆盖率达到 41.5%，城市空气质量指数（AQI）二级以上（优良）天数为 321 天，占全年天数的 87.9%。

2021 年，北海市全市共有普通高等学校 5 所，中等职业学校 6 所，普通中学 97 所，小学 327 所，幼儿园 457 所①，高等教育学校较少。人均收支方面，全市全年居民人均可支配收入 31602 元，全年居民人均消费支出 18890 元，均低于全国平均水平。全年专利授权量为 887 件，较上年增长 35.8%，增幅较大。全市拥有医疗卫生机构 1085 个，平均每千人口卫生技术人员 7.2 人，平均每千人口医院病床数 5.49 张，低于全国平均水平。全市建成区绿化覆盖面积 5089.17 公顷，建成区绿化覆盖率 42.2%，略低于 2021 年 42.5%的全国平均水平。

2021 年，钦州市全年居民人均可支配收入 26413 元，全年居民人均消费支出 14832 元②，均低于全国平均水平。全市专利授权量为 1647 件，同比增长 69.44%，其中发明专利 132 件，同比增长 97.0%。全市共有县级以上公共图书馆 5 个，文化馆 5 个；医疗卫生机构 2191 个，其中医院 37 家，乡镇卫生院 57 家，社区卫生服务中心 11 个，诊所（卫生所、医务室）376 个，村卫生室 1635 个，妇幼保健院（所、站）5 个；卫生技术人员 23053 人，其中执业医师和执业助理医师 7109 人、注册护士 11061 人、药师（士）1629 人、卫生监督员 187 人、其他 1832 人；医疗卫生机构床位 21487 张，其中医院 12955 张、乡镇卫生院 6638 张。人居环境方面，2021 年钦州市绿化覆盖率达到 40.21%，空气质量优良率为 96.4%，人居环境不断优化，先后获得国家园林城市、中国优秀旅游城市等荣誉。

2021 年，防城港市共有普通高等学校 1 所，中等职业学校 3 所，普通中学 49 所，小学 158 所，幼儿园 308 所③，高等教育学校较少。全年授权专利量为 406 件，其中发明专利 44 件。全市拥有公共图书馆 5 个；医疗卫生机构 673 个，医院、卫生院（含妇幼保健院）床位 4899 张，每千人口拥有医院床位 3.2 张；卫生技术人员 6938 人，其中执业（助理）医师 2350 人，注册护

---

① 《2021 年北海市国民经济和社会发展统计公报》. http：//xxgk. beihai. gov. cn/bhstjj/tszl_84932/tjxx_ 87313/ndtjxx_ 87315/202209/t20220921_ 3119011. html.

② 《2021 年钦州市国民经济和社会发展统计公报》. http：//www. qinzhou. gov. cn/zfxxgk/fdzdgknr_6/tjxx/tjgb/t13660864. shtml.

③ 《2021 年防城港市国民经济和社会发展统计公报》. http：//www. fcgs. gov. cn/tjj/zfxxgk/fdzdgknr/zwgk/t14094306. shtml.

士3122人。森林覆盖率达到62.33%，全年城市空气质量指数二级以上（含二级）天数达到360天，达标率为98.6%，人居环境较好。

2021年，海口市共有普通高等教育学校12所，成人高校1所，在办中等职业学校25所，普通中学103所，普通小学143所，在办幼儿园546所，特殊教育学校5所①，教育事业发展较为均衡。全年专利授权量为8929件，同比增长55.5%，占全省的65.5%；全市万人有效发明专利拥有量达到11.96件，高于当年7.5件的全国平均水平。拥有各级各类医疗卫生机构1437个，医院床位17700张；博物馆6座，文化馆4座，文化站43个，公共图书馆5个。2021年，海口市居民人均可支配收入38129元，高于当年全国平均水平。全年城市空气质量情况总体良好，一级优为281天，二级良为78天，三级轻度污染为6天，空气质量优良率为98.4%，人居环境较好。

2021年，儋州洋浦地区共有普通中学55所，职业中学17所，小学242所，幼儿园270所②；医疗卫生机构497个，每千人口床位数为5.1张，卫生技术人员6334人，地区教育医疗发展水平偏低。儋州市（不含洋浦）人均可支配收入28514元，远低于当年全国平均水平；人均消费支出25280元，高于当年全国居民平均水平。人居环境方面，全市建成区绿化覆盖率为41.1%，略低于当年全国平均水平；人均道路面积29平方米，高于当年全国城市人均道路面积18.8平方米；城市供水普及率与燃气普及率均为100%，高于当年全国平均水平。

三、评价指标体系和研究方法

（一）指标体系建立原则

针对港产城融合定量评价指标体系，在具体指标选取上学术界尚未形成统一标准，需结合研究对象实际情况和已有的研究成果，科学合理地进行选择搭建。总体上，应遵循科学性原则、系统性原则、代表性原则、可量化原则。

科学性原则。在科学逻辑和理论下，按照港产城协调发展阶段和其他相关方面，使选取的指标更加接近港口、产业和城市的融合发展情况。所以在

① 《2021年海口市国民经济和社会发展统计公报》. http://tjj.haikou.gov.cn/hkstjj/tjsjfb/list2.shtml.

② 儋州市统计局，国家统计局儋州调查队. 儋州统计年鉴2022［M］. 北京：中国统计出版社，2022.

具体功能的指标选取中，一定要慎重地选择，遵循科学性原则。

系统性原则。作为一个复杂的巨系统，由港、产、城相互作用发展构成港产城融合发展系统，对各港口城市的港口、产业、城市发展的功能指标选取一定要遵循系统性原则，指标构建要在充分考虑协调发展的意义上，体现出各功能结构的特点。

代表性原则。在充分考虑港产城协调发展的有效前提下，构建港产城协调发展评价指标体系，具体指标选择还需要考虑到协调发展中的基底和本质。影响一个地区港口、产业和城市发展的因素很多，不可能把全部的因素都纳入二级指标体系，因此必须要抓住问题的主要方面，进行适当取舍。应重点选择对一级指标影响较大的二级指标进行深入研究，适当舍弃对一级指标影响较小的二级指标，使所选择的指标有较强的代表性。

可量化原则。因对比研究对象较多，相关数据及口径获得难易程度不同，应充分考虑所选择的具体指标数据的可获得性，对于过于理论化，且相关数据难以获取的指标，应进行合理的取舍，确保指标数据获取度和口径的相对统一，在进一步提高评价指标体系的适用性的同时，为后续研究对象的对标比较奠定基础。

（二）指标体系的建立

在借鉴国内外相关研究成果基础上，①②③④ 参考《中国城市高质量发展指标体系》《中国港口高质量发展报告（海港篇）2020》，构建儋州洋浦港产城融合评价指标体系。指标体系包括 3 个一级指标、19 个二级指标。一级指标有港口发展、产业发展、城市发展。二级指标中，港口发展由港口泊位个数、货物吞吐量、集装箱吞吐量、港口量能比、外贸货物占比、码头岸线长度等指标构成，产业发展由第一产业占 GDP 比重、房地产投资占固定资产投资比重、产业高级化、规模以上工业企业数、实际利用外资额、人均 GDP、单位建成区土地面积产值等指标构成，城市发展由人均社会消费品零售总额、研发投入强度、每万人拥有医院床位数、教育支出占一般公共预算支出比重、

① 符琳蓉，任以胜，陆林等．南通市“港—产—城”融合发展及演化特征研究［J］．现代城市研究，2021（6）：60-66.

② 叶士琳，曹有挥，王佳韡等．长江沿岸港口物流发展格局演化及其机制［J］．地理研究，2018，37（5）：925-936.

③ 何丹，高鹏．长江中游港口腹地演变及港口—腹地经济协调发展研究［J］．地理科学，2016，36（12）：1811-1821.

④ 李光辉．我国产城融合发展路径研究［D］．合肥：安徽大学，2014.

建成区绿化覆盖率、人均外贸货物进出口额等指标构成（见表 2-11）。

表 2-11 港产城融合发展水平评价指标体系

一级指标	二级指标	计算公式	指标方向	单位
港口发展	港口泊位个数	—	+	个
	货物吞吐量	—	+	万吨
	集装箱吞吐量	—	+	万标准集装箱
	港口量能比	集装箱吞吐量/通过能力	+	%
	外贸货物占比	外贸货物吞吐量/货物吞吐量	+	%
	码头岸线长度	—	+	米
产业发展	第一产业占 GDP 比重	第一产业增加值/GDP	—	%
	房地产投资占固定资产投资比重	房地产投资/固定资产投资	—	%
	产业高级化	第三产业增加值/第二产业增加值	+	%
	规模以上工业企业数	—	+	个
	实际利用外资额	—	+	亿美元
	人均 GDP	—	+	元
	单位建成区土地面积产值	GDP/建成区土地面积	+	万元/平方公里
城市发展	人均社会消费品零售总额	—	+	元
	研发投入强度	R&D 费用内部支出额/GDP	+	%
	每万人口拥有医院床位数	—	+	张
	教育支出占一般公共预算支出比重	教育支出/一般公共预算支出	+	%
	建成区绿化覆盖率	—	+	%
	人均外贸货物进出口额	—	+	元

数据主要来自《2021 中国城市统计年鉴》《2021 中国统计年鉴》《中国港口年鉴 2021》，以及各港口城市 2020 年国民经济与社会发展统计公报、2021 年政府工作报告、相关国民经济与社会发展规划等。港口量能比、产业高级化等指标通过计算整理得到。洋浦港的码头岸线长度由往年数据通过线性插值法计算得到。

（三）研究方法

1. 赋权法

赋权法（熵值法）主要有主观赋权法和客观赋权法两种。主观赋权法是一种定性评价方法，它根据主观经验或专家评定打分来设定综合评价指标体系中各项指标的权重，主要是用各种方法对各层指标进行主观赋权，然后计算加权平均值。目前常用的主观赋权法有专家打分法和层次分析法等。主观赋权法的优点是专家可以根据实际问题，较为合理地确定各指标之间的排序。虽然主观赋权法不能准确地获取各指标的权数，但在一定程度上可以有效地确定各方面指标的重要程度。主观赋权法的缺点是主观随意性大，不同的专家对代表性指标和重要性指标的看法不同，难以协调统一，而且选出的指标之间很容易存在较大的相关性或者可能出现指标鉴别力不强的问题。

客观赋权法是根据综合评价指标体系中各项指标的内在联系，运用多元统计及数学的分析，确定各项指标权重的一种定量评价方法。常用的客观赋权法有主成分分析法、因子分析法、熵值法、变异系数法等。本节采用熵值法。①

2. 协调性研究方法

目前，系统协调性研究方法主要有耦合协调度模型、复合系统综合发展水平模型、复合系统协同度模型等。本节采用耦合协调度模型。

耦合是指两个（或两个以上）系统或运动形式通过物质、能量、信息的交流形成的彼此约束、选择、协同和放大的现象。其中，约束和选择意味着耦合各方自身原有属性的减少或消失；协同和放大意味着各方在相互影响下彼此原有功能的增强或属性的放大。系统或运动形式通过这些属性的变化，最终重叠在一起，共同发挥更强大的作用，并成为不可分割的统一整体。

"耦合度"可以用来衡量系统内子系统或要素之间相互影响与作用的强弱程度，反映了系统内部序参量之间由无序走向有序的协同作用；"协调度"可以度量系统之间与系统内部各要素之间和谐一致的程度，不仅体现了系统与耦合要素之间的良性循环关系，还体现了系统要素从杂乱无章到和谐共进的趋势，是多个系统与要素之间保持健康、稳健发展的基础。耦合度反映了双方相互作用程度的强弱，难以评价系统之间互动的良性特征；协调度是反映在耦合度基础上的良性程度，体现了协调状况的好坏程度。港口、产业、城市的耦合，是以发挥其最大效用为目标，旨在 3 个子系统相互作用、相互影响、相互促进，从而达到港产城发展系统之间以及系统组成要素之间的有机融合，是实现 3 个子系统耦合协调发展的基础，不仅可以较好地解决系统间的失调发展问题，还有益于各系统之间或系统要素之间的相互协调、和谐发

① 熵值法的概念原理及具体应用在前文中已有论述，此处不再赘述。

展。宏观上看，系统与系统之间不仅会产生互动关系，且系统与系统所在的外界环境也会产生相互影响；从微观角度看，系统内部各要素之间也会发生互动关系，彼此产生影响。因此，港口、产业、城市的耦合度能够评判一定时期内 3 个子系统的耦合作用强弱，而耦合协调度可以表现 3 个子系统之间的匹配与协调发展状况，反映一定时期内某港口城市港产城发展的综合水平。

高耦合度只能反映港口、产业和城市各子系统间相互作用程度的强弱，而无法体现系统融合水平的高低。当子系统均处于低水平发展阶段时，其耦合度值仍然是高的，而只要三者发展水平悬殊，耦合度值就低。为克服这一问题，引入了耦合协调度模型。耦合协调度值越大，复合系统协同发展程度越高，港产城融合程度就越高，耦合协调度值趋于 1 时，港产城复合系统达到优质融合，内部各子系统之间处于协调配合、良性循环发展的状态。

四、分析过程

（一）计算耦合度

运用熵值法分别计算 2020 年各地区港口、产业、城市发展综合得分，在此基础上计算三者之间的耦合度，计算公式如下：

$$C=\frac{3\times\sqrt[3]{k_i\times h_i\times f_i}}{k_i+h_i+f_i}$$

式中：k_i 为港口发展综合水平，h_i 为产业发展综合水平，f_i 为城市发展综合水平，C 为耦合度，取值在区间［0，1］，值越大，说明港产城融合关系越好、运作状态越有序。

（二）计算耦合协调度

引入耦合协调度评价模型，进一步计算各地区港产城融合水平，计算公式如下：

$$D=\sqrt{C\times T}, \quad T=\alpha k_i+\beta h_i+\varphi f_i$$

式中：C 为耦合度，T 为综合评价指数，用于反映港口、产业与城市发展的整体水平；α、β、φ 为权重系数，本课题取 $\alpha=\beta=\varphi=1/3$；D 为耦合协调度，取值在区间［0，1］。

（三）障碍因子

为了进一步明确各城市港产城融合提升方向，运用障碍度模型诊断各港口城市的障碍因子，计算公式如下：

$$O_{ij} = \frac{(1 - X'_{ij}) \times W_{ij} \times 100\%}{\sum_{j=1}^{n}(1 - X'_{ij}) \times w_{ij}}$$

其中 O_{ij}为一级指标 i 中第 j 个二级指标对于港产城融合水平的障碍度，X'_{ij}表示第 j 个二级指标的标准化值，$1-X'_{ij}$表示该指标的偏离程度；W_{ij}为第 j 个指标的权重，n 为指标个数。

五、分析结论

（一）港产城融合内部关系

根据前述评价指标体系，运用熵值法计算 8 个地区一级指标得分。上海、天津、大连等地区发展历史悠久，港口、产业、城市发展较成熟，各方面得分较高。上海、天津具有“港口>产业>城市”特点，大连具有“城市>产业>港口”特点。儋州洋浦和其他 4 个地区由于发展历史较短，产业、港口、城市发展水平相对较低，儋州洋浦呈现“城市>港口>产业”特点，海口呈现“城市>产业>港口”特点（见表 2-12、图 2-4）。

表 2-12　8 个地区港口、产业、城市发展一级指标得分及排名

地区	港口发展		产业发展		城市发展	
	得分	排名	得分	排名	得分	排名
上海 港>产>城	0.9814	1	0.8627	1	0.7037	1
天津 港>产>城	0.4130	2	0.3901	2	0.3622	3
大连 城>产>港	0.2875	3	0.3166	3	0.4694	2
钦州 城>港>产	0.1306	4	0.0734	7	0.2435	6
防城港 城>港>产	0.1110	5	0.0790	6	0.2830	5
海口 城>产>港	0.0893	6	0.3016	4	0.3193	4
儋州洋浦 城>港>产	0.0771	7	0.0631	8	0.1828	8
北海 城>产>港	0.0596	8	0.0901	5	0.2097	7

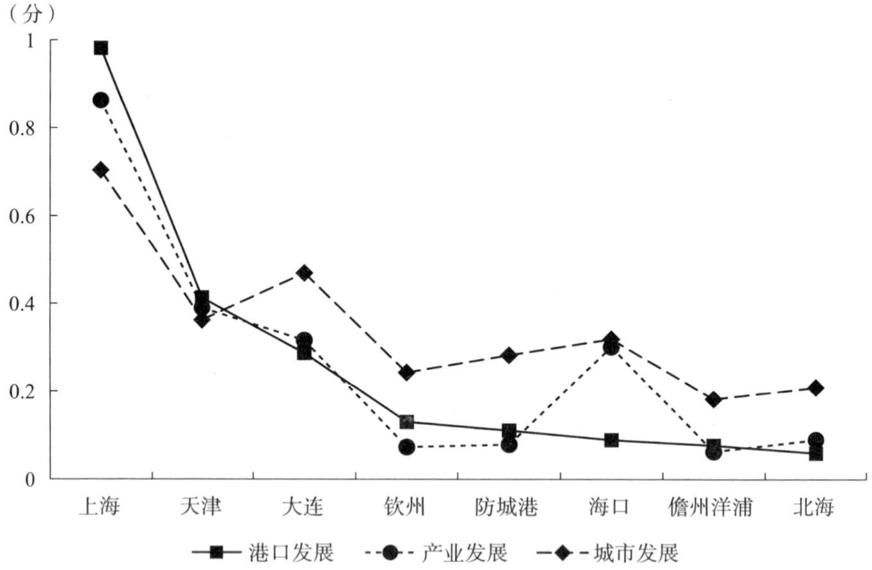

图 2-4　8 个地区港产城融合发展评价一级指标得分

在港口发展方面，儋州洋浦排名第 7 位，仅高于北海。洋浦港泊位少、集装箱吞吐量低、码头岸线短是得分落后的原因。2020 年洋浦港有泊位 43 个，约为钦州港的一半，是 8 个港口平均泊位数量的 18.5%。货物吞吐量为 5664 万吨，高于防城港。集装箱吞吐量为 101.94 万标准集装箱，高于防城港、北海。外贸货物占比为 54%，高于海口、北海、钦州、大连，与区域国际集装箱枢纽港的战略定位相符。

在产业发展方面，儋州洋浦排名第 8 位。第一产业增加值占比高、产业高级化指数低反映出产业结构升级较慢，房地产占固定资产投资比重较高反映出经济发展对房地产较为依赖，规模以上工业企业数过少（56 家，仅为防城港的 37%）反映出企业发展活力不强。2020 年洋浦人均 GDP 达到 33 万元，是上海的 2 倍，由于儋州整体人口基数大、GDP 贡献不足，儋州洋浦人均 GDP 为 6.65 万元，高于海口、钦州。儋州洋浦实际利用外资额为 3.3 亿美元，高于防城港、钦州、北海。

在城市发展方面，儋州洋浦排名第 8 位。人均社会消费品零售总额较低反映出消费端发力不足，人均外贸货物进出口总额较低反映出经济与外界联系度较低、开放度较低，研发投入强度低反映出创新能力不足，每万人拥有医院床位数、教育支出占一般公共预算支出比重较低反映出公共服务供给不充分。儋州洋浦建成区绿化覆盖率较高，排名第 3 位，体现出海南良好的生态环境优势。

（二）港产城耦合协调度

参考借鉴相关研究成果①，以 0.2、0.4、0.6、0.8、1.0 为分隔点，将港产城融合状态分为失调、拮抗、磨合、耦合、协调 5 种状态。在 8 个样本地区中，上海得分最高，融合状态为“协调”，天津为“耦合”，大连、海口为“磨合”，钦州、防城港、北海、儋州洋浦为“拮抗”。

儋州洋浦港产城耦合协调度得分排名第 8 位，综合研判港产城融合处于“拮抗”状态，存在一定相互阻抑现象，典型表现就是洋浦“有产无城”、儋州“有城无产”。比如，洋浦港口岸线和泊位不足影响港航物流和临港加工业快速发展，儋洋城市服务功能不充分不平衡影响从业人员安心稳定工作，洋浦保税港区用地空间局促影响临港产业发展并进一步抑制港口货物吞吐量提升，儋洋现代产业体系尚不健全影响港口货物吞吐量和城市实力规模，儋洋金融、贸易、航运、物流等现代服务业发展不充分影响港口和临港经济快速发展等。应着力改变，理顺港产之间、产城之间、港城之间发展关系，持续提高港产城耦合协调度（见表 2-13、图 2-5）。

表 2-13　8 个地区港产城耦合协调度得分及融合状态

排名	地区	耦合协调度	港产城融合状态
1	上海	0.9173	协调
2	天津	0.6228	耦合
3	大连	0.5913	磨合
4	海口	0.4527	磨合
5	钦州	0.3679	拮抗
6	防城港	0.3642	拮抗
7	北海	0.3225	拮抗
8	儋州洋浦	0.3101	拮抗

注：拮抗指一种物质（或过程）被另一种物质（或过程）阻抑的现象

（三）障碍因子诊断

通过障碍度模型诊断 8 个地区港产城融合进程中的障碍因子，得到港产

① 张旭，魏福丽，吕明睿等．高质量发展视域下环渤海地区港产城融合研究［J］．资源开发与市场，2022，38（6）：732-738.

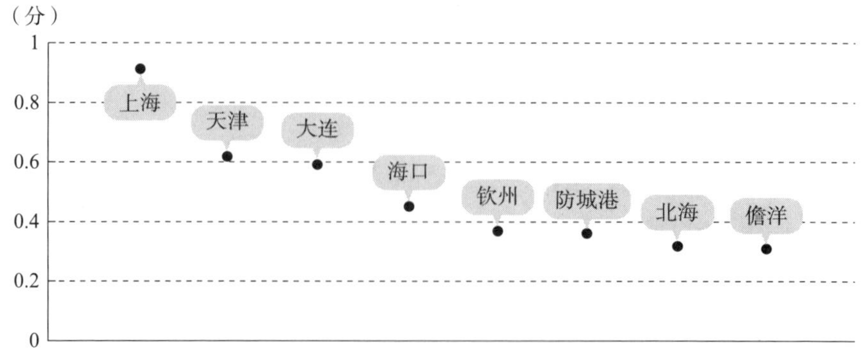

图 2-5　8 个地区港产城耦合协调度得分

城融合障碍因子和障碍度排名。城市之间进行障碍度对比不具实际意义，障碍度考察一个地区内部在推进港产城融合进程中存在哪些较为突出的短板，从另一个角度看，提升主要障碍因子是推进某一地区港产城融合发展的“牛鼻子”“蛇七寸”。

在一级指标层面，儋州洋浦港产城融合发展的障碍度为产业 41.4%、港口 34.5%、城市 24.1%，说明在港、产、城三者之间，现代产业体系是儋州洋浦港产城融合最大的短板，其次为港口基础设施建设，再次为城市服务功能。儋洋当前的首要任务是加快重大产业项目落地，用好自贸港制度优势构建临港经济产业体系，以产业发展为核心动力，提升港口功能、促进城市发展（见图 2-6）。

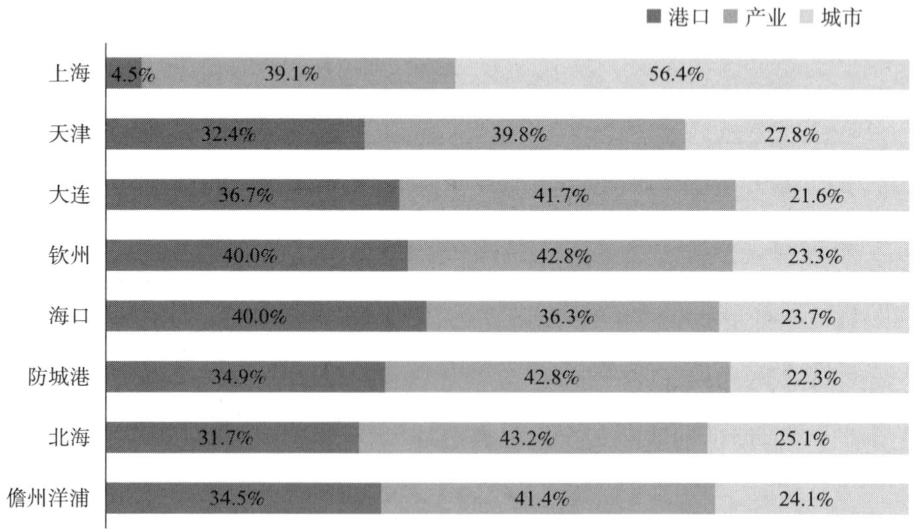

图 2-6　8 个地区港产城融合发展一级指标障碍度

在二级指标层面，儋州洋浦排名前五位的障碍因子是实际利用外资额（12.62%）、集装箱吞吐量（10.31%）、港口泊位个数（10.08%）、规模以上工业企业数（10.05%）、码头岸线长度（7.46%），主要集中在产业发展指标和港口发展指标中。实际利用外资额是一项放大效应非常明显的指标，提高外资投资规模水平有利于提高产业发展质量、经济外向度水平和贸易规模，带动港航物流产业发展，提升城市服务功能。集装箱吞吐量主要来自中转和岛内，提高集装箱吞吐量是快速提升港航物流产业发展能级的前提基础。港口泊位个数和码头岸线长度代表港口基础设施建设水平和承载能力，目前洋浦港硬件基础设施条件还不完善，在一定程度上制约了港航物流、临港经济发展。规模以上工业企业数代表一个地区产业发展水平和企业实力，儋州洋浦市场企业主体少、规模以上工业企业数量少、市场活力不足，是制约港口和城市发展的重要原因（见表2-14、图2-7、表2-15）。

表2-14　儋州洋浦二级指标障碍因子及障碍度与排名

一级指标	二级指标（障碍因子）	障碍度	排名
港口发展 34.5%	港口泊位个数	10.08%	3
	货物吞吐量	5.46%	7
	集装箱吞吐量	10.31%	2
	港口量能比	0.82%	18
	外贸货物占比	0.34%	19
	码头岸线长度	7.46%	5
产业发展 41.4%	第一产业占GDP比重	3.43%	14
	房地产投资占固定资产投资比重	4.23%	10
	产业高级化	4.40%	9
	规模以上工业企业数	10.05%	4
	实际利用外资额	12.62%	1
	人均GDP	2.70%	15
	单位建成区土地面积产值	3.98%	11
城市发展 24.1%	人均社会消费品零售总额	7.24%	6
	每万人口拥有医院床位数	2.44%	16
	人均外贸货物进出口额	3.94%	12
	教育支出占一般公共预算支出的比重	3.90%	13
	建成区绿化覆盖率	1.67%	17
	研发投入强度	4.95%	8

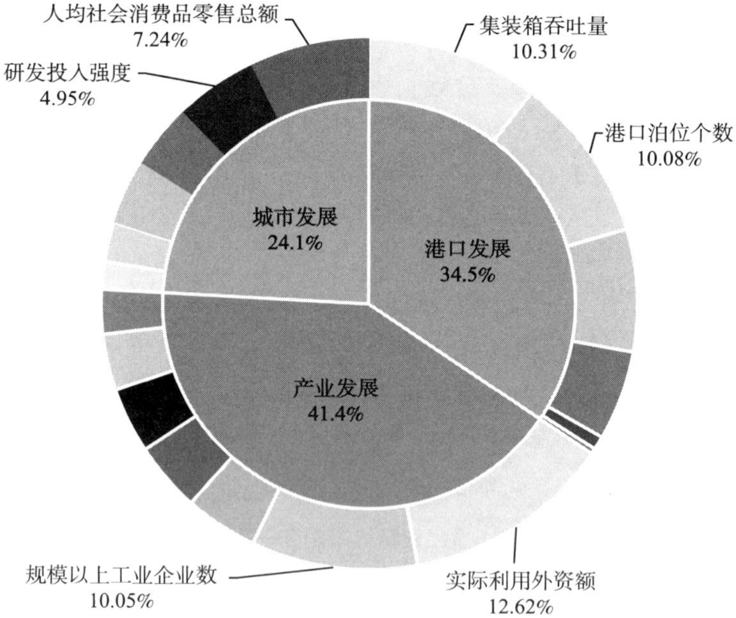

图 2-7　儋州洋浦港产城融合发展二级指标障碍因子及障碍度

表 2-15　8 个地区二级指标前 5 位障碍因子

地区	障碍因子（障碍度）				
	第 1 位	第 2 位	第 3 位	第 4 位	第 5 位
上海	教育支出占一般公共预算支出的比重（32. 71%）	建成区绿化覆盖率（21. 36%）	房地产投资占固定资产投资比重（20. 50%）	产业高级化（18. 60%）	港口量能比（3. 31%）
天津	实际利用外资额（14. 51%）	港口泊位个数（12. 71%）	集装箱吞吐量（9. 01%）	人均社会消费品零售总额（7. 78%）	码头岸线长度（7. 37%）
大连	实际利用外资额（17. 13%）	集装箱吞吐量（12. 85%）	港口泊位个数（11. 34%）	规模以上工业企业数（10. 94%）	人均社会消费品零售总额（7. 52%）
海口	实际利用外资额（13. 81%）	集装箱吞吐量（11. 86%）	规模以上工业企业数（11. 66%）	港口泊位个数（11. 55%）	码头岸线长度（8. 80%）
钦州	实际利用外资额（13. 22%）	规模以上工业企业数（10. 15%）	港口泊位个数（10. 10%）	集装箱吞吐量（10. 02%）	人均社会消费品零售总额（7. 47%）

续表

地区	障碍因子（障碍度）				
	第1位	第2位	第3位	第4位	第5位
防城港	实际利用外资额（13.45%）	集装箱吞吐量（10.95%）	规模以上工业企业数（10.45%）	港口泊位个数（9.74%）	人均社会消费品零售总额（7.50%）
北海	实际利用外资额（13.71%）	集装箱吞吐量（11.22%）	港口泊位个数（10.64%）	规模以上工业企业数（10.52%）	码头岸线长度（8.22%）
儋州洋浦	实际利用外资额（12.62%）	集装箱吞吐量（10.31%）	港口泊位个数（10.08%）	规模以上工业企业数（10.05%）	码头岸线长度（7.46%）

（四）小结

从产业方面看，儋州洋浦产业结构相对单一，新兴产业发展有待提速。洋浦石化产业虽然具备一定实力规模，但与全国重要的石化产业基地相比产业能级较低、带动效应有限，对儋洋影响力辐射力不充分。石化是长链条产业，但儋洋周边地区和产业园区尚未建立起上下游配套产业链，周边产业发展资源要素分布零散、类型各有不同，普遍规模小、能级低，难以产生聚集效应，形成发展合力，造成儋州洋浦地区产业关联性弱，区域协同发展不强。

从城市方面看，儋州洋浦地区公共服务发展不充分、不均衡、整体质量不高，公共服务能力存在明显差异。即便是公共服务发展质量相对较高的洋浦，也存在幼儿园、中小学学位一位难求、区（市）外就医、公租房安居房不足等现象，15分钟步行生活圈内学校、医疗设施覆盖率不高，需依赖自行车、电瓶车等交通工具，15~30分钟步行生活圈内，商业设施覆盖率较好，但文化设施较少，在人的慢行活动尺度下设施的便捷程度有待提高。

在城市因港而生、因港而兴的同时，为港口高质量发展提供支撑与保障。一方面，城市经济规模增长为港口发展提供充足完善的资源、土地、集疏运等硬件设施，以及服务、贸易、金融等软件环境；另一方面，城市成为地区政治经济主导，通过市场和行政手段推进老港区城市更新改造、新港区高标准规划建设，提高港口效率和智能化、绿色化水平，在港口演化进程中提供技术、制度与管理支撑，推动港口跨越式发展。

区域发展竞争力及港产城融合发展相关数据见表2-16至表2-20。

表 2-16　区域发展竞争力定量分析原始数据

三级指标	单位	儋州	洋浦	海口	东方	澄迈	临高	昌江	南宁	北海	钦州	防城港	玉林	崇左	湛江	茂名	阳江
城镇常住居民人均住房建筑面积	m^2/人	44.00	32.42	31.40	31.10	30.00	33.00	25.00	36.00	48.00	60.80	60.00	58.00	45.00	40.00	43.77	41.89
城乡居民人均可支配收入比		2.09	1.53	2.30	2.19	2.09	2.10	2.37	2.39	2.26	2.42	2.16	2.11	2.42	1.76	1.57	1.62
常住人口城镇化率	%	51.91	76.82	79.60	48.20	55.41	46.50	57.20	68.90	58.88	42.00	55.39	47.75	43.90	43.96	43.56	40.33
GDP 总量	亿元	363.69	279.59	1791.60	186.50	348.36	204.22	124.12	4726.34	1276.91	1388.00	732.81	1761.08	809.00	3100.22	3279.31	1360.44
地区生产总值增速	%	6.60	10.50	7.10	-1.90	5.40	2.10	-0.90	3.70	-1.30	2.60	5.10	3.30	6.10	1.90	1.50	4.40
社会固定资产投资总额	亿元	227.68	88.10	1221.40	88.34	217.86	38.60	48.62	5160.77	1408.46	1522.93	783.42	2208.02	1414.46	1698.71	1348.26	731.50
第二、第三产增加值占地区生产总值比重	%	60.60	98.94	83.62	72.90	74.05	38.18	72.75	88.69	83.82	79.62	84.84	80.39	77.70	79.90	80.20	80.60
非农产业从业人员比重	%	61.41	95.78	86.53	53.25	58.40	55.79	52.81	99.62	99.32	99.75	99.33	99.25	97.82	98.34	99.91	99.65
单位土地经济效益	万元/平方公里	1109.00	19731.28	5729.78	820.86	1680.49	1550.65	598.75	2138.62	3826.52	1273.75	1174.56	1373.27	466.77	2337.50	2869.63	1709.98
单位地均税收	万元/平方公里	27.66	12806.25	441.66	25.31	136.13	21.72	37.29	119.28	470.57	113.75	132.30	45.76	30.12	66.16	64.95	60.02
人均地区生产总值	元/人	41749.80	298562.99	76000.00	41961.22	69958.41	48555.14	53471.42	54669.00	68901.97	42032.10	70053.76	30380.39	38732.37	44407.90	53114.41	52265.13
单位土地工业经济效益（工业总产值）	万元/平方公里	41.60	47939.29	1991.30	669.23	783.37	77.87	684.29	300.45	4921.64	1696.36	2479.34	1694.48	476.28	1828.48	1549.98	2061.40
物流网点数量	个	75.00	20.00	620.00	44.00	52.00	41.00	32.00	931.00	170.00	201.00	168.00	336.00	239.00	455.00	275.00	242.00
人均城市道路面积	平方米/人	15.70	40.90	6.60	10.46	12.66	3.74	10.74	13.44	20.52	38.19	29.45	1.07	12.32	12.00	4.52	21.42
人均日生活用水量	升/(人·日)	225.00	232.00	246.00	220.00	128.00	414.00	636.00	314.12	306.94	333.65	299.00	194.29	277.27	145.56	24.47	170.12
人均日用电量	度/(人·日)	16.42	64.07	8.49	8.44	11.11	3.92	31.50	8.17	13.78	8.75	28.70	5.06	11.56	9.34	5.92	15.28
学校数量	所	450.00	28.00	1097.00	204.00	259.00	218.00	97.00	390.00	871.00	748.00	646.00	3748.00	752.00	3483.00	3227.00	965.00
全社会研发经费占 GDP 比重	%	0.30	0.49	0.98	0.00	0.50	0.10	0.10	1.07	0.10	0.14	1.00	0.49	0.25	0.35	0.70	0.74

续表

三级指标	单位	儋州	洋浦	海口	东方	澄迈	临高	昌江	南宁	北海	钦州	防城港	玉林	崇左	湛江	茂名	阳江
万人发明专利拥有量	件	4.12	14.95	11.60	0.58	4.18	0.10	0.42	3.23	0.60	0.42	1.32	1.30	0.47	1.92	1.14	0.62
常住人口规模	万人	87.11	9.36	287.34	44.45	49.80	42.06	23.21	874.16	185.32	330.22	104.61	579.68	208.87	698.12	617.41	260.30
接待旅游者人数（2017年）	万人次	212.43	1.30	2033.56	89.51	127.51	46.52	91.40	11643.73	4134.28	3882.46	2785.05	5125.04	3514.49	2231.46	1096.32	1317.50
每千人口拥有执业（助理）医师数	人	1.90	0.12	3.73	1.86	2.66	1.46	2.03	3.53	2.45	2.20	2.09	2.02	1.94	2.03	2.24	2.30
每千人口拥有医院、卫生院床位数	张	5.09	2.14	6.65	3.05	6.14	2.35	3.71	6.86	5.52	6.06	4.53	5.87	4.39	5.98	5.98	6.21
人均地方财政预算内收入	元/人	11792.25	80086.18	15057.85	15233.00	18870.84	12658.72	22326.30	4258.38	4284.96	1969.57	5132.55	1755.63	1619.20	1973.58	2310.64	2524.05
人均地方财政预算内支出	元/人	15568.17	108025.54	14864.07	15168.25	18029.57	12234.63	20144.75	9378.85	11476.74	7194.51	14784.89	7265.95	13053.62	7714.82	7770.43	9598.31
城市关注度	万次	8900.00	3190.00	10000.00	1490.00	8010.00	2730.00	1380.00	9860.00	8860.00	8770.00	2360.00	8840.00	7370.00	9050.00	8980.00	8790.00
实际利用外资总额	亿美元	0.17	3.13	17.23	0.22	3.30	0.00	0.01	4.40	1.24	2.72	0.58	1.13	0.31	3.69	0.59	0.47
外贸进出口总额	亿元	338.80	364.70	370.00	5.95	26.77	1.69	0.16	986.00	268.14	217.70	708.33	31.54	1844.45	442.40	199.27	191.70
人均公园绿地面积	平方米/人	10.10	5.40	12.30	8.60	10.60	10.69	9.44	14.80	12.00	12.68	20.25	13.86	17.47	14.75	18.00	16.17
建成区绿化覆盖率	%	40.10	42.60	41.00	34.40	38.20	28.80	36.89	40.90	41.00	40.08	35.30	39.68	38.24	39.65	42.81	41.82
每万元GDP耗水量（总用水量/GDP）	立方米/万元	115.41	36.04	39.57	159.89	75.90	147.59	148.73	80.29	69.23	100.43	76.28	127.48	139.80	84.19	80.81	96.29
生活垃圾无害化处理率	%	100.00	100.00	100.00	100.00	100.00	100.00	100.00	100.00	100.00	100.00	100.00	100.00	100.00	100.00	100.00	100.00
污水处理率	%	35.00	100	100	97.11	100	100	85.62	65.00	100	92.16	98.67	98.78	95.17	95.00	98.71	96.70
空气质量优良天数比例	%	100	100	98.00	98.40	99.70	100	98.60	97.50	98.90	99.20	100	98.90	98.10	96.70	98.90	95.90
公共图书馆数量	个	1.00	1.00	6.00	1.00	1.00	1.00	1.00	14.00	3.00	5.00	5.00	8.00	7.00	12.00	6.00	5.00
藏书量	万册	22.18	3.43	126.70	9.96	18.79	10.35	15.81	325.10	82.50	88.96	103.60	207.10	91.21	100.00	198.00	124.50

表 2-17 区域发展竞争力定量分析原始数据标准化处理结果（儋州洋浦分别计算）

三级指标	儋州	洋浦	海口	东方	澄迈	临高	昌江	南宁	北海	钦州	防城港	玉林	崇左	湛江	茂名	阳江
城镇常住居民人均住房建筑面积	0.4694	0.2073	0.1789	0.1705	0.1398	0.2236	0.0001	0.3074	0.3576	0.0001	0.0224	0.0783	0.4414	0.4191	0.4758	0.4717
城乡居民人均可支配收入比	0.3682	1.0001	0.1316	0.2575	0.3647	0.3600	0.0537	0.0325	0.1780	0.0001	0.2908	0.3477	0.0028	0.7436	0.9555	0.8986
常住人口城镇化率	0.2950	0.9293	1.0001	0.2005	0.3841	0.1572	0.4297	0.7276	0.4725	0.0426	0.3836	0.1890	0.0910	0.0925	0.0824	0.0001
GDP 总量	0.0522	0.0339	0.3624	0.0137	0.0488	0.0175	0.0001	1.0001	0.2506	0.2747	0.1324	0.3558	0.1489	0.6468	0.6857	0.2687
地区生产总值增速	0.6856	1.0001	0.7259	0.0001	0.5888	0.3227	0.0807	0.4517	0.0485	0.3630	0.5646	0.4195	0.6453	0.3066	0.2743	0.5082
社会固定资产投资总额	0.0370	0.0098	0.2310	0.0098	0.0351	0.0001	0.0021	1.0001	0.2675	0.2899	0.1455	0.4236	0.2687	0.3242	0.2558	0.1354
第二、第三产增加值占地区生产总值比重	0.3690	1.0001	0.7480	0.5716	0.5905	0.0001	0.5691	0.8315	0.7513	0.6822	0.7681	0.6948	0.6505	0.6868	0.6917	0.6983
非农产业从业人员比重	0.1827	0.9123	0.7160	0.0094	0.1188	0.0634	0.0001	0.9938	0.9875	0.9967	0.9878	0.9860	0.9556	0.9666	1.0001	0.9946
单位土地经济效益	0.0334	1.0001	0.2733	0.0185	0.0631	0.0564	0.0070	0.0869	0.1745	0.0420	0.0368	0.0472	0.0001	0.0972	0.1248	0.0646
单位地均税收	0.0006	1.0001	0.0329	0.0004	0.0090	0.0001	0.0013	0.0077	0.0352	0.0073	0.0087	0.0020	0.0008	0.0036	0.0035	0.0031
人均地区生产总值	0.0425	1.0001	0.1702	0.0433	0.1477	0.0679	0.0862	0.0907	0.1437	0.0435	0.1480	0.0001	0.0312	0.0524	0.0849	0.0817
单位土地工业经济效益（工业总产值）	0.0001	1.0001	0.0408	0.0132	0.0156	0.0009	0.0135	0.0055	0.1020	0.0346	0.0510	0.0346	0.0092	0.0374	0.0316	0.0423
物流网点数量	0.0605	0.0001	0.6587	0.0264	0.0352	0.0232	0.0133	1.0001	0.1648	0.1988	0.1626	0.3470	0.2405	0.4776	0.2800	0.2438
人均城市道路面积	0.3673	1.0001	0.1387	0.2358	0.2910	0.0671	0.2428	0.3106	0.4884	0.9321	0.7126	0.0001	0.2825	0.2744	0.0866	0.5110
人均日生活用水量	0.9881	0.9713	0.9376	1.0001	0.9472	0.5338	0.0001	0.7739	0.7911	0.7269	0.8102	0.8936	0.8624	0.9894	0.6983	0.9517
人均日用电量	0.7923	0.0001	0.9242	0.9249	0.8807	1.0001	0.5416	0.9295	0.8362	0.9198	0.5882	0.9812	0.8731	0.9100	0.9670	0.8112
学校数量	0.1135	0.0001	0.2875	0.0474	0.0622	0.0512	0.0186	0.0974	0.2267	0.1936	0.1662	1.0001	0.1947	0.9289	0.8600	0.2520
全社会研发经费占 GDP 比重	0.2805	0.4580	0.9160	0.0001	0.4674	0.0936	0.0936	1.0001	0.0936	0.1309	0.9347	0.4580	0.2337	0.3283	0.6543	0.6942

续表

三级指标	儋州	洋浦	海口	东方	澄迈	临高	昌江	南宁	北海	钦州	防城港	玉林	崇左	湛江	茂名	阳江
万人发明专利拥有量	0.2708	1.0001	0.7745	0.0324	0.2748	0.0001	0.0216	0.2109	0.0338	0.0216	0.0823	0.0809	0.0250	0.1227	0.0701	0.0351
常住人口规模	0.0900	0.0001	0.3215	0.0407	0.0469	0.0379	0.0161	1.0001	0.2036	0.3711	0.1102	0.6596	0.2308	0.7965	0.7032	0.2903
接待旅游者人数（2017年）	0.0182	0.0001	0.1747	0.0077	0.0109	0.0040	0.0078	1.0001	0.3551	0.3335	0.2392	0.4402	0.3019	0.1917	0.0942	0.1132
每千人口拥有执业（助理）医师数	0.4938	0.0001	1.0001	0.4816	0.7039	0.3719	0.5307	0.9452	0.6461	0.5768	0.5464	0.5270	0.5048	0.5310	0.5883	0.6041
每千人口拥有医院、卫生院床位数	0.6246	0.0001	0.9565	0.1933	0.8471	0.0453	0.3332	1.0001	0.7159	0.8303	0.5062	0.7896	0.4770	0.8144	0.8139	0.8629
人均地方财政预算内收入	0.1297	1.0001	0.1714	0.1736	0.2200	0.1408	0.2640	0.0337	0.0341	0.0046	0.0449	0.0018	0.0001	0.0046	0.0089	0.0116
人均地方财政预算内支出	0.0831	1.0001	0.0762	0.0792	0.1076	0.0501	0.1285	0.0218	0.0426	0.0001	0.0754	0.0008	0.0582	0.0053	0.0058	0.0239
城市关注度	0.8725	0.2101	1.0001	0.0129	0.7692	0.1567	0.0001	0.9839	0.8678	0.8574	0.1138	0.8655	0.6950	0.8899	0.8818	0.8597
实际利用外资总额	0.0100	0.1817	1.0001	0.0129	0.1916	0.0001	0.0008	0.2554	0.0720	0.1579	0.0338	0.0657	0.0181	0.2141	0.0343	0.0274
外贸进出口总额	0.1837	0.1978	0.2006	0.0032	0.0145	0.0009	0.0001	0.5346	0.1454	0.1181	0.3841	0.0171	1.0001	0.2399	0.1081	0.1040
人均公园绿地面积	0.3166	0.0001	0.4647	0.2156	0.3503	0.3563	0.2722	0.6331	0.4445	0.4903	1.0001	0.5698	0.8129	0.6297	0.8486	0.7254
建成区绿化覆盖率	0.8067	0.9851	0.8709	0.3998	0.6710	0.0001	0.5775	0.8638	0.8709	0.8052	0.4641	0.7767	0.6739	0.7745	1.0001	0.9294
每万元GDP耗水量（总用水量/GDP）	0.3593	1.0001	0.9716	0.0001	0.6783	0.0995	0.0903	0.6428	0.7321	0.4802	0.6752	0.2618	0.1623	0.6114	0.6386	0.5136
污水处理率	0.0001	1.0001	1.0001	0.9556	1.0001	1.0001	0.7789	0.4616	1.0001	0.8795	0.9796	0.9813	0.9258	0.9232	0.9803	0.9493
空气质量优良天数比例	1.0001	1.0001	0.5123	0.6099	0.9269	1.0001	0.6586	0.3903	0.7318	0.8050	1.0001	0.7318	0.5367	0.1952	0.7318	0.0001
公共图书馆数量	0.0001	0.0001	0.3078	0.0001	0.0001	0.0001	0.0001	1.0001	0.1539	0.3078	0.3078	0.5386	0.4616	0.8463	0.3847	0.3078
藏书量	0.0584	0.0001	0.3832	0.0204	0.0479	0.0216	0.0386	1.0001	0.2459	0.2660	0.3115	0.6333	0.2730	0.3003	0.6050	0.3765
展览数量	0.0001	0.0001	0.6287	0.0001	0.0001	0.0001	0.0001	1.0001	0.0001	0.0001	0.0001	0.0001	0.0001	0.0001	0.0001	0.0001
展览面积	0.0001	0.0001	0.3360	0.0001	0.0001	0.0001	0.0001	1.0001	0.0001	0.0001	0.0001	0.0001	0.0001	0.0001	0.0001	0.0001

表 2-18　区域发展竞争力定量分析原始数据标准化处理结果（儋州洋浦合并计算）

三级指标	儋州洋浦	海口	东方	澄迈	临高	昌江	南宁	北海	钦州	防城港	玉林	崇左	湛江	茂名	阳江
城镇常住居民人均住房建筑面积	0.3632	0.1789	0.1705	0.1398	0.2236	0.0001	0.3074	0.6426	0.0001	0.0224	0.0783	0.4414	0.4191	0.4758	0.4717
城乡居民人均可支配收入比	0.3854	0.1378	0.2695	0.3817	0.3768	0.0562	0.0340	0.1863	0.0001	0.3044	0.3639	0.0029	0.7783	1.0001	0.9406
常住人口城镇化率	0.3520	1.0001	0.2005	0.3841	0.1572	0.4297	0.7276	0.4725	0.0426	0.3836	0.1890	0.0910	0.0925	0.0824	0.0001
GDP 总量	0.1129	0.3624	0.0137	0.0488	0.0175	0.0001	1.0001	0.2506	0.2747	0.1324	0.3558	0.1489	0.6468	0.6857	0.2687
地区生产总值增速	1.0001	0.8859	0.0001	0.7186	0.3938	0.0985	0.5512	0.0592	0.4430	0.6890	0.5119	0.7874	0.3741	0.3347	0.6201
社会固定资产投资总额	0.0542	0.2310	0.0098	0.0351	0.0001	0.0021	1.0001	0.2675	0.2899	0.1455	0.4236	0.2687	0.3242	0.2558	0.1354
第二、第三产增加值占地区生产总值比重	0.7738	0.8996	0.6875	0.7102	0.0001	0.6845	1.0001	0.9036	0.8205	0.9238	0.8356	0.7824	0.8260	0.8319	0.8399
非农产业从业人员比重	0.2820	0.7160	0.0094	0.1188	0.0634	0.0001	0.9938	0.9875	0.9967	0.9878	0.9860	0.9556	0.9666	1.0001	0.9946
单位土地经济效益	0.2710	1.0001	0.0674	0.2307	0.2060	0.0252	0.3178	0.6385	0.1534	0.1346	0.1723	0.0001	0.3555	0.4567	0.2363
单位地均税收	1.0001	0.7794	0.0068	0.2124	0.0001	0.0290	0.1812	0.8331	0.1709	0.2053	0.0447	0.0157	0.0826	0.0803	0.0712
人均地区生产总值	0.7958	1.0001	0.2540	0.8677	0.3985	0.5063	0.5325	0.8445	0.2555	0.8698	0.0001	0.1832	0.3076	0.4984	0.4798
单位土地工业经济效益（工业总产值）	0.4049	0.3951	0.1222	0.1458	0.0001	0.1253	0.0461	1.0001	0.3342	0.4959	0.3338	0.0824	0.3615	0.3040	0.4096
物流网点数量	0.0702	0.6542	0.0134	0.0223	0.0101	0.0001	1.0001	0.1536	0.1881	0.1514	0.3383	0.2304	0.4706	0.2704	0.2337
人均城市道路面积	0.4601	0.1488	0.2530	0.3123	0.0720	0.2605	0.3333	0.5240	1.0001	0.7646	0.0001	0.3031	0.2945	0.0929	0.5483
人均日生活用水量	0.9864	0.9376	1.0001	0.9472	0.5338	0.0001	0.7739	0.7911	0.7269	0.8102	0.8936	0.8624	0.9894	0.6983	0.9517
人均日用电量	0.3791	0.8346	0.8361	0.7397	1.0001	0.0001	0.8461	0.6427	0.8250	0.1017	0.9590	0.7230	0.8037	0.9278	0.5882
学校数量	0.1045	0.2740	0.0294	0.0445	0.0332	0.0001	0.0804	0.2121	0.1784	0.1505	1.0001	0.1795	0.9275	0.8574	0.2378
全社会研发经费占 GDP 比重	0.3577	0.9160	0.0001	0.4674	0.0936	0.0936	1.0001	0.0936	0.1309	0.9347	0.4580	0.2337	0.3283	0.6543	0.6942

续表

三级指标	儋州洋浦	海口	东方	澄迈	临高	昌江	南宁	北海	钦州	防城港	玉林	崇左	湛江	茂名	阳江
万人发明专利拥有量	0.4411	1.0001	0.0418	0.3549	0.0001	0.0279	0.2723	0.0436	0.0279	0.1062	0.1044	0.0323	0.1584	0.0905	0.0453
常住人口规模	0.0862	0.3105	0.0251	0.0313	0.0222	0.0001	1.0001	0.1906	0.3609	0.0958	0.6540	0.2183	0.7932	0.6984	0.2787
接待旅游者人数（2017 年）	0.0145	0.1714	0.0038	0.0071	0.0001	0.0040	1.0001	0.3526	0.3309	0.2362	0.4380	0.2991	0.1885	0.0906	0.1097
每千人口拥有执业（助理）医师数	0.1178	1.0001	0.1748	0.5286	0.0001	0.2529	0.9127	0.4365	0.3263	0.2778	0.2470	0.2117	0.2534	0.3445	0.3698
每千人口拥有医院、卫生院床位数	0.5433	0.9544	0.1552	0.8399	0.0001	0.3016	1.0001	0.7025	0.8223	0.4828	0.7796	0.4523	0.8056	0.8051	0.8564
人均地方财政预算内收入	0.8115	0.6491	0.6575	0.8332	0.5332	1.0001	0.1276	0.1288	0.0170	0.1698	0.0067	0.0001	0.0172	0.0335	0.0438
人均地方财政预算内支出	1.0001	0.4422	0.4597	0.6247	0.2906	0.7466	0.1260	0.2469	0.0001	0.4376	0.0042	0.3378	0.0301	0.0333	0.1387
城市关注度	1.0001	1.0001	0.0129	0.7692	0.1567	0.0001	0.9839	0.8678	0.8574	0.1138	0.8655	0.6950	0.8899	0.8818	0.8597
实际利用外资总额	0.1916	1.0001	0.0129	0.1916	0.0001	0.0008	0.2554	0.0720	0.1579	0.0338	0.0657	0.0181	0.2141	0.0343	0.0274
外贸进出口总额	0.3815	0.2006	0.0032	0.0145	0.0009	0.0001	0.5346	0.1454	0.1181	0.3841	0.0171	1.0001	0.2399	0.1081	0.1040
人均公园绿地面积	0.0897	0.3177	0.0001	0.1718	0.1795	0.0722	0.5323	0.2919	0.3503	1.0001	0.4516	0.7615	0.5280	0.8070	0.6499
建成区绿化覆盖率	0.8959	0.8709	0.3998	0.6710	0.0001	0.5775	0.8638	0.8709	0.8052	0.4641	0.7767	0.6739	0.7745	1.0001	0.9294
每万元 GDP 耗水量（总用水量/GDP）	0.6516	1.0001	0.0001	0.6982	0.1024	0.0929	0.6617	0.7536	0.4943	0.6950	0.2695	0.1671	0.6293	0.6574	0.5287
污水处理率	0.8621	1.0001	0.9175	1.0001	1.0001	0.5892	0.0001	1.0001	0.7761	0.9621	0.9652	0.8621	0.8572	0.9632	0.9058
空气质量优良天数比例	1.0001	0.5123	0.6099	0.9269	1.0001	0.6586	0.3903	0.7318	0.8050	1.0001	0.7318	0.5367	0.1952	0.7318	0.0001
公共图书馆数量	0.0770	0.3078	0.0001	0.0001	0.0001	0.0001	1.0001	0.1539	0.3078	0.3078	0.5386	0.4616	0.8463	0.3847	0.3078
藏书量	0.0498	0.3704	0.0001	0.0281	0.0013	0.0187	1.0001	0.2303	0.2508	0.2973	0.6257	0.2579	0.2858	0.5968	0.3636
展览数量	0.0001	0.6287	0.0001	0.0001	0.0001	0.0001	1.0001	0.0001	0.0001	0.0001	0.0001	0.0001	0.0001	0.0001	0.0001
展览面积	0.0001	0.3360	0.0001	0.0001	0.0001	0.0001	1.0001	0.0001	0.0001	0.0001	0.0001	0.0001	0.0001	0.0001	0.0001

表 2-19　港产城融合发展定量分析原始数据

	港口泊位个数	货物吞吐量	集装箱吞吐量	港口量能比	外贸货物占比	码头岸线长度	第一产业占 GDP 比重	房地产投资占固定资产投资比重	产业高级化	规模以上工业企业数	实际利用外资额	人均 GDP	单位建成区土地面积产值	人均社会消费品零售总额	每万人口拥有医院床位数	人均外贸货物进出口额	教育支出占一般公共预算支出的比重	建成区绿化覆盖率	研发投入强度
单位	个	万吨	万标准集装箱	%	%	米	%	%	%	个	亿美元	元	万元/平方公里	元	张	元	%	%	%
海口	70.00	11781.00	197.07	218.97	3.10	9867.00	4.46	36.32	535.00	173.00	17.23	62065.46	87822.62	28957.47	60.50	12817.54	13.96	41.00	0.86
儋州洋浦	43.00	5664.00	101.94	134.13	54.18	10064.00	22.22	19.39	139.28	56.00	3.30	66506.90	72195.04	11528.66	39.31	35881.01	14.77	41.30	0.38
防城港	126.00	12182.00	60.00	32.09	66.40	17669.00	15.14	12.15	78.62	151.00	0.58	69982.81	143725.49	12348.91	30.98	67752.40	13.27	42.26	2.61
北海	61.00	3736.00	50.00	142.86	38.68	7672.00	16.21	11.85	120.38	279.00	1.24	68818.71	148488.37	16934.00	37.76	14481.74	17.46	41.24	0.19
钦州	84.00	13649.00	395.00	169.53	31.46	15589.00	20.39	10.32	183.27	338.00	2.70	41979.19	152527.47	12173.81	36.89	6584.83	22.81	40.08	0.14
上海	1062.00	65105.00	4350.00	165.59	59.69	105814.00	0.26	27.37	275.11	8804.00	202.33	155528.14	312609.05	64028.13	57.72	140143.31	12.35	37.32	4.17
天津	192.00	50290.00	1835.00	157.38	56.61	41776.00	1.50	20.89	188.79	5120.00	47.35	101542.90	120376.07	25832.07	44.36	52924.70	14.05	37.59	3.44
大连	231.00	33401.00	511.00	104.29	48.95	47095.00	6.53	51.55	133.43	1898.00	6.48	94311.78	158333.33	24523.69	60.93	51706.38	11.91	45.34	2.95

表 2-20 港产城融合发展定量分析原始数据标准化处理结果

	港口泊位个数	货物吞吐量	集装箱吞吐量	港口量能比	外贸货物占比	码头岸线长度	第一产业占GDP比重	房地产投资占固定资产投资比重	产业高级化	规模以上工业企业数	实际利用外资额	人均GDP	单位建成区土地面积产值	人均社会消费品零售总额	每万人口拥有医院床位数	人均外贸货物进出口额	教育支出占一般公共预算支出的比重	建成区绿化覆盖率	研发投入强度
海口	0.0266	0.1312	0.0343	1.0001	0.0001	0.0225	0.8088	0.6308	1.0001	0.0135	0.0827	0.1770	0.0651	0.3321	0.9860	0.0468	0.1881	0.4590	0.1788
儋州洋浦	0.0001	0.0315	0.0122	0.5461	0.8071	0.0245	0.0001	0.2201	0.1330	0.0001	0.0136	0.2161	0.0001	0.0001	0.2783	0.2195	0.2628	0.4964	0.0597
防城港	0.0816	0.1377	0.0024	0.0001	1.0001	0.1020	0.3225	0.0445	0.0001	0.0110	0.0001	0.2467	0.2976	0.0157	0.0001	0.4581	0.1256	0.6161	0.6130
北海	0.0178	0.0001	0.0001	0.5928	0.5622	0.0001	0.2738	0.0372	0.0916	0.0256	0.0034	0.2365	0.3174	0.1031	0.2265	0.0592	0.5097	0.4889	0.0125
钦州	0.0403	0.1616	0.0803	0.7356	0.4481	0.0808	0.0834	0.0001	0.2294	0.0323	0.0106	0.0001	0.3342	0.0124	0.1975	0.0001	1.0001	0.3442	0.0001
上海	1.0001	1.0001	1.0001	0.7145	0.8942	1.0001	1.0001	0.4136	0.4306	1.0001	1.0001	1.0001	1.0001	1.0001	0.8931	1.0001	0.0407	0.0001	1.0001
天津	0.1463	0.7587	0.4152	0.6705	0.8454	0.3476	0.9436	0.2564	0.2415	0.5790	0.2319	0.5247	0.2005	0.2725	0.4468	0.3471	0.1971	0.0338	0.8190
大连	0.1846	0.4835	0.1073	0.3864	0.7244	0.4018	0.7146	1.0001	0.1202	0.2107	0.0294	0.4610	0.3584	0.2476	1.0001	0.3379	0.0001	1.0001	0.6974

第三章

从“烧开一壶水”到“烧开一锅水”，奋力把自贸港“样板间”建成改革开放综合试验平台

2007 年 9 月，国务院批准设立海南洋浦保税港区，这是我国第四个保税港区，也是华南地区首个保税港区。洋浦保税港区规划面积 9.2 平方公里，分三期开发建设，一期 2.5 平方公里，二期 4.7 平方公里，三期 2.0 平方公里。① 2021 年，洋浦保税港区在全国综合保税区绩效考核中排名第 27 位，前进 61 位，首次进入 A 类行列。②

第一节　洋浦保税港区政策演进

一、保税港区政策阶段（2007—2020 年）

洋浦保税港区设立伊始即实行高水平的开放政策，叠加了保税区、出口加工区等海关特殊监管区域的政策和功能，政策依据是 2007 年 9 月海关总署发布的《中华人民共和国海关保税港区管理暂行办法》。在此基础上，洋浦经济开发区出台 20 项扶持、补贴等优惠政策，海南省工商行政管理局出台 1 项。截至 2020 年底，22 项政策中，废止 11 项、到期 3 项、有效 8 项，8 项有效政策中有 7 项与企业纳税挂钩已不适用③，目前只有 1 项政策正常适用，即

---

① 新华社记者．国务院批准设立第四个保税港区：洋浦保税港区［EB/OL］．（2007-10-11）［2022-10-01］．http：//www.gov.cn/jrzg/2007-10/11/content_ 774210.htm.

② 海关总署《2019—2021 年度综合保税区发展绩效评估》。

③ 2021 年 6 月，海南省政府出台《关于规范产业扶持财税政策有关事项通知》（琼府办〔2021〕18 号），要求在制定招商引资、产业培育和扶持政策时，一律不得签订或出台与企业缴纳税收直接挂钩的扶持政策；对已出台的产业扶持政策，不得将财政奖补资金与企业缴纳税收同非税收入挂钩直接奖励给企业。

2017年8月16日出台的《洋浦经济开发区中小企业贷款贴息暂行办法》。这期间出台的政策有两个特点。

一是政策出台部门以洋浦经济开发区管委会、财政局及其他职能部门为主，重点围绕仓储物流、航运、跨境电商、总部经济等方面，奖补方式多与企业纳税挂钩。

二是根据发展实际需要持续升级迭代政策。以航运政策为例，2009年把营业税作为财政扶持依据，2013年营改增后把营业税、增值税共同作为扶持依据，2017年为加快航运枢纽建设，出台集装箱航运发展暂行办法，鼓励航运企业开通班轮航线，2019年为推进航运业高质量发展出台更加多元、适用主体更广的奖励方式（见表3-1）。

表3-1　2007—2020年洋浦保税港区政策汇总

序号	出台部门	出台时间	政策名称	执行情况
1	海关总署	2007年9月3日	《中华人民共和国海关保税港区管理暂行办法》	废止
2	洋浦管委会	2007年12月19日	《洋浦经济开发区优惠政策》	废止
3	洋浦财政局	2009年2月16日	《洋浦经济开发区金融类企业财政优惠政策》	废止
4	洋浦财政局	2009年5月13日	《关于调整营业税扶持比例的通知》	废止
5	洋浦财政局	2009年6月30日	《大型航运企业财政优惠政策》	废止
6	洋浦财政局	2009年12月6日	《关于洋浦经济开发区港口仓储物流类企业财政扶持优惠政策的通知》	废止
7	洋浦财政局	2011年9月8日	《洋浦经济开发区企业扶持优惠政策暂行规定》	不适用
8	洋浦经济发展局	2012年1月1日	《洋浦经济开发区中小企业扶持暂行办法》	废止
9	洋浦财政局	2013年8月1日	《洋浦经济开发区交通运输等企业营改增后扶持优惠政策暂行规定》	不适用
10	洋浦财政局	2015年1月1日	《洋浦经济开发区促进上市暂行办法》	废止
11	洋浦管委会	2016年3月3日	《洋浦经济开发区上市扶持专项资金管理暂行办法》	废止
12	洋浦财政局	2016年12月	《全面推开营改增试点后洋浦经济开发区企业扶持政策暂行规定》	不适用
13	海南省工商行政管理局	2016年7月	《海南省工商行政管理局关于支持洋浦保税港区加快发展跨境电子商务产业的若干措施》	废止

续表

序号	出台部门	出台时间	政策名称	执行情况
14	洋浦管委会	2017年3月28日	《洋浦保税港区产业扶持办法（试行）》	到期
15	洋浦交通局	2017年7月	《洋浦经济开发区管理委员会关于印发洋浦经济开发区促进集装箱航运发展暂行办法的通知》	到期
16	洋浦经济发展局	2017年8月16日	《洋浦经济开发区中小企业贷款贴息暂行办法》	正常
17	洋浦经济发展局	2017年8月	《洋浦经济开发区加快创新驱动发展奖励暂行办法》	废止
18	洋浦财政局	2017年12月	《洋浦经济开发区管理委员会关于印发洋浦国际能源交易中心扶持优惠政策实施细则的通知》	不适用
19	洋浦管委会	2019年9月1日	《洋浦经济开发区关于促进总部经济发展的暂行办法》	不适用
20	洋浦投促局	2019年9月9日	《洋浦经济开发区平台招商引资奖励暂行办法》	不适用
21	洋浦交通局	2019年10月8日	《洋浦经济开发区促进航运业发展暂行办法》	到期
22	洋浦财政局	2020年4月18日	《洋浦经济开发区关于扶持建筑业发展的暂行办法》	不适用

资料来源：海南省司法厅《行政规范性文件备案目录2007—2020年》

二、自贸港政策先行先试阶段（2020年至今）

2020年6月1日，中共中央、国务院印发《海南自由贸易港建设总体方案》，明确了海南自贸港基本制度设计和分步骤分阶段安排。海关总署针对洋浦保税港区专门出台了《中华人民共和国海关对洋浦保税港区监管办法》。这期间出台的政策具有以下特点。

一是洋浦保税港区执行单独的海关监管制度，综合保税区政策及制度创新均适用于洋浦保税港区。

二是政策密集发布、红利不断加码，2020年6月至2022年6月，国家有关部门和海南省出台自贸港相关政策187项（主要政策141项、配套政策46项），其中13项与洋浦保税港区直接相关；洋浦经济开发区出台8项扶持奖补政策，其中2项与洋浦保税港区密切相关（见表3-2）。

表 3–2　2020—2022 年洋浦保税港区相关政策汇总

序号	出台部门	出台时间	政策名称	执行情况
一、国家有关部门和海南省出台（13 项）				
1	海关总署	2020 年 6 月 3 日	《中华人民共和国海关对洋浦保税港区监管办法》	正常
2	财政部、交通运输部、税务总局	2020 年 9 月 3 日	《关于海南自由贸易港国际运输船舶有关增值税政策的通知》	正常
3	海南海事局	2020 年 11 月 3 日	《海南自由贸易港国际船舶登记程序规定》	正常
4	财政部、海关总署、税务总局	2020 年 11 月 11 日	《关于海南自由贸易港原辅料“零关税”政策的通知》	正常
5	财政部、海关总署、税务总局	2020 年 12 月 25 日	《关于海南自由贸易港交通工具及游艇“零关税”政策的通知》	正常
6	财政部、海关总署、税务总局	2021 年 1 月 5 日	《关于海南自由贸易港试行启运港退税政策的通知》	正常
7	省地方金融监管局等部门	2021 年 1 月 18 日	《海南省关于支持洋浦保税港区开展新型离岸国际贸易的工作措施》	正常
8	财政部、海关总署、税务总局	2021 年 2 月 26 日	《关于海南自由贸易港内外贸同船运输境内船舶加注保税油和本地生产燃料油政策的通知》	正常
9	财政部、海关总署、税务总局	2021 年 3 月 4 日	《关于海南自由贸易港自用生产设备“零关税”政策的通知》	正常
10	省人大常委会	2021 年 6 月 1 日	《海南自由贸易港国际船舶条例》	正常
11	海关总署	2021 年 7 月 8 日	《海关对洋浦保税港区加工增值货物内销税收征管暂行办法》	正常
12	省政府	2021 年 9 月 17 日	《海南自由贸易港国际客船、国际散装液体危险品船经营管理办法》	正常
13	省政府办公厅	2021 年 9 月 28 日	《海南自由贸易港外国船舶检验机构入级检验监督管理办法》	正常
二、洋浦有关部门出台（8 项）				
1	经开区交通局	2020 年 6 月	《促进洋浦航运业发展财政补贴资金审核发放细则》	到期
2	经开区管委会	2020 年 7 月	《洋浦经济开发区外经贸发展专项资金管理实施细则》	正常
3	经开区管委会	2021 年 1 月	《洋浦经济开发区全球贸易商计划暂行办法》	正常
4	经开区经济发展局	2021 年 8 月 2 日	《洋浦经济开发区科技创新优惠政策实施细则》	正常

续表

序号	出台部门	出台时间	政策名称	执行情况
5	经开区交通局	2021 年 8 月 9 日	《海南自由贸易港洋浦经济开发区促进港航物流产业发展暂行办法》	正常
6	经开区管委会	2022 年 1 月 1 日	《洋浦经济开发区产业发展扶持政策（商贸业部分）》	正常
7	经开区管委会	2022 年 1 月 1 日	《洋浦经济开发区产业发展扶持政策（现代服务业部分）》	正常
8	经开区管委会	2022 年 1 月 1 日	《洋浦经济开发区产业发展扶持政策（先进制造业部分）》	正常

资料来源：本书编写组整理

三是政策落地性和实操性更强，如根据税收、营收、资产规模等指标给予企业奖励扶持，相关配套政策及时发布。

四是形成洋浦保税港区四类 15 项政策，第一类是“一线”放开、“二线”管住监管政策，第二类是“中国洋浦港”航运政策，第三类是自贸港“零关税”政策，第四类是新型离岸国际贸易政策（见表 3-3）。

表 3-3 洋浦保税港区四类 15 项特殊政策

序号	政策体系	政策名称	配套政策
第一类	“一线”放开、“二线”管住监管政策	《中华人民共和国海关对洋浦保税港区监管办法》	1 项
		《海关对洋浦保税港区加工增值货物内销税收征管暂行办法》	1 项
第二类	“中国洋浦港”航运政策	《海南自由贸易港国际船舶登记程序规定》	—
		《海南自由贸易港国际船舶条例》	—
		《关于海南自由贸易港国际运输船舶有关增值税政策的通知》	1 项
		《关于海南自由贸易港内外贸同船运输境内船舶加注保税油和本地生产燃料油政策的通知》	1 项
		《关于海南自由贸易港试行启运港退税政策的通知》	—
		《海南自由贸易港国际客船、国际散装液体危险品船经营管理办法》	—
		《海南自由贸易港外国船舶检验机构入级检验监督管理办法》	—
		《海南自由贸易港洋浦经济开发区促进港航物流产业发展暂行办法》	—

续表

序号	政策体系	政策名称	配套政策
第三类	自贸港“零关税”政策	《关于海南自由贸易港原辅料“零关税”政策的通知》	2 项
		《关于海南自由贸易港交通工具及游艇“零关税”政策的通知》	4 项
		《关于海南自由贸易港自用生产设备“零关税”政策的通知》	3 项
第四类	新型离岸国际贸易政策	《海南省关于支持洋浦保税港区开展新型离岸国际贸易的工作措施》	—
		《洋浦经济开发区全球贸易商计划暂行办法》	—

资料来源：本书编写组整理

第二节 “一线”放开、“二线”管住监管政策

一、政策背景

2020 年 6 月，中共中央、国务院印发《海南自由贸易港建设总体方案》，提出 2025 年前在洋浦保税港区等具备条件的海关特殊监管区域率先实行“一线”放开、“二线”管住的进出口管理制度。

2020 年 6 月，海关总署印发《中华人民共和国海关对洋浦保税港区监管办法》，对进出洋浦保税港区的货物，实行“一线”放开、“二线”管住的货物进出境管理制度。

2021 年 7 月，海关总署印发《海关对洋浦保税港区加工增值货物内销税收征管暂行办法》，对在洋浦保税港区鼓励类产业企业生产的不含进口料件或者含有进口料件且加工增值超过 30%（含）的货物，出区内销的，免征进口关税。

2021 年 11 月，海关总署印发《关于洋浦保税港区“一线”放开、“二线”管住进出口管理政策制度扩大试点的函》，将洋浦保税港区先行先试的 8 项政策制度扩大试点至海口综合保税区、海口空港综合保税区。

二、落地成效

洋浦保税港率先落地实行“一线”放开、“二线”管住进出口管理制度和加工增值免关税政策，加快推进加工增值免关税政策向区外拓展。到 2022

年12月，完成通关服务备案企业23家，开展境外货物“径予放行”[①]业务14单，出区货物“单侧申报”[②]业务335单；加工增值免关税政策开展业务291单，免征关税2.2亿元，澳斯卡粮油、玉玲珑等企业完成加工增值免关税政策首单、次单测试，金发科技新材料完成首批高性能新材料加工增值货物出区。但同时，“一线”放开、“二线”管住政策落地效果有待进一步增强，备案企业较多但实际享受政策的较少，加工增值、保税加工等业务仍存在落地堵点。

专栏3-1 儋州洋浦企业和有关部门关于“一线”放开、“二线”管住政策的调研座谈摘要

A企业：一般纳税人试点政策与加工增值免关税、“两头在外”、零关税存在不适用情景，同时开展国内国际业务的企业面临增值税进项税额无法抵扣或进入国内市场无法免除关税的两难选择，一批货物只能适用一种场景给企业及时应对市场调整经营策略带来不便。

B企业：“前店后厂”[③]模式存在堵点，岛内保税加工品无法进入离岛免税渠道。

C部门：现有企业加工增值率多数难达30%，企业望梅止渴。

D部门：“一线”放行针对不涉证不涉检商品，但食品、跨境电商等不在范围内，跨境电商企业为确保客户体验仍然采用传统方式，能否以跨境电商不涉证不涉检正面清单方式放开。

E企业：在保税维修基础上进一步创新放开再制造政策，再制造产品进出口使用同一个海关编码无法享受原产地、加工增值等政策，可参考美国设立再制造出口目录以解决编码问题等。

F企业：加工增值达不到30%的情况下，货物运出保税港区不能享受一单多车制度，上百台货车要一个一个登记出关。大豆原料进口时检疫，出区时要再次检疫，可由国内其他关区在进区时检疫。

---

① 径予放行：即除法律法规要求必须进行申报的以外，“一线”（国境线，即从境外到特殊综合保税区内）对于不涉证、不涉检的货物，采用径予放行，企业如实声明即可以直接提货、发货。

② 单侧申报：“二线”（特殊综合保税区与境内其他区域之间的分界线）由以往区内外企业双侧申报制度，改为区外企业单侧申报制度。

③ 前店后厂：在海南自贸港内，一方利用政策、资源、技术优势开展产品制造，扮演“厂”的角色，另一方利用离岛免税购物、跨境电商等渠道在岛内销售，扮演“店”的角色。

G部门：加工增值政策扩点扩区过程中，需要海关部门前期介入，提出监管软硬件建设要求，争取做到竣工即投产、投产即享受政策。压力测试下扩点扩区的关键在监管，要尽早出台监管办法，让企业和有关部门及早学习准备。

H企业：在保税维修和再制造“两头在外”基础上先行先试“一头在内一头在外”①，扩大再制造原料进口范围。

资料来源：本书编写组整理

三、完善建议

（一）破解难点为市场主体提供多维业务选择

一般纳税人试点政策与加工增值免关税、“两头在外”②、零关税等模式存在不适用情景。企业需根据原料来源、货物内销等情况在加工增值、一般纳税人之间选择一种市场主体类型报备。对同时开展国内国际业务的企业，若选择加工增值免关税政策则前期建设投入的增值税进项税额无法抵扣，若选择一般纳税人试点政策则产品加工增值达到30%进入国内市场也无法免除关税。一般纳税人试点进口自用设备根据内外销比例征税，与自贸港进口设备“零关税”政策存在差异。一般纳税人试点在区内货物流转程序复杂，有悖于自贸港货物贸易自由便利原则。

一是发挥集成创新优势打通政策堵点难点，尽快研究出台上述政策互不冲突、并行实施的具体操作办法。

二是调整一般纳税人试点政策在进口自用设备内外销比例征税上的有关规定，以自由便利为原则，采用集中纳税模式优化货物在一般纳税人试点企业和非试点企业间的流转程序。

三是针对同时开展国内国际业务的加工类企业建立以订货单为依据的税收优惠机制，允许企业根据原材料来源、成本控制、内外贸方式等自行选择“两头在外”、加工增值、一般纳税人试点等业务模式并按不同业务模式享受相应财税优惠政策。

---

① 保税维修和再制造“两头在外”：原料来源地和销售目的地均在我国境外；一头在内一头在外：原料来源地在境外、销售目的地在境内。

② 两头在外：在加工贸易中，进口的保税料件来自境外，生产的制成品须复出口至境外，“两头”是指原料、成品。

洋浦保税港区“一线”放开、“二线”管住政策下企业纳税情况比较见表3-4。

表3-4 洋浦保税港区“一线”放开、“二线”管住政策下企业纳税情况比较

税项	洋浦保税港区外企业	洋浦保税港区内企业（非试点）	洋浦保税港区内一般纳税人试点企业	加工增值免关税企业	
				洋浦保税港选择性征收关税企业	洋浦保税港加工增值超30%企业
内销产品征税	按料件征税（加工贸易）	按成品征税	按料件征税	关税按料件或成品征税，增值税和消费税按成品征收	免关税，增值税和消费税按成品征收
进口设备征税	全额征收关税、增值税、消费税	免税	按内销比例对应征税	免税	免税
国内采购货物、服务增值税	可以抵扣	不能抵扣	可以抵扣	不能抵扣	不能抵扣
增值税退税对象	出口产品	“二线”入区报关的料件	出口产品	“二线”入区报关的料件	“二线”入区报关的料件
城市建设税及教育附加	有	无	有	无	无

资料来源：本书编写组整理

（二）加快推进加工增值免关税政策试点扩区

加工增值免关税政策试点扩区需要做好软硬件条件准备。在技术层面上，实现公共信息服务平台与海关申报系统一致对接，推进两个系统在“一票多车”①、选择性关税等创新政策上实现协同。在硬件条件上，推进区外试点企业满足海关认证、系统联调、监控配置等前置条件。

一是建立完善洋浦公共信息服务平台，实现实时抓取企业生产经营原始数据，开展远程网上稽核查作业，对不同企业实施差别化管理。完善监管细则和企业申请流程，为洋浦保税港区外的试点企业提供便利条件。

二是推进建立海关、税务、外管等部门间信息互换、监管互认、执法互助协同机制，建立贸易流通信息共享机制，形成链条完整可追溯的管理系统。

三是适时启动企业集团加工贸易监管改革试点，允许企业集团享受货物

① 一票多车：一种在特殊监管区域实行的业务优化模式，进口大宗货物往往需要多辆货车运送，一票报关单可绑定多个车辆核放单，帮助企业节省时间和资金成本。

存放、料件流转串换、减免部分环节担保等优惠，吸引国内外大型加工贸易集团在儋洋设立区域总部。

四是升级加工增值免关税相关政策，对标横琴做法进一步扩大市场主体范围，允许所有落地企业享受加工增值30%政策，不限定“鼓励类产业”等前置条件。研究出台适用加工增值免关税政策的深加工结转业务实施细则。

（三）打通保税加工与离岛免税、跨境电商业务堵点

保税加工商品不能以进口商品身份在海南“一线”销售，无法进入离岛免税购物销售渠道和跨境电商渠道，制约高端消费品加工制造业快速发展。

一是拓展离岛免税商品内涵和边界，将岛内保税加工产品列入离岛免税商品渠道，打通保税加工与离岛免税堵点，构建“进口原料—生产组装—免税销售”的“前店后厂”产业模式。

二是利用加工增值免关税、“零关税”等政策优势，创新“保税进口+零售加工”“保税仓+直播”等跨境电商新模式，优化进口产品供应链流程，吸引跨境零售企业将原料加工中心前置到儋州洋浦，建设优质产品生产加工基地。

三是加强与粤港澳大湾区互补联动，以高端消费品加工制造为突破口对接产业链要素资源，着力提升原材料进口和产品销售两端环节，解决物流成本高、零售市场发育不充分等短板问题，推动海南从消费品加工销售环节走向全产业链供应链。

专栏3-2 珠海横琴“一线”放开、“二线”管住案例分析

横琴新区位于广东珠海市横琴岛，2009年12月挂牌成立，是继上海浦东新区、天津滨海新区后我国第三个国家级新区。2013年8月，海关总署印发《中华人民共和国海关对横琴新区监管办法（试行）》，对区内监管提出具体要求。2021年9月，中共中央、国务院印发了《横琴粤澳深度合作区建设总体方案》（以下简称横琴方案），将横琴作为开辟改革开放新境界的重要试验田。

一、横琴围绕服务澳门制度设计更具针对性、落地性

横琴方案对标海南方案，围绕服务澳门进行优化调整，政策更有针对性、更符合实际。针对个人所得税实行15%低税率，对在合作区工作的澳

门居民，个人所得税超过澳门税负的部分予以免征。针对“一线”放开、“二线”管住监管政策，提出分区分类施策管理，澳门大学横琴校区、横琴口岸等适用澳门有关制度和规定的地区采用物理围网隔离，共商、共建、共管、共享区域采用电子围网监管和目录清单方式管理。

二、蹄疾步稳加快口岸通关场所建设

2021年9月横琴方案发布之后，次月总投资260亿元的“一线”横琴口岸二期工程开工建设，工程主要服务车辆通关，可增加出入境车道30条。同年12月，“二线”通道海关监管作业场所项目开工，包含5个通道7个场所。2022年9月15日，“二线”通道的横琴大桥、横琴隧道、深井通道、横琴码头海关监管作业场所完成主体结构施工，开展配套信息化工程建设。计划到2022年底，“一线”口岸工程和“二线”通关基础设施均可完备，具备封关运作条件。①

三、思路明晰大力发展高端消费品制造业

横琴方案提出发展钻石加工等澳门品牌工业，锚定产业链、价值链、创新链、供应链的关键环节发力。钻石、珠宝等高端消费品，体积小、便于携带、附加值高，横琴合作区利用政策优势、珠三角腹地优势建立钻石珠宝交易中心，通过澳门借助葡萄牙跳板打开欧盟消费市场。

资料来源：本书编写组整理

第三节　自贸港“零关税”政策

一、政策背景

在海南全岛封关运作前，海南自贸港“零关税”政策主要以“一负三正”清单的方式落地实施。一张负面清单为“零关税”自用生产设备负面清单，三张正面清单为“零关税”原辅料正面清单、“零关税”交通工具及游艇正面清单、岛内居民进口日用消费品“零关税”正面清单。除岛内居民进口日用消费品“零关税”正面清单外，其他“零关税”清单及相关政策均已

① 珠海特区报记者．合作区共商共建共管共享管理机制运行良好，力争年底具备封关运作条件［N/OL］．珠海特区报，（2022-04-19）［2022-10-06］．http：//zhuhaidaily.hizh.cn/html/2022-04/20/content_1216_6025478.htm.

出台落地实施。

2020 年 11 月，经国务院同意，财政部、海关总署、税务总局联合印发《关于海南自由贸易港原辅料“零关税”政策的通知》（财关税〔2020〕42 号），对在海南自贸港注册登记并具有独立法人资格的企业，进口用于生产自用、以“两头在外”模式进行生产加工活动或以“两头在外”模式进行服务贸易所消耗的原辅料，免征进口关税、进口环节增值税和消费税。

2020 年 12 月，财政部、海关总署、税务总局联合印发《关于海南自由贸易港交通工具及游艇“零关税”政策的通知》（财关税〔2020〕54 号），对在海南自贸港注册登记并具有独立法人资格，从事交通运输、旅游业的企业（航空企业须以海南自贸港为主营运基地），进口用于交通运输、旅游业的船舶、航空器、车辆等营运用交通工具及游艇，免征进口关税、进口环节增值税和消费税。

2021 年 3 月，财政部、海关总署、税务总局联合印发《关于海南自由贸易港自用生产设备“零关税”政策的通知》（财关税〔2021〕7 号），对在海南自贸港注册登记并具有独立法人资格的企业进口自用的生产设备，除法律法规和相关规定明确不予免税、国家规定禁止进口的商品，以及该通知所附《海南自由贸易港“零关税”自用生产设备负面清单》所列设备外，免征关税、进口环节增值税和消费税。

二、落地成效

儋州洋浦积极推动三张“零关税”清单政策落地，到 2022 年 12 月，通过“零关税”清单政策进口货物 109.9 亿元，减免缓缴税款 18.8 亿元。[①] 但同时，受到儋州洋浦发展阶段的限制，“零关税”政策部分适用条件要求较高。例如，“零关税”原辅料正面清单中面向“两头在外”模式下的生产型企业，洋浦保税港区加工企业以内销为主，产品内销时无法享受本项政策。在现行政策下，区内企业可享受内销免征关税税款缓税利息政策，但奖励力度有限。

三、完善建议

（一）增强“零关税”原辅料正面清单适用性，提高政策供给与企业需求匹配度

一是定期开展清单更新工作，既要保证存量企业覆盖面，又要吸引增量

① 儋州市人民政府．儋州市 2023 年政府工作报告［R/OL］．（2023-01-20）［2023-02-08］．https：//www.danzhou.gov.cn/danzhou/ywdt/jrdz/202301/t20230120_3350436.html.

企业进入儋州洋浦投资立项。

二是把消耗性原辅料纳入政策范围，如加工生产过程中使用的催化剂、科研实验过程中使用的检测试剂等。

（二）扩大“零关税”交通工具及游艇正面清单适用条件，推动航运物流要素集聚

一是根据海上油气、海上风电、水下工程、远洋渔业等行业发展需要，把工程船、拖轮、作业船、水下装备、渔业船舶等纳入清单范围。

二是允许融资租赁船舶业务主体享受“零关税”政策，出台船舶融资租赁业务指引，破解船舶登记租赁、船舶保险等业务中的金融、外汇、业务代理等难点。

三是放宽“零关税”交通工具经营条件，如经营内贸航线进口船舶每年始发或经停海南6个航次降低为3个航次，允许进口游艇在一定条件下在大湾区、北部湾等海南省管辖水域之外航行等。

四是允许在“零关税”政策下，开展飞机、船舶、游艇等“两头在外”融资租赁业务。

专栏3-3　上海自贸区临港新片区航运融资租赁案例分析

一、开展“两头在外”跨境融资

上海临港新片区积极开展飞机、船舶、海工设备、集装箱等“两头在外”融资租赁业务，借助FT账户结算便利、“两头在外”免增值税、高比例财政扶持等政策，搭建航运融资租赁公共服务平台，吸引上海70%以上新设融资租赁公司进驻。

二、探索船舶融资租赁登记和融资租赁下的抵押登记工作实务

自2021年以来，审核办理船舶抵押登记39艘次，抵押金额21.7亿元，融资租赁船舶31艘次，有力支持上海国际航运融资租赁业态发展。[①]

资料来源：本书编写组整理

① 中国上海海事局．上海海事局深入推进全面深化服务贸易创新发展试点工作［EB/OL］．(2022-05-26)［2022-10-15］. https://www.sh.msa.gov.cn/hsyw/86231.jhtml.

第四节　“中国洋浦港”航运政策

一、政策背景

《海南自由贸易港建设总体方案》提出了以“中国洋浦港”船籍港制度为核心，以船舶出口退税、内外贸同船运输保税油加注、启运港退税等为配套的政策框架。

2020年9月，财政部、交通运输部、国家税务总局联合印发《关于海南自由贸易港国际运输船舶有关增值税政策的通知》，对境内建造船舶出口实行增值税退税政策。

2020年11月，海南海事局印发《海南自由贸易港国际船舶登记程序规定》，设立与国际接轨的国际船舶登记新程序，“中国洋浦港”船籍港制度迈向新阶段。

2021年1月，财政部、海关总署、税务总局联合印发《关于海南自由贸易港试行启运港退税政策的通知》，对符合条件的出口企业实行出口退税政策。

2021年3月，财政部、交通运输部、商务部、海关总署、税务总局联合印发《关于海南自由贸易港内外贸同船运输境内船舶加注保税油和本地生产燃料油政策的通知》，允许符合条件从事内外贸同船运输的境内船舶加注保税油，对加注本地生产燃料油的实行出口退税政策。

二、落地成效

为加快建设西部陆海新通道国际航运枢纽，洋浦发力制度集成创新，以落实“中国洋浦港”船籍港制度为核心加快推动自贸港航运政策落地实施。到2022年12月，“中国洋浦港”船籍港登记注册国际航行船舶33艘，合计490万载重吨，海南国际航行船舶总吨位跃居全国第二位；7艘新建造船舶享受出口退还增值税3.59亿元，38艘外籍船舶享受进口营运船舶免征关税和进口环节增值税8.14亿元；内外贸同船运输保税油加注完成16票8533吨，为加注企业减少30%燃油成本；开通内外贸集装箱航线40条，其中外贸航线19条，内贸航线21条,[①] 基本覆盖国内沿海城市和东南亚主要港口，初步形成

① 儋州市人民政府．儋州市2023年政府工作报告［R/OL］．（2023-01-20）［2023-02-08］．https：//www.danzhou.gov.cn/danzhou/ywdt/jrdz/202301/t20230120_ 3350436.html.

“兼备内外贸、通达近远洋”航线格局。但同时，洋浦航运产业基础薄弱，市场主体有限，港航物流相关配套服务不完善，部分政策条件有待进一步放宽，洋浦要加大制度集成创新力度，聚焦政策落地短板，用好用足“中国洋浦港”航运政策。

专栏3-4 儋州洋浦企业和有关部门关于港航物流政策的调研座谈摘要

A部门：洋浦保税港区土地空间不足，新企业无法落地，使得原油成品油免资质免配额政策实效难以扩大，多家岛外企业“望梅止渴”，亟须政策扩点扩区拓展空间范围。

B企业：政策限制外籍油轮承运洋浦与国内港口间原油运输，使得原油中转规模难以扩大，洋浦港30万吨原油码头利用率不高。中国香港地区不受此类限制，广东、山东开展外籍船舶管理公司不受股比限制试点，有效提高了油品仓储业务量和原油码头效益。

C部门：海南保税油资质获得较早，但与广州南沙等地区相比，海南政策对保税油经营企业资质条件的要求比外地严格，加之港航配套服务不充足，使得海南在保税油加注上占先机而未成势。

D企业：拖轮、工程船、远洋渔船、在建船舶抵押融资、融资租赁船舶等情况无法登记“中国洋浦港”。

E企业：利用“零关税”进口交通工具政策的进口船舶，经营内贸航线的每年至少进行始发或经停海南自贸港6个航次，政策规定常与企业实际经营情况不符，造成不必要的航行折返。

E企业：洋浦接驳船每年亏损上千万元，环北部湾航线补贴、岛内四方五港航线补贴力度可更大。

资料来源：本书编写组整理

三、完善建议

（一）升级“中国洋浦港”2.0版本

一是允许拖轮、工程船等登记“中国洋浦港”，把登记船舶定期回港规定调整为自愿回港并给予奖励等措施。

二是对标上海洋山港，允许登记船舶和外籍国际航行船舶开展以洋浦港为国际中转港的外贸集装箱沿海捎带业务。

三是对标宁波舟山港，对登记且定期开展集装箱运输业务的国际船舶、内外贸同船运输境内船舶往来洋浦港实施吨税减半补贴。

四是对标巴拿马、新加坡，创新在建船舶抵押融资模式，允许符合条件拟登记的在建船舶抵押融资。

五是为国内外大型航运企业“一企一策”量身制订“政策+金融”“政策+运营”招商计划，引入更多大型跨国航运主体。

六是对标巴拿马，提升用户体验，优化升级船舶登记系统，简化操作程序，逐步实现覆盖全球、全天候、多语种登记服务。

专栏 3-5　巴拿马船籍港发展经验案例分析

巴拿马是世界上国际航行船舶注册最多的国家，截至 2019 年底，悬挂巴拿马国旗的船舶有 9367 艘，全世界每 4 艘大型商船中就有 1 艘悬挂巴拿马国旗。①

一、宽松的登记条件

企业和自然人均可作为船舶登记申请主体，且无国籍限制。登记船舶无船龄、吨位限制。新造船在建设到 20%、铺设龙骨、申请 IMO（国际海事组织）编码并确定船名后，即可申请注册，办理所有权证书、抵押登记或融资租赁。允许预保留船名，以防他人使用。船舶注册类别多，包括临时注册、长期注册、单航次注册、光船租出注册、光船租入注册、更换船东、抵押登记、抵押注销等。

二、密集的船舶登记网点

船舶登记处总部位于巴拿马城，全球设迈阿密、休斯敦、伦敦、比雷埃夫斯等 13 个分管办事处。分管办事处兼具船舶登记业务办理、提供服务和行政管理职能，服务范围包括航海技术咨询、海上紧急救援、巴拿马籍船舶所需证书和技术文件签发等。巴拿马驻各国领事机构也可办理巴拿马籍船舶登记注册、船舶证书、船员证书等业务。

---

① 王胜，曾晓明，钟天祥等．借鉴巴拿马有益经验高质量打造“中国洋浦港”船籍港［J/OL］．今日海南，2020（7）［2023－01－15］．https：//dfoca. hainan. gov. cn/ywdt/ttxw/202008/t20200804_2828677. html.

三、便捷的船舶登记程序

巴拿马船舶登记高效便捷，具有覆盖全球、全天候工作的政府服务能力。2019年提出打造“电子船舶登记系统”（ESRS），可办理船舶登记证书、注销证书、抵押登记证书、船舶和无线电执照、财产和抵押权证书和折扣、船舶名称保留等业务。ESRS系统使用电子签名，支持多种语言，付款方式多样，用户可轻松计算每项操作的成本。

四、优惠的登记政策

巴拿马船舶注册税具有简税制、低税率、固定费用占比大、可预见性强等特点，免除船舶在国际贸易航运中获利的所得税，按船舶总登记吨数每年收取登记费，在此基础上每年收取年度税金和费用。

五、趋严的事后监管模式

提高了船舶登记前检验验收标准，强化事后监管。如船龄超过20年的巴拿马籍船舶停靠巴黎备忘录区域内港口时，须向认可机构申请检查。船舶在6个月内两次遭滞船则自动除籍，对船舶因配置或存在安全隐患被停泊港口滞留的实施罚款制度，通知船东对存在重大安全隐患的船舶进行修理，3个月内仍不符合相关标准的将被除籍。

资料来源：本书编写组整理

（二）推进保税油加注便利化、市场主体多元化

一是创新保税油加注制度，允许在洋浦登记的海工船舶、拖轮、远洋渔船加注保税油，根据外锚地情况配套推出船舶吨税免检、引航费减免等优惠税费政策，出台换锚地加注保税油退税政策。

二是优化保税油加注流程，开发加注智能调度系统，健全加注业务操作规范，优化疫情防控措施和应急处置流程预案，创新信用监管模式，做到“即停即加、即加即走”和夜间正常加注。

三是对标广州南沙等地区，放宽企业资质申请条件，放宽储油罐库容标准及租赁期限，降低供油船舶条件及租赁期限，促进市场主体多元化发展，积极推进保税油加注扩点扩区，解决洋浦保税港区无地可用、无罐可用的问题，把低硫燃料油产业链优势转化为市场竞争优势。

四是选择安全外锚地为船舶提供食品、物料和备件供应、船员换班、海事检验等综合性服务。

2022 年国际船舶保税油加注许可获批地区和获批企业数量见表 3-5，有关地区船舶保税油经营资格资质申请条件见表 3-6。

表 3-5 2022 年国际船舶保税油加注许可获批地区和获批企业数量

地区	政策获批日期	加注企业数量（家）
舟山	2017 年 4 月	14
深圳	2020 年 10 月	4
海南	2021 年 3 月	2
上海	2021 年 11 月	2
广州	2021 年 11 月	4

资料来源：各地公开资料

表 3-6 有关地区船舶保税油经营资格资质申请条件

项目	海南	其他地区
供油船舶条件	拥有或租赁符合相关技术和安全条件的双底双壳供应船舶至少 2 艘	舟山、深圳、广州、上海：至少 1 艘
	采用租赁方式的，租赁合同期限不得少于 3 年	广州：不得少于 1 年
油罐要求	拥有符合安全技术条件、满足海关监管要求，库容不低于 8000 立方米的油罐	广州：不低于 5000 立方米
	采用租赁方式的，租赁合同期限不得少于 3 年	广州：不得少于 1 年
其他	申请企业和其投资主体 3 年内未被列入严重失信主体名单，未发生较大及以上火灾、安全、环境污染事故，以及走私油品等违法行为	广州：2 年内

资料来源：海南、浙江、深圳、广州、上海船舶保税油经营管理暂行办法

专栏 3-6 宁波舟山利用保税油加注政策深耕海事服务业案例分析

2017 年 4 月 1 日，国务院批复舟山设立浙江自贸区，提出建设东北亚保税燃料油加注中心。舟山借助船舶保税油加注、供退物料政策实现“一站式”服务，推出锚地综合海事服务等创新举措，形成拥有 27 个节点的海事服务产业链，在船用燃料油供应、船舶维修、检验检测、外轮供应、船级社、船舶交易、船舶代理、船舶运营等 8 个方面具有国际竞争力。

一、不断创新保税油加注模式

根据海运特点和船舶企业需求不断创新保税加油模式，从内港码头定点加注升级为外锚地流动加注，再扩展至跨关区、跨港区供油，提出“一船多供”“一船多能”“一库多供”“跨关区直供”“夜间靠泊作业”等一系列创新举措，大幅扩大业务规模。

二、突破供油企业资质

打破国际航行船舶保税油国有企业特许经营惯例，让不同性质企业进入保税燃料油供应市场，推动审批权下放至舟山市政府，已有 14 家企业获得保税船用燃料油经营资质，提高了市场竞争的活力。

三、建立强大的锚地保税船用燃油调度系统

系统实现国际航行船舶从进港加油至加油完成离港的整套流程操作应用，大幅提高舟山港域供油服务品质和供油效率。系统用户涵盖供油企业、驳船公司、代理企业等，与口岸单位数据对接，提供保税船用燃油锚地供油任务状态，可实现可视化的全局信息呈现和 24 小时全流程提醒预警辅助引导。

四、不断升级“锚地”海事综合服务

2019 年推出海事综合试点服务，包括保税油供应、食品物料供应、船员换班等服务。2020 年新冠肺炎疫情期间不断完善“无接触”作业流程，保持常态化开展“锚地”综合服务。

资料来源：本书编写组整理

（三）提高启运港退税协同效率

一是启运港退税涉及多地多港海关、税务、财政等环节，应在实际起运地、经停港、启运港之间建立无缝衔接协调机制，提高全环节工作效率，为企业提供更短的服务时效。

二是完善海关协调监管制度，制定便利化实施方案，借助先进监管技术手段简化转关监管流程。

三是联动启运港退税政策开展沿海捎带业务，节省货物在途时间，提高航线舱位利用率，降低运营成本，促进国际中转集拼业务开展。

第五节　新型离岸国际贸易政策

一、政策背景

根据中国人民银行和国家外汇管理局联合发布的《关于支持新型离岸国际贸易发展有关问题的通知》，新型离岸国际贸易是指我国居民与非我国居民之间发生的，交易所涉货物不进出我国一线关境或不纳入我国海关统计的贸易，包括但不限于离岸转手买卖、全球采购、委托境外加工、承包工程境外购买货物等。《海南自由贸易港建设总体方案》提出“进一步推动跨境货物贸易、服务贸易和新型国际贸易结算便利化”。

2020 年 7 月，海南省出台《关于打造区域性离岸新型国际贸易中心先导性项目的工作实施方案》，明确在洋浦开展新型离岸国际贸易创新试点，打造洋浦新型离岸国际贸易先行区。

2021 年 1 月，《海南省关于支持洋浦保税港区开展新型离岸国际贸易的工作措施》提出支持洋浦发展新型离岸国际贸易“十条措施”，从优化金融服务、提供结算便利、监管措施创新、税收优惠支持、配套金融服务、人才发展政策等方面给予政策扶持。

2021 年 3 月，洋浦开发区管委会印发《洋浦经济开发区全球贸易商计划暂行办法》，设立专项资金，对符合条件的三类全球贸易企业给予资金奖励。

二、落地成效

中石化（香港）海南石油有限公司、中化石油（海南）有限公司、中石油国际事业（海南）有限公司等 10 多家企业在洋浦设立离岸贸易公司并实质性开展业务，业务范围覆盖比利时、新加坡、巴西、澳大利亚、中国香港等国家和地区，初步形成了行业集聚态势。① 2020 年 9 月洋浦首单新型离岸贸易业务落地，同年离岸贸易额达到 11.35 亿美元；2022 年达到 122 亿美元；2023 年一季度预计完成 30 亿美元，呈快速发展趋势。② 但同时，洋浦外向型

---

① 海南日报记者．洋浦新型离岸国际贸易快速增长［N/OL］．海南日报，（2022-07-14）［2023-01-15］．http：//yangpu.hinews.cn/system/2022/07/19/032797594.shtml.

② 符润彩，艾国文．洋浦新型离岸国际贸易加快发展，累计完成贸易额约 235 亿美元［N/OL］．洋浦经济开发区，（2023-04-06）［2023-05-16］．http：//yangpu.hainan.gov.cn/yangpu/zwdt/202304/8dd0791a6b64f149f695e94defeee31.shtml.

企业少，缺乏大型跨境投融资企业、跨国企业等市场主体，需要加大招引力度，进一步扩大贸易业务规模。

专栏 3-7 儋州洋浦企业和有关部门关于新型离岸国际贸易政策的调研座谈摘要

A 企业：自由贸易账户（FT 账户）开户容易使用难，划入容易划出难，账户操作不便捷。

B 银行：商业银行对自贸港金融创新业务没见过、不会做、无处问、不敢做，监管部门应建立对口服务专员等快速反馈解答机制，做到有问可答、有问必答、有问会答。

C 企业：应针对金融创新业务建立商业银行容错、试错、纠错机制，鼓励银行创新、减少监管处罚。

D 企业：现阶段海南本地银行美元贷款收费远高于香港，为控制财务成本，企业大多通过中国香港、新加坡获得美元贸易融资。

E 银行：海南本地银行多为中资银行的省级分行，不具备参与银行间外汇交易市场交易资质，不能从公开交易市场上获得美元资金，所有贷款资金必须通过总行获得，内部资金转移定价高、资金规模小，银行只能将融资成本转嫁给客户，导致企业贸易融资成本偏高。

资料来源：本书编写组整理

三、完善建议

（一）升级全球贸易商计划

洋浦全球贸易商①计划取得良好成效，但支持鼓励政策的门槛较高、要求较高，对中小型企业覆盖不足。应优化全球贸易商计划，建立三个贸易商梯队，对不同发展阶段贸易商给予响应奖励。

第一梯队为“全球贸易商”，建立全球贸易商名录，做好政策优化执行、营商环境提升、对外宣传推介等工作，吸引更多全球贸易商落地。

第二梯队为“成长型全球贸易商”，针对发展迅速，有潜力通过 1～3 年成长成为“全球贸易商”的企业，通过政策支持、资金奖励等办法，帮助企

① 全球贸易商指从事各类新型国际贸易的企业。

业进一步做大做强。

第三梯队为“种子型全球贸易商”，针对有一定经营基础，但规模实力还不强的企业，通过孵化型支持政策加快企业发展壮大，帮助企业拓展国内外业务。

（二）完善金融服务产业环境

全球贸易以大宗商品为主，单笔金额高，29%～56%依靠贸易融资支持，是典型的融资驱动型业态。儋州洋浦配套支撑国际贸易业务的金融服务业发展不完善，银行国际信用证、押汇等结算费率较高，FT 账户使用不便捷。

一是根据离岸贸易业务需要，出台政策引入金融、审计、法律、咨询、物流等企业，设立新型离岸国际贸易企业服务平台，政府积极支持引导、上下游企业共同参与，打造离岸贸易“一条龙”服务体系。

二是强化金融机构资金融通能力，争取商业银行总行给予海南大力度外汇融资支持。给予一定开证费用补贴支持，降低手续费和保证金比例，提高开证效率。

三是建立监管部门金融服务专员制度，向商业银行提供政策业务一对一咨询服务。建立容错、试错、纠错机制，鼓励银行创新、减少监管处罚，打造包容环境推进新业务落地。

四是探索建立海南自贸港离岸账户体系。FT 账户是基于在岸信息系统及业务的账户体系，在账户设计和功能上遗留着传统业务模式的痕迹和影响。应尽早着手设计和建设适应海南自贸港金融活动需求，独立于内陆现有银行账户体系，覆盖相关金融机构，设计清晰、系统简洁、功能完备的海南离岸银行账户体系。①

（三）建立、完善信息共享机制，提升监管能力

新型离岸国际贸易具有货物流、单据流、资金流“三流分离”的特点，业务真实性是监管的难题，也是离岸贸易健康发展面临的主要挑战。

一是通过信息化手段打通海关、征信、外汇、航运等管理部门信息系统，实现信息共享，加快新型离岸国际贸易监管平台建设。

二是建立灵活精准审核机制，对形式特殊、真实合法的离岸贸易交易，可由企业或银行提出申请，经监管部门审议研判后进行监管背书，鼓励企业

---

① 周诚君．海南自由贸易港需要什么样的金融服务?：再论 FT 账户和海南自由贸易港的账户选择问题［J/OL］．金融研究，2020（12）［2022-11-15］．https：//www. yicai. com/news/100897000. html.

和银行“大胆试、大胆闯”。

三是支持银行结合新型离岸国际贸易特点制定跨境资金结算业务指南，鼓励银行探索新型离岸国际贸易资金结算服务模式，对企业主体和相关业务进行科学分类、分级管理。

四是推动“单一窗口”制度区域化、国际化，探索建立自由贸易“单一窗口”，与“一带一路”沿线、东南亚地区等离岸贸易发生地口岸进行互联互通，建立海关贸易网络系统，对离岸贸易公司、离岸贸易业务进行更加清晰的信息画像，满足各方监管信息需求①。

基于“单一窗口”的统一信息监管平台见图 3-1。

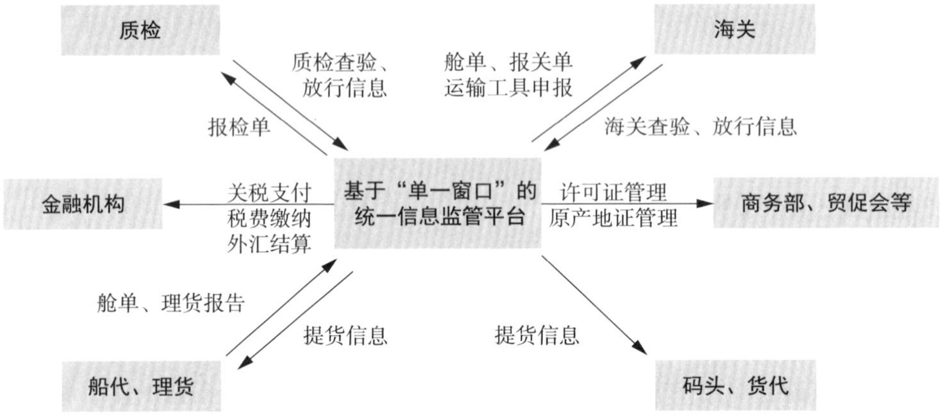

图 3-1 基于“单一窗口”的统一信息监管平台

图片来源：本书编写组整理

① 陈卫东，曹鸿宇．海南自贸港离岸贸易发展及支持措施研究［J/OL］．海南金融，2022（3）［2022-11-15］．https：//www.fx361.com/page/2022/0414/10249795.shtml.

第四章

坚持环新英湾地区港产城科“四箭齐发”，践行中国式现代化新范本

多数传统港口城市都经历过港城争地矛盾期，港口外迁是解决这一困局的通行做法，一方面城市发展获得了宝贵的土地和岸线空间（往往位于城市核心区域），另一方面港口发展获得更多的岸线和仓储物流、临港经济发展空间，并通过港口外迁打造新的港产城一体化新城区。港口外迁本质上是一个涉及广泛的城市更新过程。儋州洋浦作为新兴崛起的港口城市，要做好高水平前瞻性规划，合理布局港口、城市、产业之间的空间关系，高水平协调港产城科之间的功能发展，走出一条高质量的港产城科“四箭齐发”的融合发展道路。

儋州市环新英湾地区包括洋浦经济开发区（“一区”），由洋浦经济开发区代管的三都办事处、干冲办事处、新英湾办事处（“三办”，前身为三都镇），以及儋州市的白马井镇、王五镇、新州镇、中和镇、木棠镇、峨蔓镇、排浦镇（“七镇”）。新英湾地区是推进儋州洋浦一体化的核心区域，也是儋州洋浦践行港产城科融合发展“四箭齐发”的重点区域。要加快建设环新英湾新区，引导城市中心向环新英湾拓展，打造西部区域发展的核心区和主引擎，① 努力实现环新英湾“三年成势、五年成形、十年成城”的发展目标。② 本章以环新英湾地区为重点，在相关研究基础上，围绕建设西部陆海新通道国际航运枢纽、构建“361”现代产业发展体系、建设新英湾全球共生城市和建设新英湾科技城进行论述（见图 4-1）。

---

① 《中共海南省委　海南省人民政府关于海南自由贸易港统筹区域协调发展的若干意见》（琼发〔2022〕7 号）。

② 赵鹏，曹文轩．海南：自贸港建设稳步推进［N］．人民日报，2022-07-12（2）．

图 4-1　儋州市环新英湾地区“一区三办七镇”范围图

图片来源：本书编写组整理

第一节　建设西部陆海新通道国际航运枢纽

港口作为物流运输的关键节点，对优化区域产业结构具有重要作用，是产业结构优化升级的助推器。一方面，港口与区域内其他行业间存在密切联系，临港产业能够汇聚各种资源，有助于优化区域产业结构和资源配置，形成高集中度和关联度的产业链；另一方面，在高质量发展时期，创新与技术驱动下的港口经济发展能够对传统产业进行调整与改造，同时产生支撑新兴产业发展的扩散效应，使产业体系更加合理、高级。产业是港口实现高质量发展的支撑和保障，产业结构优化升级有助于缓解港口发展中常见的重复建设、资源浪费、产能过剩、同质竞争等问题，促进港口转型升级和发展。

2022 年，洋浦港完成集装箱吞吐量 176.7 万标准集装箱，同比增长 34.1%，增速连续三年在全国百万箱量级港口中排名第一，航线基本覆盖国内沿海城市主要港口和东南亚、北澳、西非等地区主要港口。① 由于洋浦港起步晚、基础弱、规模小，与国家赋予的“西部陆海新通道国际航运枢纽”定位相比，在基础设施建设、航线数量、航运服务、作业效率等方面仍有较大提升空间，腹地产业对港口支撑能力有限，在周边港口城市竞争中优势不突出，与国际化的中转型干线港相比仍有明显差距（见图 4-2）。

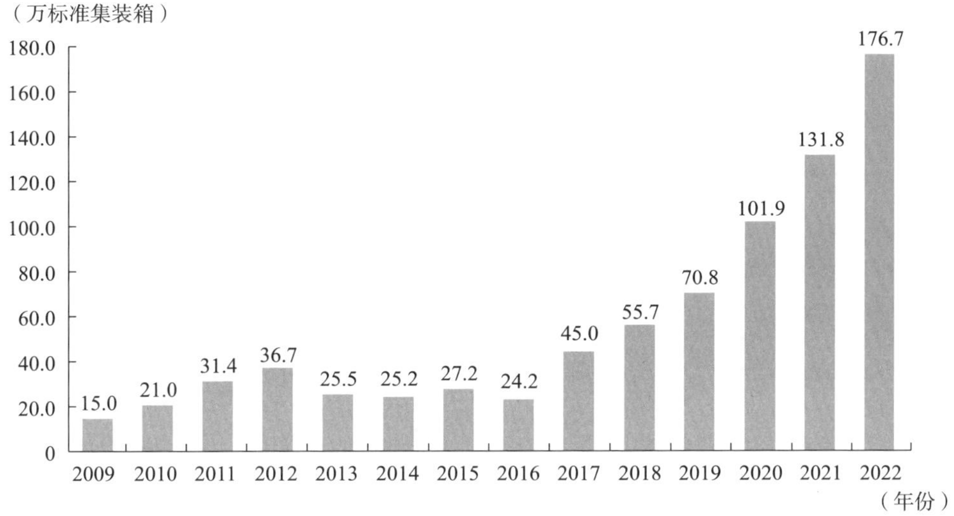

图 4-2　2009—2022 年洋浦保税港区集装箱吞吐量变化

资料来源：2009—2022 年《海南统计年鉴》、《儋州市 2023 年政府工作报告》

一、打造“三小一大”干支航线网络

大型远洋集装箱船舶通常停靠枢纽港口，通过“支干中转”汇集周边港口货物。广西港口下海的外贸货物大部分经中国香港地区等大湾区港口中转进入北美、欧洲远洋航线，广西港口处于喂给港地位。洋浦港建设国际航运枢纽的关键在于打造“支干中转”航线网络，与南海周边各中小港口开通定期航线，利用中小型接驳船集聚国内外集装箱，为北向远洋航线和日韩航线提供货源，以小港口、小航线、小船舶成就大航线。

一是积极开通织密洋浦港与广西三港、湛江港，以及越南、菲律宾、马来西亚、泰国、柬埔寨等南海周边国家港口的航线网络，“应连尽连”扩大洋

① 儋州市人民政府．儋州市 2023 年政府工作报告［R/OL］．（2023-01-20）［2023-02-08］．https：//www.danzhou.gov.cn/danzhou/ywdt/jrdz/202301/t20230120_ 3350436.html.

浦喂给港数量范围。

二是主导成立泛南海集装箱接驳船船队，利用小型船舶效率高、周转快、成本低的特点，提高班期密度、优化航线设计，为中小港口货主提供“天天班”“隔天班”服务。

三是支持补贴接驳船船队运营成本，以极具市场竞争力甚至前期免收集装箱接驳运费吸引货主选择洋浦港中转。

四是优先开通引入北美、日韩等干线航线（北向航线），大力扶持吸引远洋集装箱船舶挂靠，培育形成周边喂给港与洋浦中转港的良性循环。

五是比照国内外枢纽港发展初期常用政策，减免集装箱船舶引航费，减免中转集装箱港杂费，补贴干支港接驳运费，对船公司、货代公司、货主实施中转奖励。例如，韩国釜山港发展初期每年投入35亿韩元补贴奖励中转船公司、全免远洋干线船舶入港费和停泊费。

专栏4-1　釜山港打造国际集装箱枢纽港策略案例分析

韩国釜山港是韩国第一大港口，全球主要的国际集装箱中转港口，集装箱国际中转比例达到箱吞吐量的50%以上。

一、便利的海关监管和宽松的口岸环境

为方便国际集装箱物流运作，釜山港提高了集装箱物流处理效率，对港口作业区、自贸区、工业经济加工区进行一体化监管，整个区域内集装箱货物可自由流转、加工增值、再出口，大幅减少了中间环节。

二、优惠的港口收费和奖励政策

长期采用降低港口费率、减免港口费用等优惠政策吸引货源，补贴固定集装箱航运客户，帮助其维持稳定货源。

三、高度重视集装箱物流中转服务营销

成立釜山港口营销协会推广物流中转服务，针对不同客户需求制定差别港口费率，构建一站式复合港口物流信息服务系统，实现生产企业、周边客户港口、航运企业以及管理机构信息共享。

四、与周边港口建立长期战略合作关系

不断增加中国北部和南亚地区港口支线运输，为国际中转货源提供免费港口设施服务和减免服务费用，与周边港口建立长期战略合作。

五、完善国际集装箱物流中转增值服务功能

在港区周围建设经济加工自由区，实施面向全球供应链的采购、加工和增值服务。港区开展装卸、搬运、存储等物流生产作业，自贸区和加工区从事货物国际中转、国际配送、国际采购、国际转口贸易和出口加工业务，配套金融、保险、理赔、检测等高端服务，实现基础物流业务与高端服务业务协同式发展。

六、出台强有力的国际集装箱中转物流支持政策

韩国政府制定了一系列扶持釜山港成为东北亚国际航运中心的政策，如整合北港港区和新港港区，投资4700亿韩元建设基础设施等。

资料来源：本书编写组整理

二、积极参与三条"双循环"海上物流大通道

在全球分工格局下，消费品由中国、东南亚向北美、欧洲、日韩流动，零部件向东南亚流动。例如，根据越南统计总局发布的信息，2022年越南货物贸易出口额预计3718.5亿美元、进口额预计3606.5亿美元，出口日用消费品、电子消费品等制成品，进口电子零部件、原材料等过程品，贸易顺差小，"两头在外"的加工格局对国际物流通道十分依赖。洋浦应深刻认识国内外产供链发展规律，利用全国港口最南端特点，优先发展北美、日韩等北向航线，积极发展欧洲方向航线，重点开通三条"双循环"海上物流大通道。一是针对东南亚制造业大量进口的生产原料和零部件，打通日韩/中国经洋浦中转去往东南亚各国港口的零部件运输通道。二是针对东南亚生产的服装、电子等消费品，打通东南亚各国港口经洋浦中转去往北美/日韩市场的消费品运输通道。三是针对西部陆海新通道辐射的中西部地区和欧亚铁路沿线国家，积极与北部湾港口港铁联运功能上下联动，打通西部陆海新通道沿线地区在北部湾港口下水并经洋浦中转去往北美/日韩的运输通道（见图4-3）。

三、推进北部湾港口群协同联动发展

区域港口群组团式协调发展是我国从南到北各港口群的主流形态。国家《西部陆海新通道总体规划》提出，广西北部湾为国际门户港，钦州港重点发

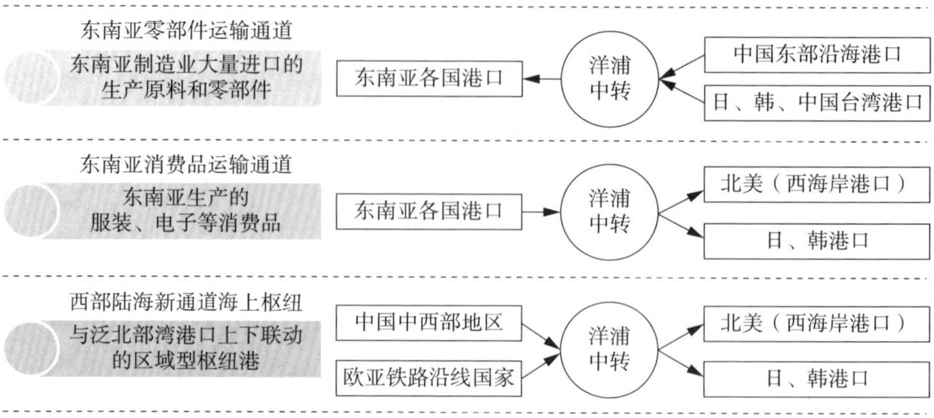

图 4-3　洋浦港参与三条“双循环”海上物流大通道

图片来源：本书编写组整理

展集装箱运输，洋浦为区域国际集装箱枢纽港，重点发展国际中转业务，要求北部湾港与洋浦港资源整合、与湛江港协同发展。洋浦港应积极推动与广西北部湾港、广东湛江港形成协同联动发展格局，打造北部湾港口集群。可通过港口间资本层面合作，建立干线港与支线港、中转港与喂给港之间的紧密联系，降低北部湾港口间转运成本，把洋浦打造成为中转枢纽型港口。积极建立产业链分工，发挥海南自贸港政策优势，探索建立洋浦交易、其他港口交割的“前台后仓”模式，探索建立洋浦加工中转、其他港口仓储分拨配送的分工协作模式。

推进海南省级层面区域港口整合。洋浦港集装箱码头分别归属于国投洋浦港有限公司和海南港航国际港务有限公司，海南港航还拥有海口集装箱港口马村港。区域港口整合是大势所趋，国内沿海省份从南到北基本完成了区域港口整合。研究成立海南省级港口集团，整合岛内“四方五港”①，在琼州海峡一体化、北部湾港口群协调发展、融入粤港澳大湾区港口群中发挥积极作用，为洋浦建设西部陆海新通道国际枢纽港打下坚实的基础。

推进洋浦公共码头与货主码头统筹发展。公共码头服务区域经济各方参与者，吸引内外部投资者在港区后方陆域配置资源，形成国际性、区域性加工基地和物流配送中心，吸引腹地优良资源在港区后方沉积，形成连接腹地

① “四方五港”指海南构建北有海口港，西有洋浦港、八所港，南有三亚港，东有清澜港的港口发展格局。

的经济增长点。2022年，洋浦港42个生产性泊位中公共码头仅有13个，大量货主码头所属的优质码头岸线利用率较低。建议统筹协调洋浦港公共码头基础设施建设，探索通过回购、控股等方式促进货主码头提供公共服务，快速提升公共码头吞吐能力。

四、延伸港航物流服务产业链

港航物流产业是港口功能的拓展，是集聚资源、资金、信息、数据、人才等资源的载体，对城市繁荣发展起到支撑作用。应大力发展以货物装卸、仓储运输、货运代理、船舶供应、船舶废油与含油污水处理以及船员劳务外派等为代表的现代航运服务业的下游产业，依托政策制度优势积极向国际中转贸易运输、船舶租赁及修理、融资保险、海事规范、政策咨询、技术标准等现代航运服务业中上游拓展（见表4-1）。

表4-1 现代港航物流服务产业链

	服务类型	服务内容	服务主体
上游	航运融资	船舶设备融资、码头融资	银行、金融机构
	海事法律	海事法律咨询、海事仲裁	海事法院、仲裁机构
	航运保险	船舶保险、融资保险 共同海损理算、海损估价	保险公司、理算机构
	航运交易	航运交易、航运经纪	航运交易所、经纪人
	航运咨询	信息服务、航运顾问	咨询机构
	公证监督	船舶、设备法定检验	船级社
	行业组织	船东协会、班轮协会 互保协会、货代协会	协会组织
	航运技术规范	研究设计院、学术团体	研究机构、学术团体
	专业人才培养	航运院校、培训机构	航运院校、海事机构
中游	旅客运输	国际轮渡、邮轮经济	航运企业
	国际中转	国际集装箱班轮	航运企业、码头公司
	货物运输	大宗干散货及油轮	航运企业、码头公司
	船舶租赁	期租、航租	航运企业、租赁机构
	船舶设备修造	船舶、集装箱修造、船用通信、导航设备修造	船舶修造企业
	拖船作业	拖轮服务、船舶救助	拖轮公司、救捞机构

续表

	服务类型	服务内容	服务主体
下游	船舶管理	专业化船舶管理	船舶管理公司
	码头服务	货物装卸、港内驳船、绑扎加固	码头装卸企业
	集装箱堆场	拼装箱、清拆箱、箱内加固	集装箱场站公司
	仓储服务	堆存、包装、分拨、运输	码头企业、仓储公司
	代理服务	货运代理、船舶代理、揽货代理、船籍注册代理	各类代理机构
	报关服务	代客办理报关手续	报关公司
	理货服务	代客办理理货手续	理货公司
	内陆运输服务	多式联运、内陆集疏运	运输企业
	船舶供应服务	船舶燃料、船舶用品、船舶备件、船员生活用品、食品及淡水供应	船舶用品供应企业
	船舶防污染服务	船舶废油、含油污水处理	环保服务企业
	船员劳务	船员外派服务	船员外派机构

资料来源：本书编写组整理

五、提高洋浦港运营效率和效益

一是推进公共码头与货主码头统筹发展。洋浦港 42 个生产性泊位中公共码头仅有 13 个，大量货主码头岸线利用率较低，应探索回购、控股等方式促进货主码头提供公共服务，快速提升码头吞吐能力。

二是提高港口信息化管理水平和中转作业效率。洋浦港尚未建立统一的信息化平台，信息资源分散在港航物流企业中，企业间信息公开及融合难度较大，港航物流一体化作业的上下游各环节信息难以有效衔接，导致单证流、信息流冗余重复，数据信息与港航物流融合不紧密，增加了企业资金成本和时间成本。应高标准建设“智慧港口”“绿色港口”，建设集装箱自动化智能码头，建立覆盖航运、商贸、金融和监管的航运大数据平台，利用智慧手段提高装卸效率、降低中转集装箱停留时间，在南海周边港口竞争中树立低收费、高效率优势，做大集装箱中转流量，实现后发赶超。

三是延伸港航物流服务产业链。依托政策优势吸引国际中转贸易运输、船舶租赁、融资保险、海事规范、政策咨询、技术标准等航运服务业发展，支持货物装卸、仓储运输、货运代理、船舶供应、船员劳务外派等产业发展。

第二节　构建“361”现代产业发展体系

产业是经济高质量发展的基础，产业结构调整和经济高质量发展是并发过程，结构优化是经济高质量发展的重要指标与体现。要用 10 年左右时间，在环新英湾地区构建“361”产业发展体系，即 3 个千亿级业态集群、6 个超百亿战略性新兴产业集群和 1 个科教产业集群。3 个千亿级业态集群包括港航物流、石化新材料和商贸服务（含贸易、金融、商务、专业服务、消费服务等），6 个超百亿战略性新兴产业集群包括先进制造、清洁能源、清洁能源汽车、节能环保、数字经济、高端健康食品加工，1 个科教产业集群包括科技创新（含科技研发、创新服务、离岸科研等）和教育。到 2035 年，把环新英湾地区建设成为西部陆海新通道国际航运枢纽、临港经济引领区，高新技术产业和先进制造业产值、现代服务业营收规模、贸易规模均达到万亿级水平。

一、现代服务业

（一）港航物流

做强集装箱物流、大宗商品物流、冷链物流、石化物流四大专业物流，打造东南亚国际航运中心和供应链服务中心，完成数字化物流服务体系框架搭建，基本形成直面东南亚、通达全球、服务全国的海运物流服务网络体系。

1. 航运物流业

做强集装箱物流、大宗商品物流、冷链物流、石化物流四大专业物流，打造国际航运中心和供应链服务中心。用好政策和区位优势，推动洋浦港与钦州港优势互补、融合发展，加快建设区域国际枢纽港，吸引国内沿海西行至东南亚、南亚、欧洲的货物和东盟国家特别是越南东行至东北亚、美西的货物经洋浦港中转。

发展油气储备和石化物流，提高 LNG 仓储转运中心、油气化工品仓储中心储运能力，打通 LNG 罐箱分销渠道，打造面向东南亚和我国华南地区的 LNG、液化烃集散中心。积极推进 166 万立方米液化烃储罐、公用液化烃储运基地、海南 LNG 二期（仓储转运）扩建等项目，力争商业油气储备能力达到 1500 万立方米，建成具有国际影响力的石油天然气储备基地。建设危化品集装箱公共码头和专业储运基地，建设石油中转基地、油气储备基地、期货交割库、石化产品加工基地，争取在洋浦设立国家战略石油储备基地和南海油气综合开发基地，发展原油进港接卸、油品调运、国内外化工产品中转业务。

发展粮油物流，建设洋浦粮油储备库，打造辐射华南和东南亚的粮油中转加工物流中心，完善粮油集散、储备、物流、加工、贸易等一体化物流服务功能，拓展保税仓储、采购分销、中转配送、净价交易、保税交割等功能。

打造一体化冷链物流园区，建设冷链物流设施、供应链数字平台、可追溯的冷链物流服务体系，推动九大类指定监管场地规划建设，发展肉类、海产品、水果、农产品等冷链物流。

建设海上风电安装运维保障基地，海南进入海上风电高速发展期，依托洋浦港口岸线资源构建形成海上风电装备制造、设备安装、风力发电、运维全产业链，大力发展海上风电配套服务产业，在服务海南、广西、广东海上风电产业的基础上，依托自贸港优势向南海周边国家和地区提供海上风电全产业链服务。

2. 港航物流服务业

建立洋浦国际航运交易所，开展航运期货、运价指数衍生品交易服务，创建有国际影响力的“一带一路”运价指数体系。建立邮轮旅游产品、船舶买卖和融资租赁、国际海员劳务、人民币结算交易平台，拓展外币结算、证券化等业务，开展运价指数衍生品业务，建设航运数据库。创新创建“冷链物流”运价指数体系，吸引聚集一批航运经纪机构，推出国际航运运力池计划等战略举措，打造具有全球影响力的航运交易中心。

（二）国际贸易

1. 油气贸易

吸引国际大型油气供应商、油气生产加工商、能源贸易金融服务商和国家重要能源交易商入驻，扩大油气商业储备规模，与上海期货交易所合作，将符合条件的储罐设为油气资源期货或现货交割库，开展原油、成品油、燃料油、液化气等油气产品的现货和期货交易。

2. 离岸贸易

发展以订单流、货物流与资金流相分离为特征的离岸贸易，建设新型离岸跨境贸易示范区。建设离岸贸易公共服务平台，逐步完善贸易、物流、资金、信息等监管系统，建设国内外货源中心，构建跨境物流通道。引进离岸业务金融机构，策划组建新型金融机构，发展提供离岸金融结算业务。建立多维自主担保制度，为企业减轻资金压力。建设洋浦国际贸易大厦，制定新型离岸跨境贸易示范区实施方案。

3. 服务贸易

发展以专业定制、3D 打印等技术为依托的船舶和精密仪器维修等高新技术服务业，发展邮轮游艇、海事服务、商务旅行、会展等高附加值服务业，完善研发—设计—船舶维修技术服务产业链，成为国际船舶保税专业维修基地。建设服务外包示范基地，培育“互联网+服务贸易”新业态。积极引进，支持国内外企业设立集采购、仓储、分配、配送、航运等物流服务于一体的供应链管理平台，提升供应链物流服务效率和水平。推进物流服务领域开放，立足港口片区发展物流、保险等服务贸易，构建以海运为核心的国际多式联动“一单制”体系。支持海花岛大力发展集商务、金融、咨询等高端业态于一体的商务会展服务业，创建区域性国际会展中心。

（三）现代金融

1. 金融服务业

加快发展现代金融服务业，鼓励银行、证券、期货、信托、保险、金融租赁等金融机构在洋浦设立分支机构或者法人机构，支持扩展飞机、船舶等融资租赁业务，推进新型国际贸易结算便利化，实行有利于促进跨境贸易投资的外汇管理政策，为企业提供综合金融服务。鼓励各类金融机构用好用足海南自贸港政策措施，结合产业发展需要推动金融创新政策落地。支持符合条件的企业在境内外资本市场上市融资。鼓励引进各类股权投资企业及创业投资企业。支持发展普惠金融、贸易金融、消费金融、绿色金融、科技金融等特色金融业务，支持金融机构在依法合规、有效防范风险的前提下面向服务贸易领域开展保单融资、仓单质押贷款、应收账款质押贷款、知识产权质押融资等业务，规范稳妥开发航运物流金融产品和供应链融资产品。

2. 商品交易

支持海南国际能源交易中心立足海南，建设集石油储备、交易结算、能源交易于一体的国际化大型综合性交易平台，积极拓展原油、成品油、LNG、纸制品、橡胶、冷链产品、降解塑料、粮油、木材、煤炭、钢铁等商品国内外交易业务，开展再制造产品认证交易，提供结算、融资、信托、仓储、物流等全过程交易服务，与大湾区前海联合交易中心等合作开展粮食现货离岸贸易与期货现货交割等业务。构建多层次交易场所体系，积极争取跨境交易政策、保税交割政策取得突破，推动交易模式创新，形成场内与场外等多种交易形态。

（四）商务商贸

1. 总部经济

以商务楼宇和办公楼宇为载体，通过聚集人才、知识、信息、资本和技术等要素形成高密度、立体性、智慧绿色、柔性共享、包容多元的总部经济发展平台，培育发展港航物流、国际供应链、服务贸易、离岸贸易、离岸金融、交易、科技研发、结算类总部经济。引入国际知名航运物流企业或其分支机构，吸引航运企业总部或者地区性总部、运营总部入驻，打造航运总部中心。大力吸引央企国企、《财富》“世界500强”企业、“中国民营企业500强”企业设立地区总部、结算中心、运营中心。

2. 专业服务业

支持会计、税务、审计、评估、造价、信用、法律、咨询、广告、知识产权等行业发展，吸引国内外知名机构设立分支机构，对企业投资运营、资产管理、兼并重组、商务咨询、财务管理等提供专业化服务。强化人力资源服务的基础性作用，鼓励人力资源管理咨询、人力资源外包、人员培训、人员素质测评、高级人才寻访、人力资源信息网络服务等产业发展。

3. 消费服务业

建立新型国际消费业态中心，加快“零关税”消费业态发展，尽早实现海花岛免税购物商场开业运营，不断丰富免税商品种类，实现免税品品牌、品种、价格与国际“三同步”。

发展新型零售、医疗、教育、旅游、娱乐等消费业态，引进多元化国内外知名消费品零售商，多渠道增加优质产品和服务供给，打造消费新模式，吸引更多消费者。

优化城乡商业网点规划布局，发展一站式社区商业便民服务综合体，构建综合性商业服务体系。完善便民服务设施，引进国内外知名连锁便利店，支持本地社区蔬菜便利店发展，确保新建社区商业和综合服务设施面积占比不低于10%。

（五）科技创新

打造国际化技术研发中心，对外连接我国东南沿海地区与东南亚国家，服务加工制造业梯度转移，对内服务石化新材料、先进制造、节能环保、清洁能源等主导产业，着力打造研发设计、成果孵化、技术转移、检验检测、创新创业等功能。

1. 科技研发

重点围绕油气化工、港航物流、商贸服务、智能制造、新能源、再制造、船舶海工等优势产业和新兴产业，加强与国内外科研院所科技创新资源的对接合作。依托自贸港政策，建立石化新材料开发研究院、航运研究所等重点产业研究机构。引进中国工程院、大连海事大学、天津大学、北京化工大学、华东理工大学、上海海事大学等国内知名大学和科研机构，建立长期交流合作机制，联合组织实施重大产业创新工程，着力突破产业链缺失环节、薄弱环节、延伸环节等的技术“瓶颈”，促进产业关键技术研发和先进技术成果转化应用。发展研发设计产业，围绕全区产业体系发展新材料研发、新产品研发、新工艺研发项目，实施工程设计、软件设计、集成电路设计、工业产品和生产工艺设计等项目。依托中国热带农业科学院、海南大学等农业科技优势，以热带作物研究、成果转化和基地示范为特色，建设热带水果、花卉、经济作物和药材等具有热带特色的农业科技创新中心。

2. 创新服务

建立以企业为主体的技术创新体系，强化科技创新对石化新材料、港航物流、高新技术、先进制造等产业的战略支撑作用，加快建立完善以企业为主体、市场为导向、产学研深度融合的技术创新体系。支持企业建立研发机构、加大研发投入，参与和主导国家、省重大科技项目，鼓励企业建设工程（技术）研究中心、重点（工程）实验室、院士专家工作站和博士后科研工作站，自主开展产业关键共性技术、装备的研发攻关，着力构建以企业为主体的技术创新体系。

建设新英湾科创园，打造集办公、科研、测试、交流、培训、轻生产和园区配套于一体的国际化、现代化科技综合产业园区。鼓励国内外企业、高校、科研机构等运营管理创客空间、创业咖啡、创业大学园等新型孵化载体，吸引高端人才投资创业。重点发展研究开发、技术转移、检验检测认证、知识产权、科技金融等科技服务，提升科技服务对科技创新和产业发展的支撑能力。发展多层次的技术（产权）交易市场体系，支持技术交易机构探索基于互联网的在线技术交易模式，发展国际知识产权代理、信息、咨询、培训等服务。开展科技和金融结合试点，探索发展新型科技金融服务组织和服务模式，建立适应创新链需求的科技金融服务体系。落实小额担保贷款、财政贴息、场地安排等鼓励自主创业政策，促进各类群体创新创业。

3. 离岸科研

利用自贸港独特优势打造国际技术研发转化中心，服务我国向东南亚、“一带一路”沿线国家制造业梯度转移，成为技术交流合作扩散的窗口。探索海外人才离岸创新创业新机制，促进更多高层次人才和先进技术“引进来”，建设离岸孵化器、众创空间等载体，支持海外人才开展生物医药、农业、新材料、新能源等重点领域离岸研发业务。探索离岸创业模式实行海内外双向注册，引导支持海外高端人才将优秀科技成果在新英湾落地，促进创新项目海内外预孵化和成果转化。支持培育知识产权、科技金融等专业服务能力，通过模式创新和政策支持促进海外优质创新资源集聚。

（六）教育

1. 职业教育

打造新型现代职业教育体系，鼓励各类企业申报产教融合型企业或投资兴办职业教育，构建职业院校专业设置与产业结构调整的驱动调控机制。不断提高职业教育水平，扩大洋浦技工学校建设与招生规模，推动洋浦高级技工学校升格为技师学院，使其专业设置与自贸港及儋州洋浦产业需求相适应。大力引入国内一流技工学校和职业院校。强化“校企合作”机制，探索“嵌入式”教学，实现工学交替、产教融合，打造海南省职业教育培训基地，技能人才培养能力突破万人规模。

2. 高等教育

打造高校科研紧密合作、产学研用一体发展的高教集群，继续支持境外理工农医类高水平大学、职业院校在新英湾独立办学，推动国内重点高校引进国外知名高校在新英湾举办具有独立法人资格的中外合作办学机构。推进德国比勒费尔德应用科技大学落地建设和开学，实施大学学士学位和硕士学位阶段教育，培养高素质、国际化人才。建设国际留学基地和面向东南亚新兴中产阶级的海外留学培训基地，为建设国际教育创新岛树立样板。

积极争取教育部支持儋州洋浦获批“海南专项”研究生招生指标，重点围绕产业科技创新需求，引进与儋州洋浦重点产业发展方向契合的国内外知名院校举办研究生院或研究院，开展研究生“产学研”教学合作，搭建科技创新创业与成果转化平台。支持中国热带农业科学院和海南大学儋州校区等在儋高校院所做大做强，促进地校融合发展。深化地校合作，促进地校融合，培育一批符合儋州洋浦产业发展需求的地方高水平学科，推动高等教育与产业发展齐头并进。

二、高新技术产业和先进制造业

（一）石化新材料

延长石化产业链条，着力提升科技含量，重点打造芳烃、乙烯、新材料三大产业链和油气储备基地，发挥临港优势，利用国内国外两个市场、两种原料，坚持“高端化、绿色化、集约化、智慧化”发展理念，按照“纵向延伸、横向耦合”发展思路优化产业布局，健全乙烯、丙烯、碳四、芳烃、碳五、碳九系列产品等五条石化工业链条，基本形成上下游一体化、资源合理配置、多种系列产品并重的石化下游深加工产业集群，为高端精细化工和化工新材料产业集群提供原料和中间体，建设“国内领先、世界一流”的绿色生态世界级石化产业基地。

1. 乙烯产业链

稳定并扩大乙烯原料供给，加快海南炼化百万吨乙烯、延长石油海南丙烷脱氢二期建设投产。大力延伸乙烯产业链，重点发展茂金属聚丙烯、线性高密（低密）聚乙烯、EVA（乙烯-乙酸乙烯酯共聚物）等合成材料、热弹性塑料体、环氧乙烷、碳五、碳九、丁二烯等，积极向高端产品延伸。积极发展全生物降解材料基材，保障全省“禁塑”替代原料供应。

2. 芳烃产业链

积极发展软体材料、高分子型材料、塑钢型材料，为电子电器外壳、日用品、光学材料、建筑保温、制冷设备、医用防护品及可降解塑料产业提供原材料，推进逸盛石化 PTA（精对苯二甲酸）二期、PET（聚对苯二甲酸乙二醇酯）项目建设。

3. 精细化工和新材料

依托石化产业中上游原料和中间体，发展应用于节能环保、新一代信息技术、生物、高端装备制造等领域的精细化工和化工新材料，发展以高端聚烯烃、高性能合成树脂、特种橡胶及弹性体、特种工程塑料、可降解塑料、高性能纤维、高性能膜材料为代表的化工新材料，发展以电子化学品、催化剂、水处理剂、高档涂料、胶黏剂、橡胶塑料助剂等为代表的高端专用化学品，建设绿色新材料产业基地，形成精细化工和化工新材料产业集群。

（二）先进制造

1. 智能装备

推进以工业机器人、服务机器人、增材制造装备、激光、智能物流与仓储智能设备为代表的智能制造装备整机发展，推进主轴、丝杆、导轨、数控系统、控制器、伺服系统、减速器、激光器等关键零部件的发展，发展智能检测监测设备研发及产业化、智能巡检机器人、无人机整机及上游元器件、海缆制造等智能制造，加快发展中大海南智能传感器、中质猎鹰智能检测等项目。

2. 无人装备

以无人机整机和上游元器件为切入点，发展农林植保、安防巡检、海上搜救等特种作业的多用途无人机制造，发展各类旋翼、固定翼无人机整机，协同推进无人船舶、无人汽车发展，打造无人驾驶技术研究等高新技术研发产业园区。

3. 保税维修和再制造

船舶（游艇）及海工装备再制造。开展船舶（游艇）专用发动机、发电机、专业仪器仪表、导航设备、螺旋桨等关键件维修和再制造业务。开展游艇电动化、船体轻量化以及应用智能化改装等再制造业务，发展游艇内饰软包、遮阳篷等舾装件，游艇驾驶和监控系统以及配套芯片组装、维修和绿色再制造。发展起重船、打桩船、豪华客滚船、重吊船、大型汽车运输船、海洋资源勘探开发设备、深水浮式生产储卸装置、多功能供应船等海洋工程装备维修和再制造。

汽车零部件再制造。发展汽车发动机、方向机、变速器、前后桥、车架“五大总成”再制造。重点发展发电机、制动卡钳、启动马达、雨刮电机、方向机、动力转向油泵、变速箱、发动机、ECU、TCU、灯具和新能源汽车电力驱动系统、电源系统等部件的再制造。

高端医疗器械再制造。开展医疗影像设备、医用机器人等高性能诊疗设备，全降解血管支架等高值医用耗材、可穿戴、远程诊疗等移动医疗产品的高端医疗器械再制造业务。

电子设备及数字化领域设备再制造。发展电子办公设备、计算机、半导体、智能终端等设备再制造。开展产业数字化转型领域相关设备再制造业务。

4. 电子信息

积极发展支撑新一代物联网的高灵敏度、高可靠性智能传感器件和芯片，发展智能手机、车载智能终端、海洋电子传感器、智能旅游产品等移动智能终端，进口“零关税”光导纤维预制棒，发展光纤及光缆制造等光通信产业。积极发展集成电路产业，大力引入集成电路设计、特色封装测试项目。发展智能传感器及终端生产、智能检测技术研发与应用项目。

5. 高端消费品

建设旅游消费品制造产业园，引进海内外高端旅游消费品加工机构及相关配套企业，发展化妆品、保健品、旅游休闲装备、运动器材装备、智能手表、智能眼镜等中高端消费品制造，促进高端旅游消费品加工、设计、采购、仓储及分拨配送等综合业务发展。

（三）清洁能源

1. 清洁能源生产

推进天然气、海上风电、光伏、海洋能、电力储能、智能电网与新英湾产业体系相结合的绿色低碳发展道路，探索“风光火储”一体化建设，推进洋浦热电联供项目，电、热、冷、气等多能源协同互济项目，构建清洁能源产业体系。加快建设环新英湾海域大型海上风电场，探索“海上风电+制氢”“海上风电+新型储能”“海上风电+深海养殖”新模式、新业态。一体发展氢能源“制、储、运、加、用”产业，推进制氢、储氢、输氢领域科技研发，推进制氢及储氢、输氢装备设备生产，利用油气产业副产低成本氢气，发展风电制氢等可再生能源制氢，积极在集卡、渔船、游艇等交通领域启动氢能应用示范。积极布局发展光伏发电，探索发展潮汐能、波浪能、温差能、盐差能、海流能项目。

2. 清洁能源装备

围绕天然气、海上风电、光伏发电、氢能等需求，发展拥有核心技术和自主知识产权的新能源装备研发制造，优先发展附加值高、带动性强的设备，依托信息化、智能化技术拓宽新能源装备制造的新业态、新模式。建设海上风电装备制造基地，形成“专业服务、整机制造、施工运维、关联产业”产业链，重点发展风电整机、叶片、塔筒、发电机、主轴、齿轮箱、轴承、固定式基础、新型储能、风电制氢等装备制造，推进风电零碳能源装备产业（一期）、风电高端产业集群等项目。顺应太阳能光伏产业快速发展和出口需求大的有利形势，积极推进晶澳太阳能组件制造等光伏项目及相关配套产业链落地，发展5GW大尺寸先进高效光伏组件智能制造，建设背靠大陆、面向东南亚的光伏出口加工区。

（四）清洁能源汽车

1. 整车

主动与世界一流车企接触洽谈，积极引入电动汽车、氢燃料电池汽车以及智能汽车整车组装制造和示范运行项目，开发高端清洁能源汽车。电动汽车以纯电动汽车为重点方向，发展乘用车、商用车、专用车。发展氢燃料电池汽车，优先适用物流、公共交通等场景，兼顾向乘用车发展过渡。智能汽车以港口、物流园区、机场、景区、旅游公路、高速公路、城市道路等场景应用为牵引，发展L3级以上自动驾驶技术智能汽车。

2. 核心零部件

以高技术含量、高附加值、“卡脖子”零部件为发展导向，电动汽车零部件重点发展动力电池封装和电池系统、高性能机电耦合动力总成和纯电驱动总成、驱动电机和逆变器、减速器和变速器，以及功率电子器件、电机定子、转子、齿轮和离合器等关键零部件。氢燃料电池汽车零部件重点发展质子交换膜燃料电池、电堆，循环泵、空压堆等系统部件，以及膜电极、双极板、催化剂等零部件。积极引进激光雷达、毫米波雷达、计算平台、线控底盘等高等级自动驾驶软硬件生产企业。

3. 智能汽车研制

借力海南智能汽车开放测试和示范应用道路先发优势，发挥环新英湾港口、物流园区、工业园区、景区、疏港公路、旅游公路等丰富应用场景优势，鼓励发展面向特殊场景应用的高等级自动驾驶技术，积极申请智能网联汽车试点城市。支持企业协同开展车载互联系统、人机交互系统、安全防护系统等核心关键技术研发，构建以车载操作系统为核心，整车、关键零部件、基础数据与软件等市场主体深度合作的应用生态。

（五）节能环保

1. 生物降解塑料

抓住海南全岛禁塑政策机遇期，以产业规模大、技术相对成熟的淀粉基生物材料、PLA、PBAT、PBS等全生物降解材料为重点，引进国内外先进的全生物降解塑料研发和生产企业，形成面向国际和国内市场的全生物降解塑料袋、餐具产品生产和供给能力。建设全生物降解塑料创新研究平台，开展全生物降解塑料材料改性和低成本原料生产技术、海水降解塑料等新品种的研制，探索利用甘蔗渣、竹纤维等生物质资源生产全生物降解材料餐具制品。

2. 绿色新型建材

推进绿色节能新型建筑材料制造，依托石化产业发展基础和港航物流便利条件，发展改性沥青防水卷材、防水涂料、聚羧酸、涂层钢板等化工类、金属类新型防水密封材料，聚苯板、聚氨酯等新型保温隔热材料，轻质、高强、耐久、部品化的新型墙材和水泥砌块等建材产品。发展装配式建筑产业，推进装配式混凝土预制件（PC 构件）、混凝土工程铝合金模板、高性能蒸压加气混凝土板（ALC 板）、中空挤出成型水泥板（ECP 板）等项目投产，推进钢构智能建筑发展壮大。

（六）数字经济

1. 智慧城市

超前布局 5G、物联网、人工智能、工业互联网、云计算等新型基础设施，加快构建高速便捷的国际信息通信能力。建设智慧园区、智慧场馆、智慧景区，高标准建设环湾旅游公路“无人驾驶”示范道路。引入落地智慧物流、智慧旅游、智慧医疗、智慧海洋、智慧农业等应用场景，推进数字城市智慧系统与海上交通运输、海洋特色旅游、海洋渔业、临港工业融合应用。推进洋浦智慧口岸、EDI（电子数据交换）的信息化建设，推动港口集装箱设备交接单、装箱单、提货单等口岸物流单证无纸化，推动船公司统一海运电子提单标准。加强洋浦自动化码头建设，推广智能卡口、无人集卡等新技术，提升口岸基础设施和监管智能化水平。

2. 数字产业

推动石油化工产业智慧化发展，优化石油化工产业结构，推进石化企业“5G+工业互联网”两化融合智能提升改造，加快智能工厂建设。加快港航物流仓储产业数字化，建设冷链物流体系，打造国家级冷链大数据物流平台，构建高效数字物流产业。参与建立海洋信息采集与传输体系，打造涵盖海洋生态环保、海洋预报减灾、海洋工程、海洋港口等智慧海洋解决方案。打造智慧旅游城市、智慧景区、智慧酒店，提升旅游服务管理水平。发展以新能源汽车为主的智能汽车技术研发平台，发展智能网联汽车应用推广，优化智慧出行体验。提升儋州西部医疗中心功能，建设数字化的新英湾医院，打造互联医疗交互平台、云端医疗影像平台、人口健康信息大数据分析中心等医疗服务平台，在慢病管理和辅助诊疗领域引领数字应用创新。

3. 数字贸易

推进数字科技开放先试和压力测试，突破通信服务外资限制，探索数字服务贸易开放模式，把环新英湾打造成为自贸港数字内容开放的先导区。在国家监管体制及网络信息安全框架下，推动增值电信业务开放试点，探索允许国外电信公司竞投区内互联网服务牌照，探索放开在线数据处理、存储服务与交易处理业务的外资股权占比，放宽对呼叫中心座席、国内因特网虚拟专用网的边缘路由器和网站加速服务器节点等增值电信业务的限制。打造自贸港数字内容开放试点，探索数字内容服务开放模式，允许环新英湾内试点区域解除网禁限制，自由浏览国外网站、影视作品、动漫电竞、在线直播、在线社交等数字内容产品。

（七）高端健康食品加工

1. 高端健康食品

积极开展海洋生物功能性研发，研究鱼鳞、内脏、甲壳等废弃物品利用技术，引入胶原蛋白、鱼油、鱼粉、藻类等加工业。发展海洋生物基因工程、生物科技制品，探索开发有辅助降血糖、降血脂、降血压、增强免疫力、增加骨密度、预防心脑血管疾病、保护肝损伤、抗氧化、减肥等功能的保健食品。推进国药大健康、益建集团等大健康药品、保健品和中草药项目建设，生产功能性药用脂肪产品、植物蛋白、氨基酸、新型酶制剂等产品，满足三高人群、儿童、孕妇等特定人群需求。

2. 粮油

依托港航物流和冷链仓储良好基础，面向东南亚和国内两个市场，发展粮油加工、饲料加工和食品加工等产业。发展多用途高级食品专用粉、强化营养粉和高档优质米，鼓励企业开发高品质大米和高等级面粉，发展粮食、冻肉、水果、水产品等食品深加工业，发展大宗进口棕榈油、奶粉等分装、加工、包装企业。引入椰子加工基地、坚果加工、牛羊肉深加工、中央厨房等项目，推进恒丰粮食现代物流（二期）、国际粮油物流加工产业园（二期）、年加工100万吨国际粮油产品加工贸易、洋浦粮食应急配送中心、进口冷链产品精深加工中心等项目。

3. 宠物食品

引进培育高端宠物食品加工企业，发展犬粮、猫粮、宠物罐头、宠物肉酱、宠物营养粥等宠物食品，引导企业开发营养型、疾病预防型高端宠物食品，面向国内外市场发展宠物食品跨境电商和境内电商。利用自贸港政策和港航物流条件吸引国内外行业龙头饲料企业进入，面向东南亚和国内养殖业需求发展大进大出型饲料加工产业，重点发展猪、肉禽、蛋禽和水产饲料。

（八）浆纸

完善浆—纸—纸制品产业链，加快金海纸浆木浆技改项目建设，推进盛利纸业年产 36 万吨、盛泰纸业年产 36 万吨生活用纸项目，引进食品与医疗用纸项目，发展高端工业特种纸产业，完善基础浆纸产品种类，生活用纸产能达到 170 万吨/年，总造纸能力达到 270 万吨/年。

三、文旅产业

（一）旅游业

结合儋州洋浦地区优势旅游资源，推出东坡文化游、橡胶文化游、环岛海洋文化游、黎苗民族文化游、红色文化游、海岛古迹文化游、热带动植物研学游等若干条文化主题旅游线路。以环岛旅游公路和环新英湾旅游公路为轴线，高标准建设海南环岛旅游公路“火山海岸”和“夕照儋耳”驿站，新建一批度假区、A 级旅游景区、主题公园和椰级乡村旅游点，打造红色旅游精品景区和线路，构建海花岛、东坡书院、千年古盐田、峨蔓火山海岸等旅游消费产品体系，融入全省“串珠成链”旅游格局，打造精品化、国际化、多层次旅游黄金圈。

完善旅游接待设施，建设白马井动车站等交通枢纽接驳体系，畅通海花岛上下岛交通。完善海花岛邮轮游艇设施。加快推进儋州机场建设前期工作，支持通用航空产业发展，布局通用机场、起降点。推动海花岛旅游产业园全面开业，重点发展休闲度假、免税购物、餐饮娱乐等特色旅游业态，发展国际邮轮旅游、游艇旅游，打造环新英湾旅游流量集聚中心。推动商业服务业与文化旅游深度融合，加强旅游项目周边标准化和规范化商业服务配套，打造影视文化和直播电商特色文化街区和文旅体验空间，满足自驾游、骑行游、徒步游等新兴旅游消费需求。

制订新英湾旅游形象宣传计划，开展国内外旅游形象推介会，利用海南与境内外的合作宣传平台、国内外主流媒体、影视作品植入等宣传新英湾旅游产品，把节庆活动和旅游招商、旅游消费、市场营销结合起来，形成节庆旅游品牌效应，提高旅游的经济文化效益。用好用足海花岛文旅设施资源，发展游戏、动漫设计、文化贸易、免税消费购物等产业，引进一批国际化体育赛事、体育训练、会展、文艺演出和影视论坛，打造集度假休闲、健康养生、酒店会议、海上运动、婚庆典礼于一体的综合性旅游度假区。

（二）文化产业

培育发展电影电视产业链，发展影视作品版权交易、进口电影等业务，推进国际知识产权（版权）交易，建设国家对外文化贸易基地先行区。依托海花岛旅游产业园影视基地，发挥海南电影学院优势，发展影视制作、动漫游戏等产业，积极争取承办海南岛国际电影节或设立新英湾分会场，促进影视文化产业发展。引进培育优秀演艺市场主体，挖掘东坡文化、千年古盐田等地方题材，发展文化旅游演艺，打造特色驻场文化演艺品牌。

深化与四川眉山、浙江杭州、湖北黄冈、山东诸城、广东惠州和河南郏县等城市的东坡文化交流活动，积极倡导共同设立国际东坡文化论坛，共同打造全国东坡文化体验研学游等文化旅游合作产品。

（三）体育产业

依托环岛旅游公路和环新英湾旅游公路，举办环湾马拉松、公路自行车、徒步等国内外赛事，把儋州国际马拉松赛打造为国际品牌赛事。建设海花岛海上运动休闲度假区，用好海南“冬令营”品牌，积极引入建设体育训练南方基地和冬训基地，打造海南西部体育运动中心。

四、热带特色高效农业

（一）种植业

依托海南儋州农业高新技术产业示范区，发展热带设施农业、热带特色高效种植业、农产品精深加工业等农业高新技术产业。推进种植业提质增效，大力种植热带水果，支持优良品种研发，鼓励引进东南亚、南美的新、奇、特优质水果品种种植，支持种植榴梿蜜、牛油果等新品种，重点打造火龙果、红肉波罗蜜、凤梨、百香果、仙人掌等种植基地。大力种植常年瓜菜，积极发展庭院经济、林下经济、南药等产业。推进橡胶产业提质增效，加强天然橡胶标准化建设，更新改良老龄低产胶园。支持花梨、沉香、母生、坡垒等本土树种或名贵树种种植和初加工。支持发展花卉产业。

（二）海洋渔业

制定推动渔民转产转业政策，鼓励引导渔民“往岸上走、往深海走、往休闲渔业走”。打造峨蔓—海头现代渔港经济区，支持渔港、渔船基地升级改造和建设，实施渔船更新改造计划，鼓励生态养殖、智能化深远海养殖、海水鱼标准化养殖。完善热带农产品加工、储藏、冷链、物流和交易中心等全产业链条。支持开展“三品一标”提升工程。发展绿色生态健康渔业。大力发展工厂化养殖、深海网箱养殖和现代化海洋牧场。加强渔港、渔船基地建设，实施渔船更新改造计划。推动生态养殖项目、智能化深远海养殖示范项目、海水鱼标准化工厂化养殖示范基地建设。

第三节　建设新英湾全球共生城市①

在儋州洋浦一体化进程中，环新英湾以“全球共生城市”理念②为引领，结合全球城市与共生城市特征，致力于构建在人类命运共同体价值观引领下的中国最高标准开放的城市范式。一方面，以海南自贸港政策整合国内与国际要素资源，实现“1+1>2”的愿景，打造国际国内各类人才、技术、产业、资本资源要素汇集，相互展示、自由流动、创新协同的外向开放型城市；另一方面，推动实现山、林、田、草、湿等自然环境要素与港、产、城、科等社会经济发展要素协调共生，形成有机融合的美丽湾区与美丽城市。

一、实现港产城科空间融合发展

实现环新英湾港产城科一体化发展，需要明确“港”的目标、“产”的规模、“城”的布局、“科”的路径，在环新英湾资源要素协同配置的基础上实现港产城科空间融合发展。

（一）明确“港”的目标

以打造融集装箱中转运输，大宗能源、原材料和产成品储运、交易服务为一体并具有保税、加工、商贸、旅游等多种功能的、绿色智慧的现代化综合性港口为目标，到 2035 年集装箱吞吐量达到 1200 万吨，货运吞吐量达到 3.6 亿吨。③ 洋浦港区主要为洋浦经济开发区和陆海贸易新通道沿线物资中转运输服务，以发展集装箱运输为主，从集装箱支线运输起步，着力开辟外贸干线运输，同时发展环北部湾地区的集装箱中转基地港区。神头港区主要为

---

① 《环新英湾地区国土空间规划（2021—2035）》。

② 共生城市：瑞典对于生态城市概念的一种表达方式，各种各样的城市“节点”相互交织构成整体，各城市节点通过“紧凑型混合使用”而组成的合理城市结构即为“共生城市”。

③ 《环新英湾地区国土空间规划（2021—2035）》。

临港工业服务，以大宗散货中转运输为主，逐步发展成为大型能源物资仓储中转基地，其中神北一港池，作为备用公用码头，未来将助力一线临港产业向陆上纵向延伸。

（二）明确“产”的规模

打造“361”产业体系，形成3个千亿级业态集群、6个超百亿战略性新兴产业集群和1个科教产业集群。[①] 新英湾南北两岸分别沿产业和贸易服务两条轴线进行空间拓展，构筑环湾一体化发展的空间逻辑，打造功能复合多元的湾区城市。在新英湾北岸，由洋浦至木棠形成以港航物流、石化新材料、健康食品加工、高端旅游消费品制造、智能装备制造、新能源产业等为主导的格局，打造集航运服务、生产研发、技术培训、企业孵化于一体的综合生产型湾区。在新英湾南岸，由海花岛、白马井新城至新州、中和等地形成以现代服务业为主导，集旅游、文娱、商贸、科研、数字经济于一体的生态花园城市。同时北部依托洋浦东部生活区与木棠生活区的开发，弥补城市生活功能的不足，南部依托儋州现有产业资源，重点发展王五产业园，弥补南部产业功能的缺失，基于南北两岸产业互动、相辅相成，推动环新英湾地区的整体发展。

（三）明确“城”的布局

考虑石化产业的安全风险与心理影响，适当减少洋浦居住生活功能，加强白马井新城、木棠等地区的居住配套服务供给与交通连接，环湾一体构建多主体供给、多渠道保障、多层次需求适应的住房供应保障体系，支持环湾产业发展。

未来洋浦提供的就业岗位包括石油炼化、高端制造、港航物流、航运贸易以及生活服务等五大类，最大群体为产业工人及其生活配套人员，因此需要在洋浦、木棠提供较大比例公共租赁住房，满足交通敏感型产业工人及其服务人员需求。白马井新城既考虑成本敏感型中等收入群体需求，也配套部分高品质居住区，满足高收入群体需求。依托公共交通走廊节点新建城市服务中心，促进职住平衡，推广建设小街区、低密度、开敞式、有活力的居住社区。提高外来务工人员、新就业和从事公共服务行业人员生活服务水平，加强对公共服务行业、高新科技及其他紧缺行业就业职工的过渡性住房保障。在新州镇、中和镇预留部分高品质生活居住空间，以吸引

---

① 详见本书第四章第二节。

未来高端人才。

专栏 4-2 国内外新城新区建设经验案例分析

一、荷兰鹿特丹

荷兰鹿特丹十分重视城市形象的设计。鹿特丹作为多元文化汇集的城市，现代化的桥梁、立体方块屋、博物馆公园令它有着时尚和创新魅力，成为城市时尚的名片。同时，鹿特丹又十分注重保护传统建筑。虽然在第二次世界大战中，德国人炸毁了鹿特丹市中心，破坏了许多城市中心的老建筑物，但是在战后，鹿特丹市政府每年花费大量资金对二战破坏的旧城开展重建工作，对旧城区的古老房屋按照保护文物古迹的要求，注意保持其原有建筑风格，使鹿特丹成为传统与现代交融的欧洲门户。

二、德国汉堡

德国汉堡在城市建设中十分重视满足人的需求。在汉堡港口新城的建设中，汉堡市政府从规划层面避免将港口新城建设成为功能单一的产业园区，着力打造一座宜居宜业的都市新区。明确提出港口新城内 2/3 的建设项目必须满足办公、居住和公众使用 3 个功能。并且港口新城对区内的每座建筑都提出功能融合的具体要求，即每一座独立的建筑都必须具备办公、住宅和对外营业的餐厅、商店、休闲娱乐场所等公共开放空间，以便将办公场所和居住区域融合在一起，使每座建筑都成为一个功能完善的小社区。

三、苏州工业园区

苏州工业园区在充分借鉴新加坡建设经验的基础上，实行一次规划、分步实施的建设策略。园区实行依法从严的规划管理原则，所有投资商必须服从规划。建立专家依法治区的规划管理体制，以政府批准的规划为法规，授权规划师分级管理，行政部门只处理违规申请和上诉案例，确保园区规划一张蓝图建设到底。园区基础设施建设遵循“先规划、后建设，先地下、后地上”的科学建设程序，按照通道路、通电、通自来水、通排水、通污水、通电信、通燃气、通热力、通有线电视，平整土地等“九通一平”的高标准、高起点、高质量全面铺开。

资料来源：本书编写组整理

（四）明确“科”的路径

围绕航运服务、油气化工、热带农业等领域，力争引进国家级科研平台、境外高校独立办学。在白马井新城打造科教人才与机构聚集的大学城，围绕洋浦打造中外合作科创园，创建高质量的产业创新孵化平台。在洋浦东部生活区北部打造一处科创园，建设国际产业孵化器、众创空间以及中试基地。加强洋浦与国际、国内产业园区协作，积极推动洋浦国际离岸创新创业试验区，打造国际化创新创业平台，吸引国际人才开展创新创业，推进国内外产业科技在洋浦测试转化，结合木棠工业园等产业载体建立知识转化与产业孵化基地，逐步推进“产—教—研—用”产业生态。

二、建设高效可靠的城市支撑体系①

（一）建设多式协同对外交通联系

机场方面，中远期形成以儋州机场为“1 主”，金林通用机场、西庆通用机场、王五通用机场为“3 辅”的航空运输体系，构建“1+3”区域机场格局。洋浦、木棠等环湾北部片区依托疏港高速与儋州机场实现直达，白马井、白马井新城、中和镇、新州镇等环湾南部及东部片区依托高速西通道、环岛高速、疏港高速与儋州机场实现直达，环新英湾主要地区至儋州机场实现半小时通达。

港口方面，推动洋浦港提级扩能改造，加快建设洋浦国际集装箱枢纽工程、小铲滩北港池、滚装码头、公共危险品码头及配套航道、锚地等，提升洋浦港作业能力。神头港预留铁路货运支线引入条件，形成以洋浦港区为核心、神头港区为补充的格局。开展区域港口协作，以洋浦港为核心，与东方八所港、临高金牌港形成“三港联动”，提升港口发展潜力。

铁路公路方面，推进客货两用疏港铁路建设，实现洋浦融入全岛铁路运输网络。预留高速公路西通道，构筑地区高速环线，实现洋浦全面接入高速公路网，改善通达效率。

枢纽体系方面，推动构建“2 主、2 辅、多点”对外枢纽体系和“1 主、3 辅”货运枢纽体系。客运枢纽体系中“2 主”为白马井站综合客运枢纽和海花岛国际邮轮港综合客运枢纽，“3 辅”为白马井新城、洋浦、白马井新城（远景）客运枢纽，“多点”为结合王五、中和、峨蔓、木棠公交枢纽站建设

---

① 《环新英湾地区国土空间规划（2021—2035）》。

乡镇级客运枢纽。货运枢纽体系中“1 主”为洋浦国家物流枢纽（公铁），包括小铲滩港区和神头港区，“3 辅”为木棠、白马井新城和王五综合物流枢纽（公路）。

（二）完善环湾内部交通系统

总体形成双环、三跨湾、组团格网式环湾骨架路网，推广“小街区、密路网”城市道路模式。“双环”包括外湾高速环（疏港高速公路—洋浦大道—高速西通道）、内湾快速环（S308/北部湾大道—S315/环湾快速干道），“三跨湾”包括高速西通道、洋浦大桥、跨海通道一。各片区形成格网式路网布局，相邻片区间均有 2 条以上交通性干路。

客运交通方面，以服务居民跨湾通勤、区内通勤、社区生活、旅游出行等多元出行诉求为出发点，形成“中运量公交为骨干，常规公交为主体，特色公交（旅游公交、水上巴士）为补充”的多层级、多方式协调发展一体化公交网络架构，提供差异化、多元化、特色化公交服务。

货运交通方面，围绕公、铁、水构建“一枢纽三中心”对外货运系统，完善主次分明的对外货运通道。“一枢纽”为小铲滩集装箱码头，“三中心”为小铲滩物流园区、西部石化物流园区、神头物流园区。

停车系统方面，由于已建老城区用地较为紧张，停车需求主要通过公共停车场来满足。新城处于开发建设初、中期，用地政策相对宽松，未来停车需求可通过配建停车场及适量公共停车场满足，加强海花岛等重点地区停车设施供给。

（三）建成绿色可靠的市政基础设施

推动各类新兴技术在城市建设当中有效应用，以节水、低碳、循环、智慧为主要目标，构建绿色、高效、智能、低碳的城市市政设施体系。

建立安全优质的供水保障体系。构建多源互补、环网连通的供水体系；强化湾区水资源的优化配置和循环利用，加强水源地保护，充分保障地区供水安全和稳定性。

完善污水处理系统建设海绵城市。加强全域污水管网建设、提高再生水综合利用水平；高标准收集处理工业污水，在生态承载范围内探索污水深海排放；完善雨水治理，建设海绵城市。

建立智慧可靠的供电联网体系。建立覆盖城乡的智能、高效、绿色、可靠的供电体系；加强风能、潮汐能等清洁能源应用，提升清洁能源应用比例。

形成多源互补的燃气供应体系。依托中海油 LNG 站与环岛天然管网，采用以燃气为主、液化天然气为补充和调节的供气结构，形成多源互补、供需平衡、结构合理的环状供气网络格局。

构建智慧畅达的通信设施体系。加快推进5G网络建设，全面建成覆盖湾区的新一代通信网络体系；依托洋浦智慧港、白马井新城智慧旅游岛，积极协同开展新型通信网络的综合应用示范。

打造循环利用的环卫设施体系。以创建国家卫生城市为目标，全面实施垃圾源头分类管理和减量化，搭建城乡资源分类回收利用网络，健全固废分类投放、收集、运输、处理体系。

（四）构建面向未来的智慧城市系统①

高水平谋划环新英湾地区新型智慧城市建设，构建面向未来的智慧型湾区。大力发展网络通信基础设施，提升数字政务基础，打造精细治理社区，推动港、产、城、科智慧化发展。

推动智慧港口建设。开展洋浦港5G智慧港口试点建设，基于北斗、GIS技术开展船舶和车辆联网联运应用，打造基于数字孪生的智能化港口码头。持续推进码头自动化、智能化，将新一代信息技术全面融入洋浦港生产、管理和服务全过程，提升港口物流产业数字化发展。

推进主导产业数字化。聚焦新动能引育和传统产业转型升级，推动数字化技术、商品与服务向制造产业渗透融合，推动高新技术产业、生产性服务业、热带高效农业、文化旅游业等产业数字化发展，实现数字经济与实体经济融合发展。

提升智慧赋能科技创新能力。实施创新驱动战略，打造环新英湾地区政府引导、企业主体、校院协作、社会参与的国际化产学研用协同创新研发中心。构建科创大数据平台、共性科技赋能平台，深化城市数据资源治理与开放，构建新型医疗科技体系，加快形成充满活力、富有效率的技术创新体系。建设湾区共性技术平台，以科技创新、新型智慧城市需求为牵引，打造环新英湾人工智能算法服务平台、区块链支撑服务平台、视频资源共享服务平台等，强化向下统接基础设施、向上驱动行业应用的技术平台建设，全面赋能城市各领域业务应用创新，助力科技创新、产业发展、市域治理与惠民服务高速发展。

谋划“智慧+”多维度应用场景。推进智慧城镇、智慧园区、智慧社区建

---

① 海南省发展和改革委员会《环新英湾地区智慧城市专题研究报告》。

设，率先在环新英湾地区开展智慧城镇示范工程，“以点带面”推进形成新型智慧城镇高质量发展经验做法，为全岛推进智慧城镇发展提供湾区样本。

加快智慧交通、智慧环保、智慧韧性建设。统筹推动路侧及其附属设施智能化改造，提升“人、车、路”数据采集与协同联动能力，打造新英湾智慧交通服务管理系统。深化环境大数据关联分析、精准预测、溯源分析等应用，提升大气污染防治、水环境治理、土壤污染防治、危险废物管理等业务智能化水平，加强智慧环保的生态环境建设。通过远程即时通信、生物识别、人员轨迹跟踪定位、访客数据分析等模块，构建园区内分区域、分层级的安全防控策略，尤其加强危险化工及涉密场所的安全防控，推进智慧韧性能力建设。

三、做好远近结合分期建设[①]

按照环新英湾“三年成势、五年成型、十年成城”建设发展目标，实施前期建设带动后期开发的分期滚动开发建设策略，制订环新英湾地区近期、中期、远期开发建设计划。

（一）2022—2025 年

按照“七通一平”[②] 标准，高起点开展环新英湾地区基础设施建设，建设主要道路及电力、通信、供水、煤气等管网，尽快形成新城网架。积极推进新城行政中心建设，积极研究市级行政中心入驻，带动新城新区开发建设，促进新城建设全面启动。开展全球招商活动，吸引全球优质企业、项目落户环新英湾地区。到 2025 年，环新英湾地区港产城科融合发展格局雏形初现，公共服务水平显著提升，营商环境保持全省第一、国内领先，生态宜居水平大幅提高，基本实现区域基础设施一体化，加快建设西部陆海新通道航运枢纽和海南自贸港西部地区现代化产业中心。

（二）2026—2030 年

持续推进基础设施建设，完善火车站、汽车站、公交车站、文化中心、体育中心等大型公共服务设施配套建设，持续开展重点中小学、幼儿园、一级医疗机构、文化艺术、科学场馆等公共服务设施建设。推进金融商贸区、住宅区建设，布局落地金融、商贸、购物中心、超市、建材市场、批发市场

---

① 《环新英湾地区国土空间规划（2021—2035）》。

② “七通一平”：指通道路、通电、通自来水、通排水、通污水、通电信、通燃气，平整土地。

等服务设施。完成景观带、绿化带等园林绿化工程及广场、公园建设工程。持续吸引全球企业落户环新英湾地区，兴建企业总部大楼、精品商务楼、中高档住宅等。到2030年，环新英湾地区实现参与国际分工、集聚全球资源的发展目标，整体竞争力大幅提高，生态环境、营商环境、人居环境达到国际一流水平，集聚辐射带动作用更加凸显，成为海南自贸港的重要增长极。

（三）2031—2040年

再经过十年努力，环新英湾地区基本建成国际化滨海产业新城，深度融入全球经贸体系和产业链供应链体系，成为具有一定国际影响力和话语权的全球开放型城市、世界一流品质的生态城市和精品旅游目的地，基本成为代表中国对外国开放最高形态的“全球共生城市”。

专栏4-3　启动新区新城建设引爆点的典型路径方法

一、院校搬迁带动新区新城建设

建设大学城、职教城、教育中心，发展国际化高等教育、职业教育，延伸创新研发、创业谷，如广州大学城、上海松江大学城、海口桂林洋。

二、高科技中心、双创中心带动新区新城建设

在低碳、新能源、生物医药、新材料、热带农业等领域建设科技新城，具备自贸港国际化属性，如上海张江、东京筑波。

三、行政中心、总部中心带动新区新城建设

承接政府搬迁、企业总部搬迁，发展总部经济、现代服务业和城市服务，如通州区承接北京市政府、天心区承接湖南省政府、雄安新区承接央企总部。

四、物流中心、生产资料交易中心带动新区新城建设

建设家具、建材、汽车4S、通航飞机4S、食品、中央厨房等流通集散中心，如上海南汇。

五、文化演艺中心、体育中心带动新区新城建设

发展公共文化、演艺、体育赛事、三馆中心等，集聚文化创意、体育、博物展览、现代服务业等产业。

六、会议会展中心、城市会客厅带动新区新城建设

发展会展、文创、总部、培训、咨询设计等产业，如上海青浦区国家会展中心（进博会）、重庆渝北区两江悦来国际会议中心。

七、产业承接地、都市配套中心带动新区新城建设

承接成熟园区、主城区产业“腾笼换鸟”，帮助传统产业腾挪空间实现转型升级，如东莞承接深圳产业溢出。

八、近郊购物中心、休闲中心带动新区新城建设

发展商贸、酒店、文化、旅游、体育、康养度假等，如天津武清奥莱小镇、珠海长隆度假区、上海崇明岛。

九、安居型住房（旧城改造）带动新区新城建设

建设安居型商品住房，做好城市服务功能配套，引入产业园做好职住平衡，防止出现“睡城”，通过政策引导人口向新城集中。

资料来源：本书编写组整理

第四节 建设新英湾科技城

科技创新是支撑和引领区域经济高质量发展的第一动力。在港产城融合发展基础上，海南省要求环新英湾不断提升科创能力，以科技创新为核心驱动力推动港产城一体化发展，形成港产城科“四箭齐发”[①] 的高质量发展格局。

把儋州洋浦放在北部湾城市群和国内部分港口城市中进行横向比较评价。[②] 在北部湾城市群的创新支撑力评价中，洋浦位列第 1 位、儋州位列第 5 位，由于洋浦具有产业园区的特殊性，产业和创新要素高度集中，研究与试验发展（R&D）经费投入强度较大、万人发明专利拥有量高，虽然按照比率指标测算评价位列第 1 位，但不代表绝对实力领先。在国内 8 个港口城市横向比较中，在儋州洋浦合并评价情景下，研发经费支出为 2.62 亿元，仅高于北海市，研究与试验发展经费投入强度为 0.31%，远低于全国 2.44%的平均强度；[③] 在儋州洋浦港产城融合障碍因子分析中，研发投入强度因子的障碍度

① 冯飞在儋州宣讲党的二十大精神［N/OL］. 海南广播电视总台，（2022-11-30）［2023-02-22］. https：//mp. weixin. qq. com/s？ src=11&timestamp=1677124219&ver=4367&signature=MA2y04R47tzoL1TwyxTM2wNhIaEKUtcIvEo79IUklNCVrpF0wItCtiteDPv969L8IHXQuwyDZj7O * i3LHvkkBX5XkDnhvHocViNwSkJPHA8OQLygZxPRXEBAjij3P0PF&new=1.

② 详见本书第四章第一节、第二节。

③ 国家统计局 .《2021 年全国科技经济投入统计公报》，2022 年 8 月 31 日。

在19个因子中排在第8位，是港产城融合发展道路上比较显著的障碍因子（见图4-4）。

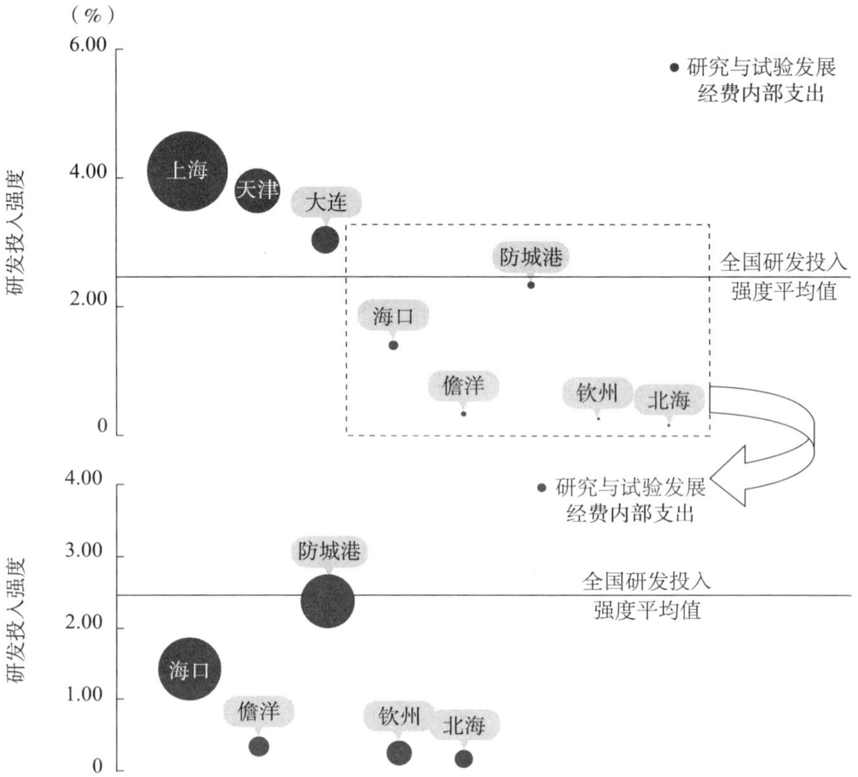

图4-4　2021年8个港口城市研究与试验发展经费投入强度比较

图片来源：本书编写组整理

儋州洋浦作为海南自贸港第三极，与海口、三亚相比，在高新技术企业数量、科研平台数量、高校和科研院所数量、创新型中小企业数量方面都存在十分明显的差距。一方面表明儋州洋浦科技创新发展水平不高，另一方面则表明科技创新对儋州洋浦经济社会发展的重大推动力量还没有被挖掘出来，通过大力提升科技创新实力，儋州洋浦地区综合竞争力将迈上更高的台阶、进入更高的发展阶段。

与三亚崖州湾科技城相比，环新英湾在产业发展基础方面优势突出，应更加注重创新成果落地转化，从科技创新出发培育出更多现代产业（见表4-2、表4-3）。

表 4-2　儋州洋浦科技创新重点要素与海口、三亚对比

地区	高新技术企业	科研平台	高校和科研院所	创新型中小企业（第一批）
儋州洋浦	68 家	1 家院士工作站	1 所高校、1 所科研院所	9 家
海口	965 家	1 个国家重点实验室、90 多个省级院士创新平台	13 所高校、5 所本科院校、1 所科研院所	94 家
三亚	超过 200 家	18 家科研机构、8 个院士团队创新平台（崖州湾科技城）	12 所高校院所（崖州湾科技城）	44 家

资料来源：本书编写组整理

表 4-3　儋州新英湾与三亚崖州湾科技创新发展要素对比

创新发展要素	儋州新英湾	三亚崖州湾	对环新英湾的启示
国家重大科技战略	☆	☆☆☆	既要面向国家科技战略需求，又要考虑产业发展的可持续
产业发展基础和环境	☆☆☆	☆	新英湾产业基础更好，要放大其基础优势效应
科技创新战略定位	☆	☆☆☆	创新定位符合区域实际需求，做有用的创新
区域管理机制体制	☆☆	☆☆	要更高效、更市场化
创新要素稀缺性独特性	☆☆	☆☆☆	充分发挥海南资源优势，如拥有发展橡胶精深加工、新能源等资源的先天条件
国家和省级投入力度	☆	☆☆☆	上级财政支持力度相对崖州湾要弱，因此要更加市场化、可持续
海南自贸港政策先行先试	☆☆☆	☆	先行先试，利用好，走在前，形成示范

资料来源：本书编写组整理

注：☆越多表明条件越突出或是需求程度越高

一、构建“1+8+N”科技创新体系

近年来，全国科教资源相对不足的城市通过大力引进“大院大所”，建设科技创新大载体、大平台，补强城市“科教短板”，借助创新平台的虹吸效应，吸引技术、企业、产业落地，推动产业转型升级。广州市南沙区、三亚崖州湾科技城等都是通过建设大型科技创新载体来推动更多创新资源加速集聚。借鉴先进地区成熟发展经验，结合环新英湾地区发展基础，提出构建以新英湾科技城为核心载体的“1+8+N”科技创新体系。

（一）建设1个核心载体——新英湾科技城

立足港产城科融合发展，紧紧围绕环新英湾地区产业发展需求，借鉴三亚崖州湾科技城及其他先进地区科技创新发展经验，谋划建设新英湾科技城。以重点产业前沿技术和共性关键技术的研发供给、转移扩散和产业化为重点，集聚高校、科研院所、科技企业、科技人才等创新资源要素，建设公共实验室、技术创新中心、科技成果转移转化中心等创新平台，谋划建设国家级科技创新基地，打造海南省西部地区科创资源集聚高地，高水平推进区域产业高质量创新发展。

新英湾科技城建设由儋州市政府和儋州市委环湾办主导，积极争取上级支持，充分发挥国资平台作用，创新基金、债券等多元融资方式，探索引入央企合作等开发模式，同时支持中国热带农业科学院、海南大学本地机构在科技城建设中发挥更大作用。

（二）聚焦8个重点产业打造创新产业链

基于环新英湾地区“361”产业体系，立足海陆区位优势和产业基础，兼顾释放自贸港优惠政策红利和顺应技术创新发展趋势，将科技创新的重点放在新能源、石化新材料、高端健康食品、热带特色高效农业、航空轮胎、生物制造、再制造、风电装备制造等8个新兴产业领域，持续推进核心技术攻关和科技成果转移转化，打造科技创新产业链。

引入“链长制”，每个产业设置一个“链长”和一个“链主”。由市级领导、市委环湾办主要领导牵头担任“链长”，负责落实产业链招商和培育的具体推动、协调和服务工作。引进或培育行业领军企业作为“链主”，负责协助编制产业链全景图、招商引资方案，撮合上下游企业合作，吸引上下游产业落地环新英湾。建立“七个一”产业链培育机制，成立一个由市领导牵头的推进专班，制定一个产业创新发展规划，出台一个产业扶持政策，引进一家大院大所，引进一批产业链企业，搭建一个共性技术创新平台，设立一支产业投资基金，精准高效推动新兴产业在环新英湾集聚创新发展。

（三）引进N个科技创新机构和团队开展创新合作

围绕重点创新产业，积极引进各类科技研发机构和创新团队，形成新英湾科技城创新的核心力量。重点引进与环新英湾地区产业科技创新方向高度契合的国内外科研院所、高校在环新英湾地区设立整建制科研机构或分支机构，设立“研究院+研究生院”，开展“产学研”合作。鼓励、支持企业独立或联合高校、科研院所共建企业研发机构。创新管理体制机制，发展投资主体多元化、运行机制市场化、管理机制现代化、用人机制灵活化的新型研发机构。积极引进国内外院士创新团队在环新英湾设立院士工作站，充分发挥院士在推动创新发展中的重要作用。

二、建立企业创新主体梯度引进培育机制

（一）建立企业为主体的科技创新体系

建立“企业孵化—科技型中小企业—高新技术企业—瞪羚企业—独角兽企业—上市企业”梯次引进培育机制，构建产学研深度融合的技术创新体系。针对不同梯次企业分别出台相关扶持政策、根据不同企业不同阶段给予精准扶持，分阶段、分层次精准引进和培育。一是探索建立多元化运营主体的众创空间、孵化器等孵化平台，给予包括启动资金、房租补贴等扶持，打造从技术创新、产品实现到产业化实施的孵化生态微环境。二是进一步优化中小企业发展环境，加快引进培育一批专精特新中小企业，鼓励成长型企业做大、做优、做强。三是围绕重点产业领域，加大高新技术企业引进和培育力度，通过研发补贴和金融创新支持高新技术企业加大研发投入，加快成长壮大为规模以上企业。四是加大重点产业领域头部企业、领军企业招引培育力度，加大落地建设和融资支持，充分发挥其产业引领带动作用，促进重点产业链高质量建设和发展。

（二）为企业提供共性技术研发平台和标准厂房

以政府主导，联合相关企业、院校和平台，建设共性技术研发平台，购入共享研发仪器和设备，建设标准厂房，为企业科技研发和产业化生产提供“拎包入住”服务，加速项目落地。引导和鼓励企业及科研单位将自用科技设施设备等科技资源向区域内其他企业开放。

（三）增强国有资本自主创新和引领创新能级

整合区域内现有各类平台公司，做大做强国有投资平台，同时引入国企、央企等开展战略合作。以国有投资平台作为基石投资者，通过设立子公司等形式设立创新创业平台，投资入股产业链龙头企业和重大项目，撬动引入战略投资者跟进参与长期投资，再通过资本市场定向增发、企业回购等形式有序退出并循环再投资，从而形成“国资引领—项目落地—股权退出—循环发展”的闭环。

三、建立完善科技成果转化机制

（一）大力吸引重点产业相关科技成果落地转化

聚焦重点产业领域，积极引进国内外著名的高校、科研院所和科技企业在环新英湾地区共建科技成果转化基地。鼓励企业开展自有或购入科技成果在环新英湾落地转化，对企业引进国内外高等院校、科研院所等技术成果在环新英湾实现转化并取得较好社会和经济效益的项目给予扶持，对以科技成果转化为目的创新创业给予支持。组建成果转化工作专班，常态化登“门”（校门）入“室”（实验室），主动挖掘、捕捉科技成果来环新英湾转化。

（二）积极搭建各类科技创新转化服务平台

依托洋浦科创园建立科技成果转化服务中心、中试熟化平台等，搭建专门为企业开展科技成果转化、高校科研院所成果对接、融入区域创新合作服务新平台，为技术成果转移转化和交易、知识产权运营、科技金融、技术经纪、孵化加速等提供一站式、生态化服务。

（三）创新“揭榜挂帅”等科技成果转化方式

针对重点产业“卡脖子”关键技术需求，定期收集企业重大创新需求或技术难题，设立技术需求项目库，通过网站、新技术新媒体发布，向高校院所、核心技术研发企业精准推送等方式组织发榜。通过搭建平台，连接需求方与供给方，促进科技成果转化。

（四）探索推进科技成果使用处置和收益管理改革

实施赋予科研人员职务科技成果所有权或长期使用权试点，鼓励科研单位“先确权、后转化”，通过分割确权、约定权属比例赋予科研人员科技成果所有权。鼓励企业通过许可、技术转让或作价投资等方式购买科技成果进行产业转化。加大知识产权服务机构培育，促进知识产权服务业发展。积极探索“知识产权+金融”发展模式，开展知识产权质押融资业务，并推出知识产权转让及许可类产品和知识产权证券化产品。

四、建设高水平科技创新人才队伍

（一）实施五大科技创新人才引培工程

把人才作为支撑产业创新发展的第一资源，强化产业、科技、人才

“一体化”推进。根据区域人才现状与未来需求，创新实施五大科技创新人才引培工程，包括科技领军人才集聚工程、青年创新创业团队引进工程、紧缺型科技创新人才培引工程、高技能人才培引工程、科技招商人才培引工程。集聚一批科技领军型人才引领构筑创新发展新高地。吸引优秀青年人才创新创业，激发区域创新活力。外引内培一批产业发展急需的紧缺型创新人才，助力产业创新发展。强化高技能人才引进与培训，加速推动科技创新成果转化为实际生产力。打造专业化的科技招商人才队伍，提高科技招商的服务水平。

（二）营造良好人才发展生态环境

按照“需求在哪里，人才工作的重点就在哪里”的目标，编制出台科技人才集聚政策，按需施策、分类施策。通过建设各类科技创新平台、创业平台，为人才营造良好的科技创新创业环境。创新科技人才评价与人才认定机制，引导和鼓励企业自主人才认定，提升人才评价精准性和人才政策覆盖面。提升城市公共服务配套能力，在科技人才住房、子女教育、医疗等方面给予充分支持。

（三）打造海外人才离岸创新创业基地

依托产业发展基础，在环新英湾地区建设离岸孵化器、海外人才离岸创新基地，打造海南国际离岸创新创业试验区。围绕石化新材料、生物医药、高端食品加工等产业，探索离岸研发、离岸外包、离岸孵化等离岸创新创业新模式。推动境外科技成果在海南自贸港转移转化，鼓励境外科技人才在海南自贸港创新创业，支持跨国公司、境外研发机构在环新英湾地区依法设立研发机构和技术转移中心。

五、新英湾科技城实施路径与场景

（一）定方向：确定氢产业为创新主导，做好顶层设计

一是确定氢产业为儋州市科技创新发展主导产业。以环新英湾地区为重点，以新英湾科技城为载体建设氢产业科创园，以洋浦经济开发区为核心建设制储氢基地，择优选取木棠工业园、王五工业园建设氢装备制造园中园。走出一条资源带应用、应用带研发、研发带制造的科技创新发展之路，把环新英湾打造成为全球一流的氢产业发展示范区，建设面向未来的“氢能社会”。

专栏 4-4　儋州市环新英湾地区发展氢产业的基础优势

一、海南大力发展绿电制绿氢是必行之路

海南绿电资源丰富、氢应用场景多元、制氢用氢空间耦合度高、开放和制度优势突出，在建设国家生态文明试验区、争做碳达峰碳中和工作“优等生”以及2030年禁售燃油汽车等目标指引下，利用充足的海上风电大力发展绿电制绿氢是一条必行之路。

二、环新英湾拥有全岛最具潜力的氢能社会发展前景

环新英湾聚合了一流的氢产业链发展资源，氢产业要素组合之齐备国内少有。

在风电端，南海拥有丰富的海上风电资源，可以媲美内蒙古自治区、新疆维吾尔自治区等地，是大规模制取绿氢的前提。

在制氢端，既有传统石化低成本灰氢资源，也有大规模绿电制绿氢，未来可通过CCUS深海储碳技术实现灰氢变蓝氢。

在储氢、运氢端，石化产业提供了较为齐备的站场、设施、技术和行业监管基础。

在应用端，既有港口、城市、园区、调峰储能、综合能源站等普遍应用场景，也有海水制氢、气电掺氢、海上船舶、深海装备、旅游驿站、离岛等特殊应用场景。

在制造端，良好的自贸港制度设计、港航物流条件能够吸引国内外燃料电池、氢能汽车、氢能装备设备制造等先进制造业。

在研发端，利用自贸港先进政策、完备的产业要素组合能够吸引国内外氢产业链研发机构和创新型企业。

在基金端，利用自贸港先进政策能够吸引国内外氢产业投资基金进入。

在园区端，制造、石化产业园区集聚，可以嫁接中关村、广佛等氢产业园区运营管理团队，打造氢产业“园中园”。

资料来源：本书编写组整理

二是儋州市牵头设立氢产业链工作推进专班，市委环湾办、洋浦管委会、儋州工业园管委会、市发展改革委、市科工信局、市资规局等有关部门作为专班成员。

三是编制《环新英湾氢产业发展规划》，出台《环新英湾促进氢能产业发展扶持办法》，绘制氢能产业链图谱、氢产业集群的企业分布图、技术路线图等（见图 4-5）。

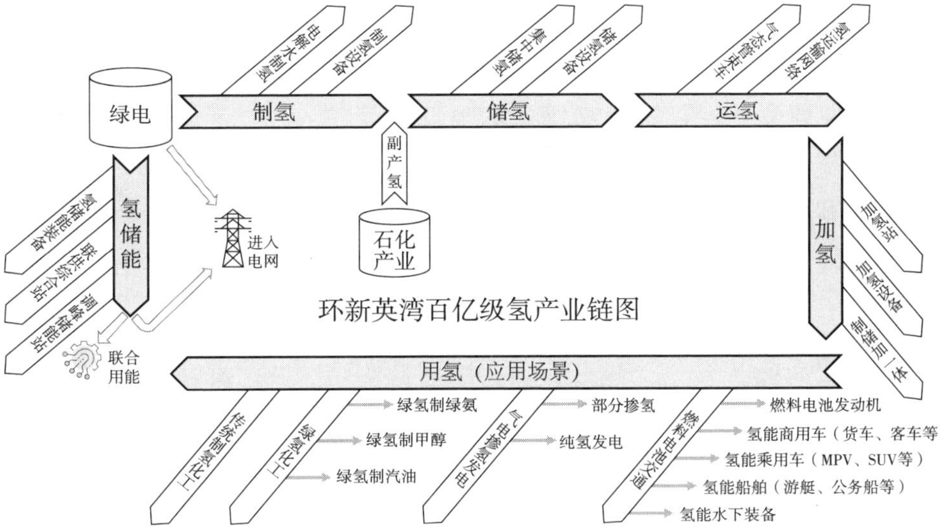

图 4-5　儋州市环新英湾地区氢产业链构建示意图

图片来源：本书编写组整理

（二）引项目：积极对接大所大院大企，导入引擎项目

一是梳理具有行业引领性、关键技术领先性的氢能产业领域大院、大所、大企清单，制订招商计划。

二是主动与氢能技术相关重点大所、大院、大企对接和沟通，做好招商引资谈判。引进一批具有带动作用的大型氢能装备企业或氢产业相关投资项目。

三是研究制定针对意向合作机构的配套支持政策，“一事一议”给予全力支持，促进具有区域产业引领性的氢产业引擎项目落地，形成发展驱动，加速氢产业相关要素集聚。

（三）引院校：实施研究生招生，引入氢能高校院所

一是争取海南研究生专项招生政策落地环新英湾。积极对接引进氢能科学、清洁能源、能源动力及相关专业，以及具有氢能关键技术创新成果的高校、科研院所，协助海南省研究生专项招生指标获批。

二是借鉴三亚崖州湾科技城、海南陵水黎安国际教育创新试验区的发展

经验，采用“大共享+小学院”的模式，由政府建设公共教学楼、图书馆、食堂、师生宿舍等生活配套硬件设施，高校实现“拎包入住”。

（四）建平台：加快创新平台建设，加速项目集聚

一是围绕氢产业科技研发和创新需求，加快建设绿色高效制氢技术工程研究中心、燃料电池关键材料及零部件技术研发中心、氢能储运装备安全实验室等共享研发平台，配置相关研发仪器设备。

二是搭建多元氢能示范应用场景。深入研究氢能应用布局，大力推进加氢站建设和运营管理，开展氢燃料电池汽车示范应用，开展氢能船舶、氢能水下装备、氢能无人机、氢能轨道交通示范应用，积极引导构建多元化氢能应用场景。

三是针对氢产业链上下游不同环节企业的诉求出台针对性政策，针对头部企业制定“一企一策”。出台科技创新、人才引进等政策，优化营商环境，吸引相关科研机构、企业入驻。

四是加快完善产业服务和公共服务设施配套，营造良好科技创新和产业发展氛围，塑造优质生活空间，吸引企业和人才进入。

（五）促转化：持续科技招商加快项目集聚成果转化

一是持续加大科技招商力度，加快产业链上下游市场主体引进，以项目落地集聚促进产业集聚。全链条发展制氢、储氢、运氢、加氢、用氢五大产业环节，积极发展燃料电池发动机、氢能交通装备、氢储能电池、储加氢设备等技术装备制造。

二是加快成果转化。完善科技创新孵化平台建设，鼓励以科技成果转化为目的创业创新，重视种子企业、初创企业的培育和引入。积极对接氢能领域高校、科研单位，主动挖掘、捕捉科技成果来环新英湾转化。

三是建设氢产业标准厂房，提升科技成果转化承载能力，优化科技成果落地转化环境，为企业科技研发和产业化生产提供“拎包入住”服务。

四是设立氢产业发展投资基金，以股权直接投资、投贷并行等方式，撬动社会资本助力氢产业投资项目落地。

（六）成集聚：引领产业集聚，创建省级产业园区

一是坚持向制氢、用氢、氢装备 3 个方向进攻，逐步打造形成百亿级氢产业集群，把环新英湾地区打造成为全球一流的氢产业发展示范区，建设面向未来的“氢能社会”。

二是围绕氢能领域科技和产业发展中的热点问题，举办全国性氢产业会议、会展，打造产业科技合作交流新平台，树立行业地位，扩大影响力。

三是以氢产业为引擎，拉动其他重点新兴产业快速崛起，构建“螺旋式上升”的产业联盟生态链，构建科技创新产业集群。

四是不断创新科技创新制度和政策支持，继续加快产业创新升级、公共服务持续完善、城市建设见成效，打造港产城融合发展新格局。

五是积极创建海南省省级重点产业园区。对标《海南省产业园区暂行管理办法》进行自查自检，优化升级。引入和培育具有成熟产业园区运营经验和良好行业资源整合能力的平台型运管机构，打造专业化、市场化的园区管理运营机制。

专栏 4-5 崖州湾科技城科技创新发展路径

第一步：定方向，确定“深海”“南繁”两大国家战略

(1) 围绕服务壮大国家战略科技力量，聚焦深海、种业，凸显海南无可替代的“海”“陆”两项优势，获得国家、省级层面大力支持。

(2) 借力央企，搭建开发架构。引入招商局集团、中化集团，将其作为科技城开发运营主体，构建“管理局+平台公司”开发架构，借力央地合作，服务科技创新，导入产业资源。

第二步：政策导入，获研究生单列招生资格，真金白银大投入

(1) 采用“大共享+小学院”办学模式，实施海南研究生专项招生。

(2) 财政鼎力支持，真金白银大投入（见专栏表 4-1）。

专栏表 4-1 三亚市崖州湾科技城 2019—2021 年财政支持情况

类型	2019 年	2020 年	2021 年
财政资金（亿元）	—	57	63
完成投资（亿元）	59.48	113.45	173.69

数据来源：本书编写组整理

第三步：机构导入，重在“引智”，夯实科技创新发展基础

(1) 持续引入 12 家顶尖名校及科研院所开展研究生招生，吸引 20 多名院士进入园区开展科学研究、成果转化及应用示范工作，30 家“国字号”和细分领域顶级科研机构陆续入驻。

（2）配套共享设施：园区建设图书馆、公共教学楼、师生宿舍等生活配套设施供入驻高校使用。

（3）搭建共享科研平台：依托各类科研主体，建设深海科技创新公共平台、南繁公共实验平台、共用实验厂房等多个共享科研平台，配置到位3500余台（套）仪器设备，方便企业和团队“拎包入住”。

第四步：产业龙头企业导入，带动科技创新产业转化

（1）聚焦种业和深海，编制产业发展目录精准招商，主抓龙头企业，吸引中船集团、中种集团、德国科沃施等国内外龙头企业入驻。

（2）中国种子集团整体迁入，科技城组建“一企一策”工作小组，建立“统筹协调组+工作组”常态化工作沟通机制，不到一年时间即协助完成办公室场地选取、场地装修、总部南迁等工作。

（3）园区基础和配套设施项目全线上马、全力推进，涵盖教育、医疗、住房、交通、商业等方面。

第五步：创新要素导入，促进成果转化，产业孵化

（1）通过出台产业政策、举办创新创业大赛、优化营商环境、搭建“一站式”服务中心等措施，不断吸引企业投资创业，已累计注册企业7000多家（见专栏图4-1）。

（2）建设产权交易中心、科技成果转移转化中心等平台促进成果转化，通过“揭榜挂帅”、知识产权挂牌交易等促进成果转化。

（3）建立“城小二+企业首席服务专员”服务模式。精准聚焦企业发展共性化问题和个性化需求，为企业提供创新创业、融资对接、培育辅导等“全生命周期服务”。

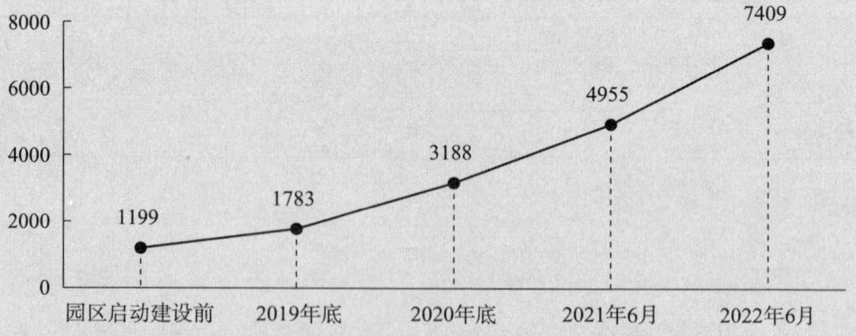

专栏图4-1　三亚市崖州湾科技城累计注册企业数量（单位：家）

图片来源：本书编写组整理

（4）债券融资，园区平台企业取得 AA+主体信用评级，成功发行 6600 万欧元自贸港首单欧元债券。

（5）设立产业基金：设立崖州湾国际南繁科技创新基金、南繁育种产业投资基金。

（6）逐步完善科技城住房、教育、医疗等公共服务，建立多元化住房保障体系和多层级商业服务体系，不断加大园区文体资源供给。

第六步：多产业聚集，形成“螺旋式上升”的产业联盟生态链

以深海科技、种质资源为基础和牵引，拓展生物医药、现代海洋渔业、文化旅游等特色产业，逐步形成“螺旋式上升”的多产业联盟生态链。

第七步：产城融合发展格局基本形成

（1）以深海科技、南繁科技和科教研发为主导的产业体系初见成效，城市建设初步成型，产城融合发展格局基本形成。

（2）全力以赴创建崖州湾国家实验室。

（3）全力打造国家深海科技创新中心、“南繁硅谷”及产学研城深度融合的聚集地。

（4）逐步完善人才发展政策、金融支持政策和科技知识产权综合保护体系，优化营商环境，打造现代化产业服务体系。

资料来源：本书编写组整理

第五章

践行城市 ESG 发展理念，建设环湾绿色生态城市

第一节 儋洋一体推进城市 ESG 发展

一、城市 ESG 发展概况

（一）ESG 和 ESG 理念

ESG 是英文 Environmental（环境）、Social（社会）和 Governance（治理）的缩写，是一种关注企业环境、社会、治理绩效而非财务绩效的投资理念和企业评价标准。① 基于 ESG 评价，投资者可以通过观测企业 ESG 绩效，评估其投资行为和企业（投资对象）在促进经济可持续发展、履行社会责任等方面的贡献。

ESG 投资理念最早起源于伦理投资，20 世纪 90 年代以来责任投资、绿色金融、可持续金融等投资理念兴起。2004 年，联合国环境规划署系统整理了市场上常见的环境议题、社会议题和公司治理方式等，正式提出 ESG 原则。2006 年，联合国支持的责任投资原则组织发布了《责任投资原则》（*Principles for Responsible Investment*，PRI），推动各大投资机构在决策过程中纳入 ESG 原则，并帮助签署方提升可持续投资水平。②

---

① 中国证券投资基金业协会．中国上市公司 ESG 评价体系研究报告［R/OL］．（2022-10-30）［2018-11-10］．https：//www.amac.org.cn/industrydynamics/guoNeiJiaoLiuDongTai/jjhywhjs/esg/202001/t20200120_6471.html.

② 刘均伟，周萧潇，张文琦，王汉锋．ESG 投资系列（1）：ESG 的兴起、现状与展望［R/OL］．（2021-09-06）［2022-10-30］．https：//finance.sina.com.cn/esg/investment/2021-09-07/doc-iktzqtyt4511765.shtml.

2018年，随着中国人民币普通股票（A股）被纳入MSCI① 新兴市场指数和MSCI全球指数，我国签署联合国《责任投资原则》（PRI）的机构不断增多，显著推动了我国ESG发展。当前，我国越来越多的金融机构将ESG理念纳入投资决策和风险管理中，利益相关方对企业的关注逐渐由经济效益向环境、社会责任、公司治理全方位绩效转变，进一步促进我国ESG相关配套政策、产品蓬勃发展。②

（二）城市ESG理念和进展

ESG投资理念在全球范围内引发的关注和热议不断增加，如今已突破最初的投资领域和企业范畴，成为在环境、社会、治理三大维度更为广义的理念和实践导向。随着对居住环境、生活生态质量要求的提高，城市ESG理念应运而生，从环境宜居、社会和谐、城市治理角度表达了对城市可持续发展的思考。③

2021年，加拿大多伦多市发布有史以来第一份环境、社会和治理（ESG）绩效报告。④ 报告概述了该市如何将ESG绩效纳入城市建设，最大范围展示其三年的业绩趋势，以及ESG绩效在建设可持续、有韧性城市中发挥的重要作用。

2022年，日本东京都政府计划在东京湾建造一座高科技、可持续的城区，名为“东京湾eSG＊项目”，采用最新绿色技术建设“世界上首个ESG城市”，计划2050年建成。⑤ 项目报告称，该市所有能源需求最终将由可再生能源满足，包括氢气、风能和飘浮式太阳能发电站，并由智能电网系统管理，该项目还设想了零排放建筑和公共交通体系。

在我国，越来越多的城市在城市论坛、城市双碳目标中提及了ESG理念。2022年，北京举办中国ESG论坛2022——“ESG与双碳战略”，发布《上市

---

① MSCI是Morgan Stanley Capital International的简称，中文名为摩根士丹利资本国际公司（又译明晟），是一家股权、固定资产、对冲基金、股票市场指数的供应商。

② 海南省绿色金融研究院．观点透视：我国ESG发展面临的挑战和建议［R/OL］．（2023-01-01）［2023-02-01］．https：//www. thepaper. cn/newsDetail_ forward_ 21394946.

③ 徐一超．这些年，大城市流行追求一种叫“ESG”的气质［N/OL］．新京报书评周刊，（2023-02-10）［2023-02-18］．https：//www. bjnews. com. cn/detail/1675997400169774. html.

④ 李晔．城市ESG案例研究：多伦多：将ESG绩效纳入城市建设［EB/OL］．第一财经，（2022-07-12）［2023-02-01］．http：//news. sohu. com/a/566447891_ 463913.

⑤ Stefan Ellerbeck. 东京将成为全球首个ESG城市［EB/OL］．（2023-01-28）［2023-02-10］．https：//www. thepaper. cn/newsDetail_ forward_ 21701026.

公司 ESG 评价研究》和《城市可持续发展能力评价研究》;[①] 天津举办“双碳下的 ESG——全国首个省级 ESG 评价指南及成果发布会”;[②] 南京召开“南京 ESG 可持续投资研讨会”。[③]

可以看到，对于城市 ESG，社会各界大多聚焦环境议题，即从碳排、城市绿色发展、可持续发展等方面研究区域发展对策。随着未来双碳任务压力增大，环境议题将在城市 ESG 概念中占据较核心地位。

二、儋洋一体推进城市 ESG 具有积极意义

（一）新英湾建设“全球共生城市”是城市 ESG 具体实践

在我国城市化进程中，人们已意识到经济增长不只是城市发展的唯一追求，促进城市可持续发展、城乡平衡发展等才是城市生活的目标。城市 ESG 主张以一种新的共生关系重构城乡二元结构，把人们对城市发展的关切点从单一维度的经济增长，转向环境宜居、社会和谐、城市治理等更多维度的平衡共生。当下，新型城镇化、社区养老、城市更新、数字孪生城市等议题都与城市 ESG 紧密相关，城市 ESG 理念正逐步被列入规划、付诸实践。新英湾地区作为儋洋一体化的重要核心区域，提出以“全球共生城市”理念为引领，构建自贸港外向开放城市新范式。[④]“全球共生城市”强调新英湾地区自然环境要素要与港产城科社会经济发展要素协调共生，是城市 ESG 理念在儋洋一体化进程中的具体实践。

（二）城市 ESG 理念为儋洋一体化提供可持续发展路径

近年来，我国城市发展理念和实践不断升级，推进实施了海绵城市、低碳城市、智慧城市、适应性城市、韧性城市等一系列工作，这些工作从经济社会、基础设施建设、绿色发展等多层面发力，与城市 ESG 强调从环境、社会、治理三个维度推进城市协同发展的内涵一致。解决好儋州“有城无产”和洋浦“有产无城”问题是儋洋一体化重要任务，需要依赖城市 ESG 理念实现一体化进程中的可持续发展。

---

① 潘福达．首届国家“双碳”战略与 ESG 高峰论坛举办［N/OL］．北京日报，（2022-11-25）［2023-02-10］．https：//news. bjd. com. cn/2022/11/25/10240167. shtml.

② 陆柯．全国首个省级 ESG 评价指南及成果发布，天津市企业 ESG 发展空间巨大［EB/OL］．（2022-04-18）［2023-02-01］．https：//finance. sina. com. cn/roll/2022-04-18/doc-imcwipii5009463. shtml.

③ 曹丽珍．南京 ESG 可持续投资研讨会召开［N/OL］．南京日报，（2022-12-30）［2023-02-10］．http：//njrb. njdaily. cn/h5/html5/2022-12/30/content_ 54_ 70929. htm.

④ 《环新英湾地区国土空间规划（2021—2035）》。

（三）建设自贸港区域中心城市需要 ESG 理念保驾护航

海南省委、省政府提出“三极一带一区”区域发展新格局，[①] 把儋州洋浦打造成为新的增长极，进而成为海南自贸港区域中心城市。为此要求儋州洋浦提升基本公共服务水平，争取城市现代化试点，建设宜居宜业城市；要不断优化生态环境，创建国家生态文明建设示范区；要提升社会治理能力和治理水平，全面推进法治建设，持续推进平安建设等。儋州洋浦建设区域中心城市的内涵与城市 ESG 理念一致，代表了城市建设新高度，是城市 ESG 理念在海南自贸港的落地实践。

三、儋洋一体推进城市 ESG 发展基本要求

（一）“E”：持续推进生态文明建设

在儋洋一体推进城市 ESG 发展中，“E”代表“环境宜居”，可通过推进生态文明建设来逐步实现。

生态环境优良一直是海南的金字招牌，为继续保持这块金字招牌，海南坚定不移走生态立省之路，2015 年就提出加快实施生态环境十大工程。2019 年，中共中央办公厅、国务院办公厅发布《国家生态文明试验区（海南）实施方案》，要求海南进一步发挥生态优势，深入开展生态文明体制改革综合试验，在资源、环境、生态条件好的地方先行先试，为全国生态文明建设积累经验。推动城市“环境宜居”，要不断优化生态环境，严守生态保护红线、环境质量底线、资源利用上线，满足生态环境准入清单的管控要求，确保发展不超载、底线不突破。

（二）“S”：推动经济社会高质量发展

在儋洋一体推进城市 ESG 发展中，“S”代表“社会和谐”，要坚持创新、协调、绿色、开放、共享的新发展理念，以新技术、新模式加快推进产业转型升级，通过发展绿色生产生活方式，推动城市经济社会高质量发展。

经济高质量发展是解决民生问题的物质基础，在稳定就业、收入分配、教育养老等方面发挥着重要作用，同时经济稳步增长也能促进产业转型升级，以科技赋能助企纾困。《海南自由贸易港建设总体方案》提出要高质量、高标准建设自贸港。海南省委、省政府提出，儋洋一体化发展要围绕主导产业，

---

① “三极一带一区”：“三极”指海口经济圈、三亚经济圈、儋洋经济圈；“一带”指滨海城市带；“一区”指中部生态保育区。

持续优化产业布局，打造海南经济高质量发展新的增长极。

（三）“G”：推动建设生态共生城市

在儋洋一体推进城市 ESG 发展中，“G”代表“城市治理”，致力于协调处理城市发展的各种要素，这是一个复杂艰巨的工程，需统筹环境宜居、社会和谐两方面，推动环湾建设生态共生城市。

共生城市是资源能源节约的城市、物质循环利用的城市、遵循生态学原则发展的城市。[①] 它具有功能混合、空间结构紧凑多样、尊重地方文化和自然等特征。由此可见，共生城市是基于共生理念建设的生态城市，也是现代城市可持续发展的必由之路。

第二节　加强生态环境儋洋一体综合治理

一、推进全域生态环境专项整治和综合整治

针对海花岛违建及近海养殖清退等问题，要扎实做好中央生态环境保护督察和国家海洋督察反馈问题整改。儋州要持续深入推进违法建筑整治、城乡环境综合整治、城镇内河（湖）水污染治理、大气污染防治、土壤环境综合治理、林区生态修复和湿地保护等生态环境专项工作。推动制度创新，加快推进海垦西联农场全域土地综合整治试点实施，以试点实施推动全域土地综合整治制度建设，实施城乡土地统一调查、统一规划、统一整治、统一登记，推动土地要素市场化配置。通过开展美丽乡村建设活动、开展“低散乱”行业整治、小城镇环境综合整治、危旧房改造、消除集体经济相对薄弱村等各类专项行动，对田水林路村进行全要素综合整治。

二、加强海岸带生态修复

儋州全域海岸带较曲折，要以海岸带生态系统结构恢复为导向，全面保护自然岸线，严格控制过度捕捞等人为威胁。围绕红树林及周边防护林实施人工种植红树林方案，规划建设红树林苗圃，加强对濒危树种的育苗研究，开展适生区退塘还林还湿恢复和重建工作。适时启动珊瑚礁修复工程，“自然修复为主，人工修复为辅”，将礁体材料与海洋生态环境结合形成利于珊瑚幼

① 仇保兴.“共生”理念与生态城市［J］. 城市规划，2013，37（9）：9-16.

体附着成长的生境，设置珊瑚幼苗培育区，对海花岛周边海域进行珊瑚补种。借鉴文昌通过“陆地人工育苗+海底方格移植”修复海草床经验，促进海洋生物资源恢复和生物多样性保护。合理设计造林密度和种植修复模式推进沿海防护林、基干林带提质增效，提高海岸生态服务功能和防灾减灾能力。

三、持续推进生态资源保护与管理

建立环新英湾地区一级两类自然保护地体系，整合优化各类自然保护地，建立统一管理机构，根据自然资源特征和管理目标实行差别化管理，核心保护区原则上禁止人为活动，一般控制区原则上禁止开发性、生产性建设活动，积极探索特许经营管理、社区参与管理等新模式。推进湿地分级管理，重要湿地纳入生态保护红线，对湿地水环境通过源头消减、过程拦截、末端深度净化实现系统控制，减缓人为因素导致的湿地退化。按照“一河一策”制定北门江、春江等主要河流水生态修复方案，划定与修复河湖生态缓冲带，保护与恢复土著鱼类和水生生物生境。实施生物多样性保护战略，开展区域内野生动植物本底调查，加强珍稀濒危野生动植物保护，结合红树林生态有计划设置鸟巢、食台等，为野生鸟类生存繁衍创造良好条件。

四、多措并举推动减污降碳协同增效

制定儋洋一体碳排放达峰行动方案，打造数字化碳核算、碳管理服务平台，系统收集碳足迹相关数据，探索区域、产业园区、企业减污降碳协同增效有效模式，形成海南自贸港碳评制度创新案例，发挥碳排标尺作用。加强节能减排技术推广应用，以 5G 基站建设、大数据平台为载体推动数字基础设施节能管理，推广高效制冷技术、先进通风技术、余热利用技术、能耗管理系统等。统筹推进沿海和海洋垃圾治理，有效配置机械化作业设备，建立以“机械为主、人工为辅”的海上环卫作业模式，鼓励引入第三方机构协助开展海上环卫工作。全面推进生活垃圾收集处理转运体系建设，实施垃圾“投放—收集—转运—处理”全链条分类处置系统工程，高标准扩建生活垃圾焚烧发电项目，规范生活垃圾焚烧发电厂运营管理，提升生活垃圾无害化处置和资源化利用水平，实现生活垃圾无害化处理。强化农村人居环境治理，制定村规民约、环境整治管理办法、畜禽管理办法等，引导全村严格按照“门前三包”制打扫卫生，根据审批程序规范建房，推行农户小散畜禽集中养殖管理制度。

第三节　推动儋洋互动绿色低碳高质量发展

一、推广清洁能源助力碳达峰

推动洋浦积极发展可再生能源，谋划建设光伏发电、风能发电、生物质发电项目，不断提高非化石能源在能源消费中的比重，进一步推进能源清洁化。坚持分布式与集中式并举，扩大分布式光伏应用范围，推广光伏建筑一体化应用，按照农光互补、渔光互补、林光互补模式有序发展集中式光伏发电，配套建设储能设施。加快推进洋浦海上风电装备制造基地建设，围绕已有的3个海上风电装备制造项目，引进高附加值、低能耗上下游制造企业。依托洋浦化工产业副产品和天然气、太阳能、风能等清洁能源资源，战略性谋划氢能产业发展，建议在洋浦建设氢能充装站，降低氢能利用成本，发展风电制氢、水电制氢和核电制氢等可再生能源制氢，形成绿色、多元化氢能供应体系。

二、全面促进资源节约利用

加强土地资源集约利用，对建设用地规模进行严格管控，着力盘活存量建设用地，提高建设用地利用效率。① 合理统筹土地资源利用方式，加大土地对产业转型的支持力度，集约利用产业用地空间，优先保障优势产业、先进制造业等用地需求。严格控制能源消费总量，实行能源消费总量和强度双控考核，对洋浦重点用能单位实行能效对标，推动企业实施节能技术改造，严格把控新项目能耗标准。推进儋州既有建筑绿色化改造，推行建筑垃圾源头减量，推进工程渣土、工程泥浆、拆除垃圾、工程垃圾、装修垃圾等资源化利用。推动儋州电力需求管理，鼓励用户将年度检修或停产时间转移至夏季用电高峰时段，削减高峰时段用电需求，鼓励用户在负荷低谷、可再生能源高发时间主动投入负荷，促进可再生能源消纳。全面实施节水行动，大力推进农业节水，落实最严格水资源管理制度，实施用水总量和强度双控行动。

---

① 洋浦经济开发区管理委员会．洋浦经济开发区国民经济和社会发展第十四个五年规划和二〇三五年远景目标纲要［S/OL］.（2021-03-02）［2023-01-15］. http：//yangpu. hainan. gov. cn/yangpu/gghjh/202103/63a064ca3f604f868779e8378f6ba6b1. shtml.

三、加快推进产业绿色发展

推动儋洋一体建立产业结构调整负面清单，制定出台落后产能淘汰、能源结构调整优化等相关政策。围绕洋浦重点产业，积极引进石化、纸浆上下游产业项目、工业废物综合利用项目，推进园区发展，增加主导产业关联度，构建石化、造纸产业生态产业链和废物代谢链。鼓励第三方治理模式和体制机制创新，以儋州工业园和重点工程建设为依托，推行环境污染第三方治理和合同环境服务，提升设施运行水平和污染治理效果。推行水肥一体化技术、绿色病虫害防治技术，以生猪养殖为试点开展种养有机结合和粪污综合利用，推进秸秆堆腐还田、秸秆青贮等全量资源化利用。统筹协调生态环保与渔业转型发展，扎实开展禁养区海水养殖清退，系统谋划推进转产转型。

四、普及绿色低碳生活方式

将生态文明教育纳入国民教育、农村夜校、干部培训和企业培训体系，融入社区规范、村规民约、景区守则。强化企业环境主体责任意识，排污企业应依法向社会公开污染物排放相关信息、环境年报和企业社会责任报告。提倡绿色出行，推广“步行+自行车+公交”出行方式，提高公共交通机动化出行分担率，促进小微型客车租赁和自行车互联网租赁规范健康发展。[①] 加强生态环境保护宣传教育，提高居民环保意识，在教育、职业培训等领域探索共享经济发展新模式。引导居民参与低碳、绿色消费，推广绿色政务、绿色商务，形成良好生态文明社会风尚。

第四节　打造新英湾生态共生城市

一、打造具有湾区特点的生态空间格局

从环新英湾地区生态系统整体性出发，统筹推进山、水、林、田、湖、草、海综合治理、系统治理、源头治理，预防为主，防治结合，围绕“碧水”“蓝湾”“绿岸”“景美”的目标，以新英湾为核心，北门江、春江以及峨

---

① 儋州市人民政府．儋州市国民经济和社会发展第十四个五年规划纲要［R/OL］．（2021-11-02）［2022-01-10］．https：//www.danzhou.gov.cn/danzhou/zfxxgkzl/bm/fgw/gkml/202111/t20211102_3085669.html.

蔓—后水湾、白马井—排浦海岸滩涂带为骨架，其他林田、水西干渠为廊道，串联多个重要生态节点，构建“一湾四水五山多廊”① 陆海相接、江海一体、林水相依、林田纵横的生态空间格局。

深化“多规合一”改革，强化用海用地要素保障，推进国土空间用途管制行政审批制度改革，实现土地、海洋等资源要素的合理配置、高效利用。以“多规合一”为引领，持续推进建制镇、产业园区控制性详细规划。进一步优化国土空间开发格局，根据山、水、林、田、湖、草全域全要素管控要求，落实上级规划确定的各项指标，加大存量盘活力度，逐步优化用地结构，增加耕地、林地和湿地面积，提高用地效率。

二、建设新英湾生态共生城市

（一）建设绿色宜居城市

围绕白马井新城，深入推进“无废城市”“海绵城市”建设，持续推进固体废物源头减量和资源化利用，结合实际选用“渗、滞、蓄、净、用、排”等措施进行城市改造，加快打造经济高质量发展与生态环境高水平保护示范样板，建议在白马井新城建设城市运行管理服务等重大平台，实现各类要素数字化、虚拟化、实时可视可控，通过城市管理信息化水平的提升助力城市绿色转型。优化城市空间形态，充分预留城市环湾绿心、滨水绿廊、交通走廊绿化通道空间，构筑城市生态廊道和生态网络，推进编制环新英湾绿地系统专项规划，充分衔接环新英湾国土空间规划，进一步完善园林、城市公园等绿地空间建设要求和植物本土化配置办法。对标上海，建立健全以国家公园、郊野公园（区域公园）、城市公园、地区公园、社区公园、微型（口袋）公园为主体，立体绿化为补充的多层次城乡公园体系，营造多元化市民休闲游憩空间。

（二）推动海陆统筹协调发展

增强地区整体统筹谋划能力，申请将环新英湾地区发展纳入国家重大战略，作为海南自贸港建设的重要支撑，在重大政策制定、产业布局、改革试验、资源要素保障等方面给予支持。针对陆海二元分割明显、多头管理等痛点，建立相关管理部门协调机制，对管理存在交叉的地区明确各方权责。统

---

① 儋州市自然资源和规划局．环新英湾地区国土空间规划（2021—2035）［S/OL］．（2022-12-02）［2023-01-15］．/www. danzhou. gov. cn/danzhou/zfxxgkzl/bm/gtj/gkml/202212/t20221202_ 3322247. html.

筹规划资源开发利用，推动产业协调发展，如在优质岸线增加多元化旅游观光、运动娱乐等配套设施；增强海上交通运输、滨海旅游、海洋牧场等部分海陆产业关联度；加大邮轮游艇产业、海洋能源利用等新兴产业探索步伐等。充分利用近海海域、湿地、海湾、海岛等海洋自然生态本底，适度开展海洋科研检测、科普教育等公益性活动，有序合理开发海洋资源高质量谋划产业项目，推进海洋空间可持续发展。

（三）严守湾区生态绿心

严守陆海生态保护红线，确保红树林、滨海盐沼、河口等陆海连续分布的生态系统或其他自然区域得到完整保护或保留，巩固新英湾及周边湿地等重要生态区。以环新英湾为试点开展生态环境和人类活动本底调查，全面摸清本底状况，核定生态保护红线生态功能基线水平。建立生态保护红线统一监管平台，加强对生态保护红线面积、功能及管理实施情况的监控，发布监测预警。严守“三线”管控要求，完善规划管控技术标准，将生态保护红线、永久基本农田保护线、城镇开发边界划定成果纳入各项规划，制定相应管控措施。进一步强化涉及自然保护地建设项目的准入审查，严格管控涉自然保护地的建设项目。

（四）加强环湾水资源保护和利用

城市发展离不开水源，要坚持以水定城、以水定地、以水定人、以水定产的原则，统筹推进保护水资源、整治水环境、打造水景观等工作。做好水资源安全保障，依托松涛、天角潭、春江等水库，打造一体化、安全稳定、多源互联、丰枯互济的原水供水格局，积极推进洋浦工业再生水利用。加强水生态保护，推进全域河湖水系连通工程，提升水系循环流动与自净能力，加强河湖岸线生态化改造。全方位开展水环境系统治理，优化城市排水体制，整治入河水排污口点源污染问题，构建“源头削减—中途控制—末端治理”的城市面源污染控制体系。立足春江、北门江、排浦江等重点河流，推进建设特色水景观廊道系统，结合市民生活需求打造滨水文化景观，最大化激发水岸空间的综合社会效益，提升城市环境品质。

三、建设绿色低碳循环湾区

（一）推动环湾循环经济发展

引导新英湾地区企业使用无毒无害等环境友好型原料，加强对工业大宗固废的综合利用，构建废旧物资循环利用体系，完善废旧物资回收网络，提升再生资源加工利用水平。鼓励绿色低碳技术研发，围绕海洋污染治理、海洋资源保护、海岸带整治、清洁能源替代、节能减排等关键领域，加强对绿色低碳科技前沿的探索与创新实践，鼓励联合高校、科研机构共同开展碳汇计量、蓝碳资源保护与利用等科学技术研究。着力培育低碳高新技术产业，优化石油化工产业结构，深化芳烃、烯烃、新材料三大产业链，鼓励应用节能新技术、新工艺，减少能耗，降低碳排放，推进石油化工产业“5G+工业互联网”两化融合智能提升改造，加快智能工厂建设，加快建设洋浦绿色新材料基地。

（二）引导湾区能源利用转型

清洁高效利用化石能源。逐步降低煤炭消费比例，合理控制化石能源消费总量。在电力等重点行业中推进煤炭清洁化改造，推进燃煤锅炉、工业炉窑和农副产品加工等“煤改电”“煤改气”。深度挖掘各类机组调峰潜力，大力支持煤电机组灵活性改造。有序发展天然气发电工程，鼓励发展天然气冷热电三联供分布式能源项目，建设分布式天然气综合能源站。

全面提升绿色电力消纳能力。以现代电力能源网络与新一代信息网络为基础，依托数字化、智慧化等先进的前沿技术，不断提高电网数字化、网络化、智能化水平，探索构建具有绿色高效、柔性开放、数字赋能等特征的新型电力系统。探索开展微电网建设，促进微电网、局部电网与大电网协调发展，推动微电网参与大电网的频率或电压调节以及削峰填谷等，扩大储能技术在电力系统中的场景应用。

（三）挖掘环湾生态本底碳汇潜力

挖掘地区蓝碳潜力，开展蓝碳核算与监测技术、增汇方案、投融资机制等研究。落实湿地生态修复工程，推进基于生态系统的海岸带综合管理。充分发掘林业资源碳汇潜力，推动森林资源价值核算试点工作，持续开展国土绿化行动，扩大和优化城乡绿化空间。通过加强森林资源培育，着力增加森林碳储量；改造低质低效老残林，提高林地生产力、森林经营效益和森林碳汇能力。挖掘农业固碳增汇潜力。开展提升耕地质量行动，提升土壤有机碳储量。采取保护性耕作措施，如扩大水田种植面积，实施秸秆还田，施用有机肥，采用轮作制度合理利用土地等，使土壤有机碳库产生显著差别，将农田土壤由碳源转化为碳汇。研发应用增汇型农业技术，分区域、分类型推动农业固碳试点示范项目，提升农业系统碳汇增量。[1]

（四）构建绿色低碳综合交通系统

建立全省全域性绿色、智慧、高效的综合交通运输体系。建设覆盖高速公路服务区、交通枢纽、公交场站、物流中心等公共区域的充电桩与充电站，形成高速公路和城乡充电网络。推进交通清洁能源化，分阶段在公共交通、中短途客运、物流运输、出租车行业、公共事业车辆等领域推广应用新能源和清洁能源车。加速发展货物多式联运，因地制宜推动公铁、公水、空陆等形式多样的多式联运发展，探索多式联运“一单制”。积极推进城市绿色货运配送发展，推动新能源和清洁能源车船在城市轻型物流配送、邮政快递、铁路货场、港口和机场服务等领域应用。引入物流企业加强智慧运行，优化物流路线布局，整合运输资源，提高利用效率，推进系统化节能降碳。继续完善冷链食品可信追溯平台体系，鼓励大型企业建设冷链物流供应链数字平台，提升物流信息服务水平。

---

① 儋州市自然资源和规划局．环新英湾地区国土空间规划（2021—2035）说明书［S］．（2022-12-02）［2023-01-15］．

第六章

提升公共服务增进民生福祉，一体打造海南西部公共服务“五大中心”

2019年初，儋州市委、市政府围绕建设海南西部中心城市战略定位，确立建设海南西部教育、医疗、文体、消费、服务“五大中心”目标任务，[①] 推进城市公共服务硬件设施和软件配套齐头并进。2021年底以来，随着儋州洋浦一体化持续深入推进，在儋州洋浦建设海南高质量发展第三极和海南自贸港区域中心城市、打造海南西部区域发展核心区和主引擎的要求指引下，[②③] 儋州洋浦以“辐射西部、服务自贸港、面向国内国际”为目标，提升教育、医疗、文体、消费、服务等公共服务支撑能力，一体打造海南西部公共服务“五大中心”。

第一节　一体推进海南西部公共服务中心建设

一、满足建设自贸港对公共服务提出的新标准

习近平总书记在庆祝海南建省办经济特区30周年大会上的讲话中指出，“海南要坚持以人民为中心的发展思想，不断满足人民日益增长的美好生活需要。着力提高保障和改善民生水平，不断完善公共服务体系”。[④] 2022年4

---

① 《2019年儋州市政府工作报告》。

② 《中共海南省委　海南省人民政府关于支持儋州洋浦一体化发展的若干意见》（琼发〔2022〕9号）。

③ 《中共海南省委　海南省人民政府关于海南自由贸易港统筹区域协调发展的若干意见》（琼发〔2022〕7号）。

④ 习近平在庆祝海南建省办经济特区30周年大会上的讲话［J］. 海南省人民政府公报，2018（8）：2-8.

月，习近平总书记在海南考察时强调，“海南自由贸易港建设要实施更多有温度的举措，落实更多暖民心的行动，用心用情用力解决好人民群众的急难愁盼问题”。[①]《中共中央　国务院关于支持海南全面深化改革开放的指导意见》对海南公共服务发展提出明确目标：到2025年，公共服务水平和质量达到国内先进水平，基本公共服务均等化基本实现；到2035年，公共服务体系更加健全，人民群众获得感明显增强。

二、达到建设第三极对公共服务提出的新要求

海南省构建“三极一带一区”区域协调发展新格局，对儋州洋浦“第三极”公共服务建设提出明确要求。[②③] 一是教育、医疗、文体、旅游、消费等服务提质升级，统筹布局建设一批优质院校、医院、文体场馆设施，允许以灵活的体制机制引进岛外资源，加快重大项目建设。二是按常住人口规模配置公共资源，推动实现城镇基本公共服务常住人口全覆盖。三是扩大义务教育阶段公办学校学位供给。四是推动儋州建设省级区域医疗中心和区域疾控中心，促进优质医疗资源下沉扩容。五是推进城乡公共文化体育服务体系一体建设，以儋州为中心，打造优秀传统文化、休闲文化和数字文化的展示体验区。六是支持推进那大城区城市更新。儋州洋浦要在一体化发展中逐步落实公共服务建设的相关要求，以优质公共服务辐射惠及西部地区。

三、完成儋洋一体化对公共服务提出的新任务

儋州洋浦一体化要重点解决“儋州有城无产、洋浦有产无城”的突出问题，以环新英湾为重点打造西部区域发展的核心区和主引擎。大幅完善环新英湾地区用地布局与功能配置，推进区域发展由港产园区向产城融合的复合型城市转型，完善基础设施建设，优化公共服务供给，提高城市生活质量，提升城市软实力。公共服务一体化共建共享是儋洋一体化的重要内容和任务，构建高质量高标准的公共服务体系，使公共服务成为儋州洋浦构建一流营商环境、推动产业转型升级、促进招商引资引才的重要助推器。

---

① 习近平在海南考察：解放思想开拓创新团结奋斗攻坚克难　加快建设具有世界影响力的中国特色自由贸易港［N/OL］. 新华社，（2022-04-13）［2023-02-22］. http：//www.gov.cn/xinwen/2022-04/13/content_5685109.htm.

② 《中共海南省委　海南省人民政府关于海南自由贸易港统筹区域协调发展的若干意见》（琼发〔2022〕7号）。

③ 《中共海南省委　海南省人民政府关于支持儋州洋浦一体化发展的若干意见》（琼发〔2022〕9号）。

四、统筹兼顾一体推进公共服务供给配置

一要统筹兼顾对标先进与立足实际。一方面，立足海南自贸港区域中心城市定位，布局国际化、高标准公共服务设施，建设国际友好型社会；另一方面，立足市情实际，紧紧抓住民生底线和薄弱环节，优先补齐基本公共服务短板。

二要统筹兼顾新城建设与城市更新。一方面，以环新英湾地区新城建设为重点，高质量配置教育、医疗、文体、消费等公共服务设施，以高质量公共服务推动新区成型成势、人才产业聚集；另一方面，稳步推进那大镇等镇墟城市更新，推进旧城区、棚户区和老旧小区改造，配套完善养老、托幼、家政等社区服务，改善城镇居住环境。

三要统筹兼顾城乡均衡与城乡有别。一方面，推进基本公共服务制度城乡一体设计、一体实施，推动城乡服务内容和服务标准统一衔接，引导城镇基本公共服务资源向农村延伸，促进城市优质资源向农村辐射，建立全面覆盖、普惠共享、城乡一体的基本公共服务体系；另一方面，根据城乡居民不同需求和生活习惯配置相应设施，在人口流出显著的乡村开展公共服务集中供给试点。

第二节　一体打造海南西部教育中心

一、推动学前教育普惠优质发展

突出学前教育的公益性和普惠性，建立覆盖城乡、布局合理、普惠优质的学前教育公共服务网络。在吸纳就业人口较多的白马井新城、洋浦东部生活区布局公办幼儿园及国际化幼儿园，在人口集聚的城镇地区、学位不足的农村地区建设一批公办幼儿园，开展0~3岁婴幼儿托育服务和早期发展教育。

二、引领西部义务教育优质均衡发展

统筹儋州洋浦中小学校发展布局，重点在白马井、洋浦、海花岛、那大等新增人口集中或学位紧张区域布局中小学校，推进农村学校布局优化和资

源整合。继续实施“一市（县）两校一园”① “好校长”“好教师”② 等优质教育资源引进工程，支持名校以办分校、委托管理、战略合作等方式，引进国内优秀基础教育资源和国际优质教育品牌，建成一批高标准基础教育学校和国际化学校。整合儋州洋浦优质教育资源，推进学区化、集团化办学，构建以区内优质学校为核心校，新建学校和薄弱学校为成员校的教育集团，保障学生就近享有优质教育，推动义务教育优质均衡发展，努力打造海南西部高品质的义务教育品牌。充分发挥西部中心作用，积极与西部其他市县开展教育合作，共享优质教育资源，带动海南西部地区教育综合实力稳步提升。

三、促进高中阶段教育特色多样发展

加强省一级普通高中学校建设，巩固现有省一级高中建设水平。建立优质高中“对口帮扶”薄弱高中制度，支持民办高中引进优质教育资源，提升办学质量，形成办学特色。开展高中教育教学改革，推进建立选课走班教学管理机制，加强学校特色课程建设，开展社会实践、研学旅行、高中学生职业引导和生涯规划教育等活动。探索实施普通高中与职业高中之间适度流转的普职融通制度，鼓励举办附设职教班的综合高中。

第三节　一体打造海南西部医疗中心

一、引入优质资源建设西部医疗中心

主动对接国家区域医疗中心建设输出医院等省外优质医疗资源，探索组建多样化跨省医联体，帮助海南西部中心医院、儋州市人民医院合作共建高水平医院，积极争取儋州市进入国家区域医疗中心建设名单。加大高层次卫生人才引进力度，深入实施“好院长”“好医生”③ “银发精英”④ “妇幼双百”⑤ 等医疗人才引进工作。

---

① “一市（县）两校一园”：每个市县至少引进并办好省级水平优质中学、小学、幼儿园各1所。
② “好校长”“好教师”：在全国范围内引进中小学优秀校长和学科骨干教师。
③ “好院长”“好医生”：在全国范围内引进高素质医疗卫生人才。
④ “银发精英”：聚焦教育、医疗事业发展需要，吸引省外退休高层次人才到海南服务。
⑤ “妇幼双百”：面向全国公开招聘儿科、妇产科医生各100人。

二、提升公共卫生应急管理与处置能力

高标准建设儋州市疾病预防控制中心、儋州市公共卫生紧急救援中心，建成海南西部区域疾控中心和区域级应急物资储备仓库，构建“30分钟应急反应圈”。加强传染病防控救治体系建设，重建市人民医院感染楼，建设相对独立的综合医院传染病区。加强突发公共卫生事件应急防控队伍建设，强化培训演练，提升突发公共卫生事件应急处置能力。优化公共卫生应急物资保障，科学确定公共卫生应急物资储备清单，支持和鼓励企业、机关单位和居民参与储备，形成保障合力。提高以洋浦港为核心的口岸公共卫生风险应急能力，建立卫健、海关、交通等跨部门协作的公共卫生风险联防联控机制，推动创建国内一流、国际先进的“国际卫生港”。

三、完善市、镇、村三级医疗卫生体系[①]

建设以高水平综合医院为核心、专科医院为辅助、基层医疗卫生机构为基础的市、镇（办事处）、村（社区）三级医疗卫生体系。推动组建儋州市城市医疗集团，构建以海南西部中心医院和儋州市人民医院为牵头单位的两大紧密型医联体，形成整合型医疗卫生服务体系。提升医疗服务和保障能力，形成“15分钟城市健康服务圈、30分钟乡村健康服务圈、1小时三级医院服务圈”，实现“小病不进城、大病不出市”。持续推进卫生健康信息化基础设施建设，加快医疗健康与互联网深度融合，推动医院信息化系统升级改造。

第四节　一体打造海南西部文体中心

一、大力擦亮东坡居儋文化名片

东坡文化是海南优秀历史文化中的杰出代表和重要组成部分，是海南自贸港建设的重要文化支撑，也是海南建设文化强省不可或缺的文化软实力。儋州要做好东坡文化保护研究和开发利用工作，挖掘东坡居儋文化内涵，讲好东坡故事，用东坡符号彰显儋州城市文化魅力。一是加强东坡文化研究和传播，着力挖掘东坡文化价值，做强东坡文化节庆品牌，搭建高规格学术研究交流平台，推动高水平传播交流。二是加强东坡历史文化遗存挖掘和保护

① 《儋州市国民经济和社会发展第十四个五年规划纲要》。

工作，通过修复、重建、改建等方式提供更多载体。三是推动东坡文化文旅化、文创化、文博化，升级改造东坡书院，建设东坡文化博物馆，培育一批特色文创品牌。四是鼓励创作一批以东坡文化为题材的优秀剧目、歌曲等。五是推进开展东坡文化进校园、进村社、进书屋活动。

二、做大做强凸显西部特色的文体节庆赛事

持续做大做强“三节两赛”①，扩大影响力，打造印有儋州符号的国际性品牌文化节庆和赛事。依托海花岛、儋州体育中心“一场两馆”②、海南电影学院，引进一批国际化体育赛事、体育训练、会展、文艺演出和影视论坛，把节庆活动和旅游招商、旅游消费、市场营销结合起来，形成节庆旅游品牌效应。继续办好国际象棋特级大师超霸战赛、国际马拉松赛等大型国际赛事，把儋州国际马拉松赛打造为国际品牌赛事。依托环岛旅游公路和环新英湾旅游公路举办环湾马拉松、公路自行车、徒步等赛事。

三、优化完善开放共享的公共文化体育设施

补缺升级儋州市“四馆一院”③，推动儋阳楼对公众开放。利用好海花岛设施资源，积极发展国际会展、特色博物馆、歌剧院、音乐厅、电影艺术中心等文化业态。白马井新规划市级中型图书馆、综合博物馆、公共美术馆、青少年宫、妇女儿童活动中心等文化设施，建设环湾文化体育中心。推动建设洋浦体育主题公园，在洋浦东部生活区形成文体服务设施完善的 15 分钟便民生活圈，完善一批休闲漫步道、体育公园、健身路径、健身中心等公共体育设施。

第五节　一体打造海南西部消费中心

一、以海花岛为引爆点建设“西部旅游黄金圈”

儋州海花岛旅游产业园自 2021 年元旦开业以来，迅速成为海南西线热门

---

① “三节两赛”：“三节”指儋州调声文化节、东坡文化节、海南雪茄文化旅游节；“两赛”指国际马拉松赛、国际象棋特级大师超霸战赛。

② “一场两馆”：体育场、游泳馆、体育馆。

③ “四馆一院”：综合馆、文化馆、图书馆、档案馆、大剧院。

旅游目的地之一。进一步做大做强海花岛旅游消费产业园，推动海花岛旅游产业园全面投入使用，形成西部旅游流量集聚中心。以海花岛为引领，以环岛旅游公路为纽带，整合西部旅游资源，构建以儋州为中心，辐射西部市县的旅游消费产品体系，丰富海南“西游记”体验内容，打造精品化、国际化、多层次的“西部旅游黄金圈”①。

二、争取海南西部第一家离岛免税店开业

海南西部地区尚未设立离岛免税购物商店，儋州市作为海南西部区域中心城市、海南自贸港建设第三极，要加快推动海花岛免税购物商店开业运营，打造西部免税购物天堂。积极探索民营主体参与海南离岛免税经营新模式，创新“免税+文体活动”“免税+酒店”“免税+景区”等融合发展，推动免税行业成为儋州旅游消费优势吸引物（见表 6-1）。

表 6-1　海南自贸港离岛免税购物商店发展情况

序号	所在市县	离岛免税店（开业年份）	经营主体
1	海口市	海口国际免税城（2022）	中免集团
2		海口美兰机场 T1 航站楼免税店（2011）	中免集团
3		海口美兰机场 T2 航站楼免税店（2021）	中免集团
4		海口观澜湖免税城（2021）	深圳免税
5		海口日月广场西区免税店（2019）	中免集团
6		海口全球精品离岛免税店（2021）	海南发展控股
7	三亚市	三亚国际免税城（2014）	中免集团
8		三亚凤凰机场免税店（2020）	中免集团
9		三亚海旅免税城（2020）	海南旅投
10		三亚国际免税购物公园（2020）	中服免税
11	琼海市	琼海博鳌免税城（2019）	中免集团
12	万宁市	万宁王府井国际免税港（2023）	王府井集团

资料来源：本书编写组整理

三、增加优质消费产品和服务供给

发展休闲度假、餐饮娱乐、免税购物、国际邮轮旅游、游艇旅游等消费业态，建设升级旅游度假区、A 级旅游景区、主题公园和椰级乡村旅游点。

① 《儋州市国民经济和社会发展第十四个五年规划纲要》。

那大镇主城区做好传统商圈和夜市步行街建设，打造一批有知名度的夜市和美食街。洋浦丰富东部生活区消费服务供给，加快城市会客厅建设，发展新型国际消费业态中心，探索零关税消费业态发展模式，引入新型消费业态。环新英湾地区适时引入购物中心、度假酒店、特色餐饮、娱乐、文化创意等多元业态。

第六节　一体打造海南西部服务中心

一、做强生产性服务业

重点发展会议会展、服务贸易、现代物流、技术服务和现代金融等现代服务业，打造海南西部服务业发展高地。发展服务贸易，加快布局技术研发、跨境结算、金融等高端生产性服务业。做优离岸贸易，实施全球贸易商计划，建设国内外货源中心和离岸贸易公共服务平台。依托海花岛旅游产业园，完善产业配套设施和服务，积极创建区域性国际会展中心。发展物流仓储、跨境电商、保税维修等业务，加快推动商贸流通等生产性服务业集聚发展，打造区域性的物流配送枢纽。

二、做优生活性服务业

加强公益性、基础性服务业供给，因地制宜优化生活性服务业功能布局，促进城市生活服务品质提升，激活城乡生活服务消费。加强服务标准品牌质量建设，加快构建行业性标杆化服务标准。依托西部家庭服务中心和“儋州月嫂”[①] 劳务品牌，建立家政服务标准体系，提高服务品质，促进家政服务业健康发展。支持发展养老育幼、物业维修等产业。

三、建设三级公共服务中心和15分钟社区生活圈

儋州全市构建城市级、片区级、社区级三级公共服务中心体系[②]，立足区域中心城市功能定位，着重提升教育、医疗、文体、消费、服务“五大中心”公共服务能级。城市级服务中心构建以城区为中心，到周边市县40分钟都市

① “儋州月嫂”：海南西部家庭服务中心大力打造的劳务品牌，也是儋州市政府大力支持的民生项目工程。

② 《儋州市国土空间总体规划（2020—2035）》。

生活圈，实现高等级公共服务设施共建共享。片区级服务中心以各镇（场部）为核心，辐射绿色交通 30 分钟空间范围，重点镇可根据产业特点增加特定设施。社区级服务中心以城乡 15 分钟生活圈为基础，保障全年龄段公共服务，实现城乡公共服务一体化。

环新英湾地区统筹布局国际化的高标准公共服务设施，实现普惠均衡与优质共享，与慢行系统有机衔接，引导形成城镇 15 分钟城镇社区生活圈，提供全龄友好城市服务。① 构建“街道—邻里（居委）”两级社区生活圈体系，对不同片区基层服务设施进行系统规划，明确各级生活圈的服务范围、服务人口及服务等级和职能，营造全面健康开放、环境友好的社区氛围，提升公共服务质量，提高公共设施覆盖率。

四、加大保障性住房建设

构建以安居房、保障性租赁住房、公租房等保障性住房为主体的人才住房保障体系，在产业园区或人才集聚区域打造以公租房、人才公寓为主的人才社区。洋浦东部生活区加快产城融合安居建设，满足洋浦刚性和改善型住房需求。白马井新城在满足大众群体住房需求基础上，配套建设高品质人才居住区和国际人才社区，打造服务环新英湾地区的便利、经济、高品质生活社区。推进那大旧城区、棚户区、老旧小区和国有垦区危房改造工程，改善城镇居民居住环境。

① 《环新英湾地区国土空间规划（2021—2035）》。

第七章

走好城乡融合发展的乡村振兴之路，努力建设宜居宜业和美乡村

党的二十大报告指出："全面建设社会主义现代化国家，最艰巨最繁重的任务仍然在农村。坚持农业农村优先发展，坚持城乡融合发展，畅通城乡要素流动。"2019 年 5 月，习近平总书记在江西考察时指出："城镇化和乡村振兴互促互生。要把乡村振兴起来，把社会主义新农村建设好。"① 阐明了城乡融合发展与乡村振兴的关系，实施乡村振兴战略要着力破解城乡发展不平衡问题，以城乡融合推动乡村振兴。2018 年 4 月 13 日，习近平总书记在庆祝海南建省办经济特区 30 周年大会上强调："海南要强化改革举措系统集成，科学配置各方面资源，加快推进城乡融合发展体制机制。"②

海南省委、省政府支持儋州洋浦建设"城乡融合发展试验区"。③ 当前，儋州洋浦城乡融合发展仍不平衡、不充分，主要表现在城乡间基础设施和基本公共服务差距较大，农村道路、通信、给排水等基础设施仍有短板，城乡间要素双向合理流动机制不健全等方面，制约了乡村振兴发展。要坚持把城乡融合作为儋州洋浦一体化的重要任务和目标，把城乡融合作为促进乡村振兴的重要手段，努力建设宜居宜业的和美乡村。

第一节　城乡融合理论研究

对城乡融合的研究国外最早可以追溯到 19 世纪。马克思、恩格斯以资本

---

① 邓建华．走好城乡融合发展的乡村振兴之路［J］．新湘评论，2023（1）：47.

② 习近平在庆祝海南建省办经济特区 30 周年大会上的讲话［J］．海南省人民政府公报，2018（8）：2-8.

③《中共海南省委　海南省人民政府关于支持儋州洋浦一体化发展的若干意见》（琼发〔2022〕9 号）。

主义社会的发生发展为主线，运用辩证唯物主义和历史唯物主义科学方法，正视资本主义条件下城乡关系尖锐对立的现实矛盾，提出消灭城乡对立是一个历史过程，城乡关系最终将由分离和对立演变为融合和统一的状态，为城乡融合理论研究奠定了基础。[①] 国内对城乡关系的研究在新中国成立初期就已经出现，这期间的主要观点是“优先发展国家重工业，从而一定程度需要抑制农业发展，要求生产资料等优先从乡村调配至城市”。[②] 党的十一届三中全会后，学术界逐步认识到“随着改革开放对经济发展的推动，城市和乡村发展的愈加不平衡、不协调，城市发展越来越快，乡村发展滞后严重，这种城乡差异将阻碍我国的进一步发展”。[③] 近年来，国内对于城乡关系的研究不断深入，有学者提出“必须让生产资料等资源在城乡之间合理分配，经济发展较好的城市帮助乡村发展，消除城乡发展的二元结构，协调城乡发展的步调，平衡城乡发展”。[④]

随着学术界对城乡关系研究的不断深入，融入经济学、地理学、规划学、社会学等多学科理论知识与技术，城乡融合理论研究框架得到了系统性改进。新时代背景下，城乡居民需求不断变化，城乡融合理论研究逐步突破实体场所空间的限制，城乡问题的动态性与网络化特征进一步凸显，从以经济建设为中心逐步转变为以实现人的全面发展为目标，形成二元结构论、人地关系地域系统理论、区域空间结构理论、空间均衡理论、城乡等值化理论、流空间理论等较为完备的理论体系。[⑤]

专栏 7-1　城乡融合相关理论综述

一、二元结构论

20 世纪 50 年代以来，大批研究者对发展中国家城乡二元经济社会结构现象进行了研究，提出了多种二元结构理论，其中荷兰经济学家伯克（J. H. Boeke）提出的二元社会结构理论和美国经济学家刘易斯（W. Arthur Lewis）提出的经济二元结构理论是比较著名的代表性理论。[⑥] 国内

① 李瑞光．国外城乡一体化理论研究综述［J］．现代农业科技，2011（17）：336-338.

② 毕德旭，李玲．城乡一体化背景下的国家教育体制改革：原因、思路、方法［J］．教育学刊，2011（12）：32.

③ 李才．对实现我国城乡一体化战略的思考［J］．安徽农业科学，2009（164）：2758.

④ 徐建华．烟台实现城乡一体化的动力机制及路径选择［J］．环渤海经济瞭望，2012（12）：9.

⑤ 周德，戚佳玲，钟文钰．城乡融合评价研究综述：内涵辨识、理论认知与体系重构［J］．自然资源学报，2021，36（10）：2634-2651.

⑥ 杜漪．构建和谐城乡关系的经济学研究［D］．西南财经大学，2006：22-25.

学界在解读西方理论，尤其是二元结构理论的基础上，结合我国城乡经济发展存在较大差距的现实，进一步丰富和发展了二元结构论，相继提出了城乡二元社会结构论①、城乡双重二元结构论②以及城乡三元结构论③等。

二、人地关系地域系统理论

人地关系地域系统的主要研究内容是在一定条件下形成的各种关系，即人地关系、人与人之间的关系，进而研究在各种关系相互作用下形成的结构，而结构正是各种要素之间相互联系、相互作用的方式。该理论主要源于人地关系研究，国外人地关系研究起源较早，最早可追溯至柏拉图和亚里士多德时期，并衍生出了一系列多学科思想综合的科学命题。国内人地关系研究历史渊源深厚，形成了大量的人地关系思想，进行了大量人地关系理论实证研究。我国地理学家吴传钧院士于1981年提出了“人地关系地域系统”的概念，④学术界以此为起点开展了宏观、中观、微观等不同空间尺度下的应用研究，促进了国家、地区的经济社会发展。⑤

三、区域空间结构理论

区域空间结构理论就是研究区域内各种社会经济活动及其要素分布在空间上的组合特征及演变规律的理论，它是关于农业、工业、第三产业、城镇居民点区位的综合区位理论。⑥目前，该理论主要应用于我国城乡互动发展动力机制研究⑦、区域城乡管理发展态势评价分析⑧、区域城乡融合发展关联水平定量分析⑨以及城乡关联性综合评价⑩等。

---

① 刘纯彬．走出二元——根本改变我国不合理城乡关系的唯一途径［J］．农业经济问题，1988（4）：22-26.

② 章志平，漆明亮．西部多维二元结构：问题与突破［J］．经济论坛，2004（20）.

③ 林刚．关于中国经济的二元结构和三元结构问题［J］．中国经济史研究，2000（03）：38-63.

④ 任启平．人地关系地域系统结构研究——以吉林省为例［D］．东北师范大学，2005：17-18.

⑤ 蒋潞遥．重庆市万州区人地关系地域系统协同发展研究［D］．西南大学，2019：6-7.

⑥ 涂人猛．区域空间结构理论的形成与发展［J］．企业导报，2014（22）：44-47.

⑦ 朱邦耀．基于城乡一体化视角的区域空间结构演化研究——以渝东北地区为例［D］．重庆师范大学，2008：3-4.

⑧ 曾磊，雷军，鲁奇．我国城乡关联度评价指标体系构建及区域比较分析［J］．地理研究，2002，21（6）：763，771.

⑨ 战金艳，鲁奇．中国基础设施与城乡一体化的关联发展［J］．地理学报，2003，58（4）：611-619.

⑩ 罗雅丽，李同升．城乡关联性测度与协调发展研究——以西安市为例［J］．地理与地理信息科学，2005，21（5）：68-71.

四、空间均衡理论

缩小城乡差距，促进城乡均衡发展，实现城乡居民生活质量等值是城乡融合发展的重要目标，也是空间均衡理论的基础。以空间均衡理论为指导思想，建立城乡空间均衡模型，可以用来探索城乡融合发展的过程机理。①

五、城乡等值化理论

该理论的核心内涵是“不同类但等值”②，即承认城乡在多方面存在差距，可以通过多种手段促进要素转移，进一步推动乡村发展，缩小城乡差距，使城乡居民享有同等水平的获得感，促进共同富裕早日实现。

六、流空间理论

“流空间”最早出现在美国学者曼纽尔·卡斯泰尔（Manuel Castells）1989 年出版的著作《信息化城市：信息技术、经济在结构与都市—区域过程》中。③ 在“流空间”要素流动视角定义下，城乡二元结构可转化为同质性的一元结构，④ 可以通过分析人流、物流、资金流、信息流等典型流动特性，揭示城乡融合发展的内在关系。⑤

第二节　城乡融合问题分析

一、资源要素以农村到城市单向流动为主

城乡融合的核心是实现要素在城乡间双向流动。受城乡二元结构体制⑥影响，儋州洋浦的人才、资金、土地等资源要素仍以从乡村向城镇流动集聚为主，乡村发展缺乏要素支撑是城乡发展不平衡、乡村潜力无法充分挖掘的根

① 何仁伟．城乡融合与乡村振兴：理论探讨、机理阐释与实现路径［J］．地理研究，2018，37（11）：2127-2140.

② 李文荣，陈建伟．城乡等值化的理论剖析及实践启示［J］．城市问题，2012，198（1）：22-29.

③ 岑迪．基于“流—空间”视角的珠三角区域空间结构研究［D］．华南理工大学，2014：2-4.

④ 叶超．空间正义与新型城镇化研究的方法论．地理研究，2019，38（1）：146-154.

⑤ 周佳宁，毕雪昊，邹伟．“流空间”视域下淮海经济区城乡融合发展驱动机制［J］．自然资源学报，2020，35（8）：1881-1896.

⑥ 城乡二元结构体制：是中国经济和社会发展中存在的一个严重障碍，主要表现为城乡之间的户籍壁垒，两种不同资源配置制度，以及在城乡户籍壁垒基础上的其他问题。

本原因。在户籍制度方面，户籍不再是限制人口流动的藩篱，但户籍仍然是城乡公共服务分配的重要依据，特别是在保障性住房方面，城乡户籍差异十分明显，同时户籍也是进城农民保留村集体权益的重要凭证。在土地制度方面，儋州洋浦在“三块地”改革①试点中存在农村土地流转服务体系不完善、农民参与土地流转意愿不强、村民违法违规建房、一户多宅及超标准占用宅基地、农村土地进入市场化流转难落地等问题。土地是“三农”② 发展的核心要素，农村土地制度改革存在堵点不畅，阻碍了工商资本下乡，农民也无法增加财产性收入。在金融方面，城乡金融市场发展存在明显差异和阻隔，农村资金外流，城市资金下乡存在政策束缚。

二、农村地区公共服务和基础设施建设不充分

儋州洋浦应大力推进城乡民生工程，基本公共服务向基层延伸，农村义务教育、医疗和基本养老保险实现全覆盖。通过美丽乡村、乡村旅游、乡村振兴强化农村人居环境综合整治，改善农村环境。但是，农村地区公共服务和基础设施建设仍然存在不充分问题，农村基础设施“最后一公里”问题尚未根本解决，道路建设标准偏低，数字建设基础设施薄弱，部分地区网络信息不通畅，教育医疗优质资源少有向农村地区倾斜，拓展脱贫攻坚成果需进一步巩固。

三、农垦和地方融合面临深层次问题

儋州是海南垦地融合发展重点地区，有八一、西庆、蓝洋、西华、西培、红岭、西流、西联、新盈、龙山等 10 个农场。2020 年，儋州全市农垦户籍人口为 13.4 万人，占全市户籍人口的 13.8%。③ 经过多年努力，儋州垦地融合发展取得了一定成效，农垦社会职能已全面移交当地政府实行属地管理。地方政府在原农场社区设“居”，“居”经政府授权、委托或通过购买服务，承担区域内的社会管理和公共服务职能。但仍存在融合不畅的问题，比如，农垦社会职能完成移交，但对应的社会性、公益性资产资源尚未完成移交，功能归属地方但土地归属农垦，人口与土地、土地与“居”之间的遗留问题较为复杂。

① “三块地”改革：农村土地征收、集体经营性建设用地入市、宅基地管理制度改革。

② “三农”：农业、农村、农民。

③ 儋州市统计局，国家统计局儋州调查队．儋州统计年鉴 2022［M］．北京：中国统计出版社，2022.

第三节　城乡融合发展建议

一、稳步推进农村“三块地”改革

一是改革完善农村承包地制度。完善农村承包地“三权分置”制度，在依法保护集体所有权和农户承包使用权前提下，平等保护并进一步放活土地经营权。健全土地流转规范管理制度，强化规模经营管理服务，允许土地经营权入股从事农业产业化经营。鼓励农户采取土地转包、出租、股份合作、代耕代种等多种方式，探索形成更多放活土地经营权的有效机制和办法。探索扶持政策，引导农户长期流转承包地，促进转移就业，鼓励农民在自愿前提下采取互换并地方式解决承包地细碎化问题。

二是持续推进农村宅基地制度改革。加快完成儋州洋浦地区房地一体的宅基地使用权确权登记颁证工作。探索宅基地所有权、资格权、使用权“三权分置”①，落实宅基地集体所有权，保障宅基地农户资格权和农民房屋财产权，适度放活宅基地和农民房屋使用权。鼓励农村集体经济组织及其成员盘活利用闲置宅基地和闲置房屋。

三是出台农村集体经营性建设用地入市制度。支持农村集体经济组织将村庄内零星、分散的集体建设用地先行组织复垦为农用地，将腾挪出的建设用地指标调整到其他适宜地区入市。建立公平合理的集体经营性建设用地入市增值收益分配制度，入市取得的收益，经市、镇政府与村集体商定，可提取一定比例的增值收益调节金，剩余收益归村集体和村民所有，作为村集体经济组织经营性资产追加量化成员股权。

二、持续完善农村地区基础设施

一是完善农村交通基础设施。加大公共交通场站和配套设施建设力度，加快乡村公共交通枢纽站、首末站建设。按照尊重自然、黄土不露天、不过度硬化的要求，继续开展自然村通硬化路、县道升级改造、生命安全防护、农村公路危桥改造、旅游资源路等工程建设。持续推进通村组道路、入户道路建设，并结合道路建设同步建设排水系统。

二是强化农村供水保障。按照轻重缓急原则，对部分集中供水站旧设施

① “三权分置”：指形成农村土地的所有权、承包权、经营权三权分置，经营权流转的格局。

进行技术改造，提高集中供水保障能力；加强人员培训，增强供水人员的社会责任感，提高他们的业务技术水平。结合琼西北供水工程、天角潭水利工程等项目建设，切实做好各镇、村供水设施改造、管网铺设、水质检测中心、设备维保中心、供水客户服务中心等工程项目建设。

三是建设数字乡村。按照业务协同、数据共享、互联畅通的要求，通过建好“一朵云”，画好“一张图”，织好“一张网”，构建儋州市“三个一”数字乡村体系，即建设儋州市农业农村大数据云平台，构建儋州市天地空全域地理信息图，搭建儋州市农业生产、经营、管理、服务和乡村治理数字化应用网。

三、建立健全公共资源共建共享机制

一是畅通农业转移人口市民化机制，辖区农村人口在市区租房居住并缴纳社保满半年或者购买房产即可申请落户，以居住证为载体，实现城镇基本公共服务全覆盖。

二是建立城市人才入乡激励机制，鼓励儋州籍外出的各类人才返乡创业兴业，推动人才入乡创业，允许农村集体经济组织探索人才加入机制。

三是建立城乡教育资源均衡配置机制，实行义务教育学校教师“市管校聘”①、市域内校长教师交流轮岗，实现优质教育资源在城乡间共享。

四是健全乡村医疗卫生服务体系，增加基层医务人员岗位的吸引力，改善乡镇卫生院和村卫生室的条件，促进优质医疗资源在城乡间共享。

五是完善农村养老服务体系。以农村养老服务体制机制改革为契机，依托村级便民服务中心建设村级互助养老点，探索实施农村“互助+流动”养老服务新模式。

四、全面提升农村人居环境

一是扎实推进农村“厕所革命”②。采取单户、联户、多户厕污共治模式，按照基本型、提升型、舒适型三种类型因户改厕。同时，分片区建立农厕服务站，配齐厕具和维修工具，做好日常维护。依托合作社、家庭农场等注册成立清运公司进行管护清运服务，实现粪污资源化利用。

---

① “市管校聘”：指全市教师实行编制统管、人员统配、经费统筹，在学校与教师双向选择的基础上，通过竞聘上岗方式，实现人岗相适、人尽其才，促进教师配置更加优化均衡。

② “厕所革命”：是对发展中国家的厕所进行改造的一项举措，最早由联合国儿童基金会提出，厕所是衡量文明的重要标志，厕所卫生状况直接关系到这些国家人民的健康和环境状况。

二是持续推进农村生活污水治理。按照“因地制宜、区域统筹、经济适用、易于维护”的原则，全市统筹安排、合理布局污水集中处理设施，科学选择处理模式，加强各镇污水处理设施建设，并鼓励以镇为单位，对辖区农村生活污水处理项目进行整体打包，引进技术适宜、信用良好的企业投资建设运营。

三是全域推进绿色村庄建设。充分利用村民住宅房前屋后、进村路、环村路两侧、村庄周边及河边、溪边、渠边、塘边开展绿化工程，形成村庄绿色长廊。结合村庄公共空间和农户庭院环境整治，拆除清理村内废旧设施，消除私搭乱建、乱堆乱放现象，建设和美乡村。

五、盘活农村资源要素

一是支持社会资本与农村集体经济组织深度合作。放宽社会资本进入农村的条件，制定社会资本下乡市场准入负面清单，清单外领域全面取消许可和审批，实行“承诺即入制”。鼓励村级集体经济组织以资源资产作价入股、资产托管、租赁、承包经营等模式与社会资本合作，共建农业产业园、创新创业园、农业科技园和乡村旅游示范区。政府投资、扶贫资金、涉农财政项目投资可作为资本金，入股经营主体获取分红收益。

二是鼓励农户自行通过协议将闲置宅基地或闲置农房流转给经营者，或将闲置宅基地统一流转给村组织，由村组织自行经营或对外招商经营。盘活闲置宅基地，建设乡村人才公寓，为下乡人才或入驻企业提供房屋租赁服务。在符合农村宅基地管理规定和相关规划的前提下，允许返乡、下乡创业人员和当地农民合作改建自住房。

三是将失去教育功能的闲置校舍，以“零租金”形式交由村集体单独经营或与其他市场主体合作经营。依法将废弃的集体公益性建设用地转变为集体经营性建设用地，通过入市或合作联营等方式开发利用。

六、探索城乡第一、第二、第三产业融合发展新模式

一是延伸产业链。深化农业产业化经营，加快推动农业“接二连三”，促进立体化、复合式全产业链发展，发挥农业龙头企业在全产业链布局中的关键作用，促进农业生产、加工、物流、研发和服务相互融合，推动产前、产中、产后一体化发展。通过招商引资或扶持鼓励农业企业吸引更多企业，发展蔬菜瓜果基地，扩大火龙果、榴梿蜜等优势农产品种植规模；引进生猪、蔬菜和水产等热带农产品加工企业。

二是提升价值链。发挥农村第一、第二、第三产业融合发展的乘数效应，推进农业与旅游、教育、文化、康养等产业深度融合，充分开发农业多种功能和多重价值，推动农业发展价值倍增。继续开展休闲农业和乡村旅游示范创建活动，完善配套设施，强化要素支撑，培育一批示范园区，推进农业新业态发展。发挥行业协会作用，打造精品路线，组织农事节庆活动，开发休闲旅游产品。加强培育农业品牌，落实儋州市农业品牌建设规划，注重品牌引领，建立健全品牌培育、发展、保护体系。

三是优化供应链。完善农村流通基础设施网络布局，促进传统流通网点向现代农资综合服务商转型，推动市场流通体系与储运加工布局有机衔接，鼓励供销、邮政、快递和大型商贸物流企业在农村地区经营布局，打通农产品流通“最初一公里”。

第四节　垦地融合发展建议

一、垦地合作创建文明“居”

农垦落实社会职能以及相关档案资料移交工作，移交社会性公共资产资源，提供“居”办公用房或用地，划转医院、幼儿园用地，解决职工和居民建房供地问题。化解涉及社区居民切身利益的历史遗留问题，将矛盾和纠纷化解在当地。

二、探索垦地合作推进城镇化试验区建设

探索新型社区城镇化发展模式，人口向城镇化试验区集中，构建社区居民相对集中居住的试验区城镇建设体系，开展人居环境整治，提升城镇综合配套承载能力，降低社区管理成本，改善试验区居民生产生活条件。腾挪人口空心化分场、生产队居民点，优化农垦土地配置，开发“共享农庄”① 项目，培育农垦农业新业态，推进美丽乡村和全域旅游建设，打造热带特色“王牌”产业。

① “共享农庄”：指对农村闲置住房进行个性化改造，形成一房一院一地，并根据需求改造为市民田园生活、度假养生等多种模式，再通过互联网对外出租。

三、推进土地资本化改革

以土地资本化为手段，以园区建设与产业开发为载体，创新垦地合作模式，推进土地资源优化配置，提升土地开发价值，促进区域性开发建设。创新园区建设和产业开发土地评估作价模式，根据开发建设需要商定现金股权，组建垦地合作平台公司。垦地合作平台公司作为园区和产业一级开发商，整合土地资源，进行统一拆迁、安置、补偿，并受政府委托进行基础设施配套建设，达到招商引资的要求。

第八章

深入推进管理体制改革，积极研究儋州市设立市辖区

第一节　新区管理模式案例分析

一、法定机构管理模式

（一）基本概念和特点

法定机构是根据特定的法律、法规或者规章设立，依法承担公共事务管理职能或者公共服务职能，不列入行政机构序列，具有独立法人地位的公共机构。法定机构是具有企业化特征的政府型管理机构，兼具企业经营和政府行政管理职能，运行方式灵活自主，是经济技术开发区、功能园区、保税区、自由贸易试验区经常选择的管理模式。根据《海南省人民代表大会常务委员会关于海南自由贸易港洋浦经济开发区等重点园区管理体制的决定》，在博鳌乐城国际医疗旅游先行区、海口江东新区、三亚崖州湾科技城等 7 个重点园区设定法定机构，实行法定机构的管理机制和管理模式。

法定机构管理模式具有以下特点：一是出身法定。每一个法定机构均对应一部立法，即“一法一机构”。二是资格独立。依法自主履行职能，独立承担法律责任，不受政府部门或其他类似机构的干预。三是职能清晰。承担社会管理、咨询服务等职能清楚明了，职责划分明确。四是资金多元。运行费用可以接受政府资金或者通过对外提供服务获得，也可通过市场竞争取得。五是机制灵活。薪酬分配可根据市场灵活设置，也可依工作需要自主设置人员岗位、自主招聘人员等。六是适用于功能园区和特定公共服务领域。既适用于新开发的功能园区，也适用于区域范围小、产业特色鲜明、核心功能突出、社会事务牵涉较少的成熟园区，以及发展较为成熟的区域的特定公共服

务领域（见表 8-1）。

表 8-1　法定机构与行政机关的主要区别①

主体	法定机构	行政机关
类别	不属于政府职能部门序列（但可以归口政府管理部门）	属于政府职能部门
职能	承担具体的执行性职能的行政机构	既做出决策，也负责执行
资金来源	可采取政府拨款、补贴、收费等形式	政府拨款
内部组织关系	灵活的企业化管理	科层制
权力来源	政府让渡	人民授予
独立性	独立于政府	对人大负责、受人大监督
设立依据	法律法规	宪法、行政组织法
管理	依法	宪法法律
责任承担	自主	自主
服务与营利	自主提供非营利	非营利

海南自贸港 13 个重点园区管理模式见表 8-2。

表 8-2　海南自贸港 13 个重点园区管理模式

序号	园区	面积（平方公里）	管理模式
1	儋州洋浦经济开发区	114.70	管理委员会
2	海口国家高新技术产业开发区	85.42	管理委员会
3	海口综合保税区	1.93	管理委员会
4	东方临港产业园	15.24	管理委员会
5	海口江东新区	298.00	法定机构
6	琼海博鳌乐城国际医疗旅游先行区	20.14	法定机构
7	三亚崖州湾科技城	26.10	法定机构
8	三亚中央商务区	4.42	法定机构
9	文昌国际航天城（起步区）	12.08	法定机构
10	陵水黎安国际教育创新试验区	12.72	法定机构

① 张薰尹．法定机构的理论建构与中国实践分析［D］．中共中央党校，2020. DOI：10.27479/d.cnki.gzgcd.2020.000015.

续表

序号	园区	面积（平方公里）	管理模式
11	澄迈海南自贸港生态软件园	2.00	法定机构
12	海口复兴城互联网信息产业园	0.22	园区平台公司
13	临高金牌港开发区	20.08	园区平台公司

资料来源：本书编写组整理

（二）优点和不足

法定机构兼具政府、事业、企业等多种体制的优势和长处，拥有较大的管理、人事和财务自主权，运作比政府部门更具有弹性和灵活性，可以处理一些不便于在政府体制内执行的任务和较商业化的服务，在促进开发区经济发展和提供公共服务方面具有独特的优势。

法定机构也存在一些短板。一是基于现实国情，法定机构需由地方政府授权一定行政职能，多数法定机构主要负责人由政府官员兼任，难以完全做到去行政化，有向派出机构功能演变的趋势；二是既要代表政府行使一定的行政权力，又不具备行政执法能力，良好高效运行需要上级政府有关部门大力支持配合；三是不具备社会管理职能，不利于产城融合发展，辖区政府对法定机构管辖区域公共服务配套投入通常动力不足。

（三）环新英湾适用性分析

环新英湾区域面积较大，区域内有 7 个镇、3 个办事处、1 个国家级开发区、1 个市级开发区，各片区开发建设的阶段、时序、水平大相径庭。为集中主要资源力量加快重点片区建设，可按照法定机构管理模式提高重点片区开发建设的统筹性、联动性、协同性，设立儋州新英湾管理局法定机构，建立“领导小组+法定机构+平台公司”管理架构。

（四）案例分析与启示

一是要做好政府和市场机制在新城开发与发展不同阶段的角色分工。裕廊工业园管理模式经验表明，政府在新城开发初期扮演的角色至关重要，政府主导能够以较低成本获取大量土地并解决土地整理和基础设施建设阶段的资金问题，有效保证项目快速启动后达到规模经济，同时在招商公信力、政策、税收等方面具有一定优势。在后续发展阶段引入市场管理机制，实行自负盈亏、政企分开，充分激发市场活力并有效提高发展效率。

二是充分借鉴新加坡经验，探索法定机构更加市场化的 2.0 版本。纵观我国多地的法定机构模式探索经验，由于大多不以营利为目的且当地政府施行扁平化管理，都出现了难以去行政化的现象。因此在选择该模式的同时应大胆创新，给予其更大的开发管理自主权和独立权，探索建立我国法定机构2.0版本。

三是借鉴崖州湾科技城引入央企合作以及三亚市成立国企央企专班工作机制的模式。大型国企央企在产业资源整合和园区运营管理方面有着独特的优势和丰富的经验，可以有力地统筹推进区域招商、投资、建设、运营等工作。

专栏8-1　海口江东新区法定机构运作机制案例分析

江东新区，位于海南省海口市，是海南自贸港13个重点园区之一。规划范围约298平方公里，包括江东新区起步区、海口临空经济区和江东离岸创新创业组团、江东新区综合服务组团、文化交往组团、高教科研组团等六大板块。聚焦总部经济、临空经济、新金融、消费精品等领域，建设中国（海南）自由贸易试验区重点区域。在管理体制方面，江东新区采取了“领导小组+法定机构+平台公司”管理模式。

一、成立省市两级领导小组，高位推动

在省级层面成立了省委常委、常务副省长任组长的江东新区规划建设工作领导小组，高位协调推动从省级层面解决江东新区规划建设中出现的重大问题，为江东新区发展把定方向、明确路径、提供支持。在市级层面成立由市委主要领导任组长的海口江东新区工作领导小组，协调解决市级层面涉及江东新区的重要工作，有力推动江东新区开发建设各项重点工作。

二、设立江东新区管理局作为法定机构，灵活运作

管理局具体负责江东新区的综合协调、开发建设、运营管理、招商引资、产业发展、制度创新、投资促进、企业服务等工作，依照授权或者委托行使相应的行政审批权和公共服务职能。管理局的成立及运行，快速有效提升了江东新区开发建设的速度和质量。

三、施行市级扁平化管理，分工明确

海口市政府对江东管理局进行直接管理，并根据实际需要对江东管理局提供决策指引、财政支持、权限下放及各项事务的协调帮助等。江东管

理局党委书记和局长均由市领导兼任，其他局领导由市委任命或面向社会公开招聘。江东管理局主要承担区内开发建设等管理职能，并负责协调属地政府在江东新区履行各自职责，美兰区和桂林洋开发区主要承担区内社会管理职能。

四、成立全资平台公司，市场化运作

江东管理局出资成立海口江东新区开发建设有限责任公司，为全资子公司，该公司负责江东新区内的土地开发、基础设施、产业投资、招商引资和公共服务设施的建设及运营，参与江东新区管理服务的组织与实施工作。江东管理局对该公司履行出资人职责，依法享有资产收益、参与重大决策和选择管理者等出资人权利。

五、管理机构精简高效，职能充分

江东管理局机构层级精简，包括管理层、中层管理及工作人员，分工明确、流转高效。局内设置 11 个部门，分别行使机构相关职能，并负责工作落实，可直接对接与分工相关的省市各级职能部门。按照“小机构、大职能”的管理模式，积极承接省市两级共 94 项独立审批事项，实现了“企业审批不出园，人才办事不过江”。

六、选人用人机制灵活，薪酬制度有竞争力

实行市场化为主、多种用人方式并存的用人机制，享有独立的用人自主权，在授薪员额及薪酬总额内可自主决定岗位设置及人员聘用。大幅提高整体薪酬待遇水平，建立了奖优惩劣、良性竞争的考核评价体系，对全体人员定期考核、动态调整，初步形成奖罚及时、能上能下、能进能出的激励竞争机制。

资料来源：本书编写组整理

专栏 8-2　三亚崖州湾科技城法定机构运作机制案例分析

一、组建市属法定机构崖州湾科技城管理局

管理局负责开发建设、运营管理、行政审批、综合协调等工作，由管理局出资设立三亚崖州湾科技城控股集团作为科技城综合开发运营平台。三亚市市长兼任管理局党委书记、局长，崖州区委书记兼任管理局党委副书记，实行扁平化管理，统筹城市资源高效注入。

二、以“管理局+平台公司”为开发架构，引入央企合作

引入招商局集团、中化集团合资组建深海科技城和南繁科技城平台公司，充分发挥央企产业资源整合优势和园区运营管理经验，统筹推进科技城约定区域的招商、投资、建设、运营等工作。另外，三亚组建三亚央企国企对接合作工作专班，瞄准特色产业、重点企业、重点区域，精准推进招商服务。

三、实行企业化、市场化的用人机制和薪酬体系

按照精简高效的原则，在依照有关规定确定的薪酬总额范围内，自主决定机构设置、岗位设置、人员聘用、薪酬标准等。探索能上能下、能进能出的人事管理机制。

四、探索多元化融资渠道

培育市场化园区开发建设主体，通过资金注入、资产划拨等方式，壮大了科技城控股集团资产规模，提升了投融资能级。加速对接岛内外各类金融机构，拓展银行信贷、信托、融资租赁、保理等间接融资渠道，发行海南省首单欧元债券，建立了以直接融资为主、间接融资为辅的多层次融资体系。

五、实施“特别极简审批”

园区设立行政审批服务中心，承接省、市相关部门下放的6批政务服务事项，基本实现“园区事园区办”；依托专职“城小二”服务团队，为入园企业提供“管家式”服务。推出“秒批”审核服务事项清单（第一批）。

资料来源：本书编写组整理

专栏8-3　深圳前海管理局法定机构运作机制案例分析①②

前海深港现代服务业合作区位于深圳市，总面积120.56平方公里。开发建设前海合作区是支持香港经济社会发展、提升粤港澳合作水平、构建对外开放新格局的重要举措，将打造粤港澳大湾区全面深化改革创新试

① 张娜．法定机构管理模式运行的问题及对策研究［D］．武汉大学，2019.

② 张紧跟，黄云振．法定机构为何难以去行政化——以深圳前海管理局为例［J］．中共福建省委党校学报，2018（6）：65-73.

验平台，建设高水平对外开放门户枢纽。前海管理局是依法设立的前海合作区法定机构，根据有关规定履行相应行政管理和公共服务职责。

一、法定机构主导，创新央企合作，构建市场化治理格局

前海管理局成立于2010年2月，是实行企业化管理但不以营利为目的，履行相应行政管理和公共服务职责的法定机构，与前海蛇口自贸片区管委会实行“两块牌子，一套人马”管理模式。前海管理局与招商局集团共同组建合资公司，建立起以法定机构为主导的市场化政府治理新格局，即“政府职能+前海法定机构+蛇口企业机构”，形成了总书记充分认可的“前海模式”。

二、充分放权，为片区开发建设注入新动能

一是授予法定机构土地开发事权，组建前海开发公司，负责区内土地一级开发和基础设施建设。二是明确在非金融类产业项目的审批管理上，授予前海管理机构相当于计划单列市的管理权限。2021年出台2.0方案，又将管理局的管理权限从经济发展领域延伸至社会治理领域。

三、发展中仍难以去行政化

前海管理局是一个不以营利为目的、实施企业化管理的公共机构，在管理权限上却逐渐向传统的政府行政机构回归，具体表现为：享有完整的区域管理权限，不仅有一般经济管理权限，还享受副省级的城市管理权限。另外与深圳市政府的关系仍然如上下级政府之间的关系，加上行政化倾向重于市场化运作倾向，导致出现部门之间的职责边界不清晰、政企关系不当等有待解决的问题。

资料来源：本书编写组整理

专栏8-4　新加坡裕廊工业园法定机构运作机制案例分析①②

一、初期开发由政府主导

1961年，新加坡政府拟发展裕廊工业园。1961—1968年，新加坡经济发展局负责经营裕廊工业区，为其制定发展规划，并大规模开展拓荒填土工程，进行工业基础设施建设。开发初期，裕廊工业区的管理机构、开

① 卫平，周凤军．新加坡工业园裕廊模式及其对中国的启示［J］．亚太经济，2017（01）：97-102+176.

② 谭旭峰．新加坡裕廊工业区的经验启示［J］．中国高新区，2005（02）：56-58.

发资源等主要是由新加坡政府决定的，这样的政府主导模式在建设初期可以使土地快速且低成本地获得开发，并有效保证项目快速启动而后达到规模经济。

二、发展期引入市场机制，自负盈亏、政企分开

新加坡政府虽然是裕廊工业区最初的开发者，却未直接参与工业区的具体管理。1968年，新加坡政府成立法定机构——裕廊镇管理局（JTC），将本国工业园区开发和营运工作全盘授权给JTC，由此裕廊工业区进入了全新发展时期。JTC具有很高自主权，自负盈亏。1998年，JTC更名为裕廊集团，在形式上彻底完成了向一个企业的过渡，专业化程度进一步提高。

三、JTC高效自主、职权充分

尽管裕廊镇管理局是一个房地产开发商，但是园区管理委员会有批准项目、批准城市规划以及园区规划的权力，可以发放居民暂住证、管理贸易和市场、征税、发放商业许可证等。不仅是园区开发者，也是工业区招商引资推广者。委员会同时还提供警察、税收、海关、社会保障、教育、计划生育、全民体育运动，以及社区发展、劳工等多项公共服务，打造周全的“一站式”服务体系，有效降低企业与政府相关交易成本。同时，裕廊镇管理局还控制着工业用地、科技园区和商业园区设施的供给。

四、服务品牌推动工业区对外扩张

新加坡作为一个岛国，国内资源匮乏，发展空间狭小。为此，JTC成立裕廊国际和腾飞公司，专事在全球输出其卓越的园区服务管理品牌和资本，实现全球布局。20世纪90年代以来，新加坡大力推行“区域化经济发展战略”，加速海外投资的发展。40多年来，JTC在新加坡开发了45个工业园区，并在全球116个城市拓展了750多个项目，总面积近12万平方公里，相当于再造171个新加坡，被誉为亚洲“工业园区孵化器”。这一扩张模式突破国家界限，在多个国家复制新加坡裕廊工业区发展模式，寻求到更多资源和市场，突破了本土发展的物理空间发展“瓶颈”，获得更广阔的发展空间，赢得更多利益，并将“裕廊品牌”推广到其他国家，打造了“裕廊管理”核心竞争力。

资料来源：本书编写组整理

二、派出机关（管委会）管理模式

（一）基本概念和特点

派出机关（管委会）是我国开发区、新区等非行政区域普遍采用的管理模式，指作为某一级人民政府根据实际需要针对某项特定行政事务设置的工作机构，多用于各类非行政区的新区、开发区开发管理。大多以管委会作为派出机构代表上级政府行使区内开发建设管理权，承担规划实施、经济发展、项目建设、土地开发管理等经济职能，具备行政管理权和行政审批权，区内社会事务一般仍由所在行政区负责。

派出机关（管委会）管理模式主要适用于发展初期、相对独立、人口较少、社会功能需求不大的区域，管委会在社会事务方面管理职责较少，大部分开发区在建设初期采取这种模式。在新区开发建设初期成立的领导小组、建设的指挥部也属于派出机构。

随着产业园区发展到一定阶段，特别是人口增加、社会功能需求增加、经济社会发展较为成熟时，大部分由园区走向城区，派出机关（管委会）随之升级为一级地方政府，园区城区化是我国快速推进城镇化的一条重要经验和路径。

（二）优点和不足

派出机关（管委会）模式的优点。一是管委会按照“小政府、大社会”构建，机构精简、事权集中、办事效率高、行政成本低，在开发区发展初期能够快速集中力量，推动建设发展。二是具备行政审批权和行政管理权，发挥政府力量并提供资源对开发区域进行整体规划建设，便于协调与政府部门之间的关系，具有一定权威性。

派出机关（管委会）模式的缺点。一是管委会没有明确的法律地位和行政主体资格，容易与所在辖区政府产生“体制摩擦”，存在三不管、重复管理、互相推诿等情况，不利于区域长远发展。二是随着区域经济社会发展，管委会各项管理职能逐渐增加，呈现管委会政府化趋势，在一定程度上造成负担增加、动力下降、社会管理水平不高等问题。

（三）环新英湾适用性分析

洋浦经济开发区管理委员会是省人民政府的派出机构，如果环新英湾地区采用派出机构管理模式，那么将不便协调与现有洋浦管委会的层级关系，不利于区域统筹管理和开发建设工作开展，因此不宜在同一区域内叠加派出机关（管委会）模式。同时，环新英湾发展定位是湾区城市，区域面积较大，区内行政管理主体和园区管理主体类型多，社会与城市管理事务繁多，管委会模式在处理大量社会事务时往往力不从心，不利于经济社会全面协调发展。

（四）案例分析与启示

一是加快构建强有力的新区开发建设主导机制。三亚市提出“一切权力归海棠湾”，构建强战斗力和高效率管委会体制机制，是海棠湾开发建设成功的关键保障之一。对比目前市委环湾办仅为协调机构，有责无权，在推动区域开发建设方面受阻状况，应在市委环湾办基础上，加快构建强有力的新区开发建设主导机制。

二是瞄准新城发展目标，高起点规划、高标准建设，坚持“一张蓝图绘到底”。苏州工业园、三亚海棠湾把“一张蓝图绘到底”作为重要的开发建设原则，保证了城市建设的高水准、高品质，环新英湾开发建设也应借鉴成功经验，从一开始就瞄准国际滨海产业新城的目标，高标准规划，产城融合并进，坚持“一张蓝图绘到底”。

三是要理顺开发区与行政区之间的关系，避免向旧体制完全“复归”。从苏州工业园区发展经验看，作为母城的行政区与作为功能区的开发区，两者间的“双轨制”摩擦是开发区治理体制改革中突出的难题，“体制复归”是最常见的做法，但也容易导致开发区失去“小政府、大社会”的特色，使体制精简的比较优势呈现出边际效益递减的趋势。①

四是协调部分领域政府主导权。苏州工业园和三亚海棠湾的开发建设都有境外大型企业参与，在两地发展中都经历了由企业主导转向政府主导的过程。在引进国外先进管理理念的同时，应充分结合本地文化与制度，探索适宜的合作模式。

① 孙崇明．转型升级进程中开发区治理体制的创新研究［D］．苏州大学，2018.

专栏 8-5 三亚市海棠湾管理委员会管理体制机制案例分析①

海棠湾位于海南省三亚市东北部海滨，距三亚市区 28 公里，是三亚五大名湾之一。2005 年，三亚市委、市政府正式提出了开发海棠湾旅游度假区的设想，将其定位为“国家海岸——国际休闲度假区”，该区成立以来受到国内外多家财团、企业的追捧。经过多方博弈，最终政府采用了管委会模式代表市政府开发建设海棠湾，充分放权，塑造了新区开发的“海棠湾速度”。

一、政府主导一级开发，开创海南土地开发新模式

海棠湾开发面积大，起点要求高，资金投入巨大，市政府最初的设想是与企业合作成片开发，并受到了多家财团的青睐，由于始终没有实质性进展，三亚市委、市政府果断决定由政府独立完成土地一级开发。政府强势推进各项工作，主导编制规划、征地安置、建设基础设施、招商引资。

二、管委会主导，一切权力归海棠湾

三亚市设立海棠湾管理委员会，大胆放权，提出“一切权力归海棠湾”的总体要求。明确海棠湾管委会是代表市政府开发建设海棠湾的管理机构，全权处理、全面统筹开发区里的各项事务，所有支出由财政拨付。管委会享有市一级的行政管理权和审批权，是市政府的派出机构，再加上与海棠湾镇委镇政府，工委、管委、镇委、镇政府人员交叉任职，形成了海棠湾开发建设的新体制、新机制。创新的体制机制是海棠湾开发建设成功的关键，能有效形成合力，从而产生了强战斗力和高效率。

三、创新海棠湾服务，创造海棠湾速度

管委会“麻雀虽小”，但国土规划建设局、项目招商局、人事劳动与社会保障局、市政管理科、综合行政执法局、计划财政局等相关职能部门俱全，做到了真正意义上履行市级审批不出区。同时创造了海棠湾速度，包括审批提速、征地加速、建设快速。

四、实施“三总师制”推进新区建设

管委会的总规划师负责依规划与时间进度制定开发建设内容，总会计师负责安排资金，总工程师负责研究如何建设。“三总师”通过联席会议，破解开发难题，推进项目建设提速。

资料来源：本书编写组整理

① 吴钟斌，刘贡．“海棠湾模式”为国家海岸奠基［N］．海南日报，2020-22-08（1）．

专栏 8-6　苏州工业园管理体制机制案例分析[①②]

一、发展历程："新方主导—中方全面主导"

1994 年 5 月，苏州工业园区启动开发建设，中新两国政府成立联合协调理事会，开创中外经济互利合作新模式，双方共同出资成立中新苏州工业园区开发集团作为园区开发的主体。开发之初，苏州工业园区的规划和产业引入工作以新方为主。新方负责园区首期基础设施的开发建设，中方主要负责规划区域内的动拆迁和行政管理工作。后由于双方开发经营理念等不同以及受当时社会环境的影响，2001 年调整股权，苏州工业园区进入了由中方主导的开发阶段，中方全面负责园区的开发建设与管理，新方则转向提供人员培训等辅助职能。

二、坚持"产城融合"，产业和城镇功能并进

以金鸡湖为核心，围绕 80 平方公里"中新合作区"，布局商务、科教创新、旅游度假、高端制造与国际贸易四大功能板块，构成园区的城市级中心，宜居、宜业、宜人，形成"产城融合、区域一体"的城市发展架构。

三、"一张蓝图绘到底"，高起点规划、高标准建设

一是充分借鉴新加坡经验，以"50 年不落后"为目标进行适度超前规划，坚持"先规划、后建设，先地下、后地上"，实行"规划师—处长—总规划师"三级审批制。2022 年的苏州工业园区，与 1994 年时的规划相比还原度高达 90%以上，真正实现"一张蓝图绘到底"。二是适度超前建设重要的基础设施，建设之初，就把标准定在了"九通一平"，走在了全国开发区的前面。三是产业发展不同阶段在人力资源保障体系建设方面的探索与实践。创立多所职业院校，先后引进 33 所中外知名院校，15 家"国家队"科研院所，在学科建设、科研创新、成果转化、产业促进等方面推进了园区科教协同发展。

四、管理与开发、政府与企业双重分离的体制设计

苏州工业园采用"管委会+运营公司"模式，将园区行政管理主体与开发主体分离。苏州工业园区管理委员会代表苏州市人民政府行使行政管

---

① 孙崇明．转型升级进程中开发区治理体制的创新研究［D］．苏州大学，2018.

② 看苏州工业园区如何从一张蓝图变地图让变化发生［N］．新民晚报社区版·长三角，2021-10-30（5）．

理职能，中新苏州工业园区开发有限公司则是中外合资的企业法人，具体负责园区开发事项。园区政府绝不插手任何企业经营事务。

五、与母城之间的“体制摩擦”

虽然苏州工业园区已经成为事实上的城市新区，但园区管委会仍不属于一级政府，其特殊的体制与苏州市传统的治理体制并不能形成良好的衔接，因此依旧存在“体制摩擦”的现象。另外随着园区与母城空间上的矛盾逐渐加剧，两者对土地、市场等资源的争夺也日趋激烈。

资料来源：本书编写组整理

三、国家级新区管理模式

（一）基本概念和特点

国家级新区，是由国务院批准设立，承担国家重大发展和改革开放战略任务的综合功能区。截至目前，全国共设立 19 个国家级新区，2017 年设立雄安新区后，5 年来未审批新的国家级新区。在国家级新区中，上海浦东新区、天津滨海新区是一级地方政府行政区，其他国家级新区均为行政管理区，设立党工委和管委会。国家级新区由国务院批复，所在省下放部分省级管理权限，新区均拥有副省级管理自主权。

（二）优点和不足

国家级新区拥有很高的管理权限和特殊的制度安排，在制度方面有较大决策自主权、资金统筹权、先行先试权，拥有用地增减挂钩指标跨省域调剂特权，利用特殊政策优势和制度保障可快速增强新区集聚效应，提升新区创新能力，促进地区经济增长。

但是，部分国家级新区内部利益关系协调不顺畅，下属功能区、老行政区与新区之间出现的利益不一致、步调不统一的问题，成为制约部分国家级新区发展的突出障碍。

（三）环新英湾适用性分析

国家级新区层级高、能级大、影响力大，是国家推进区域发展战略的重要举措，特别是跨省域调剂用地增减挂钩指标政策符合环新英湾长远发展要求，是环新英湾最理想的管理模式。但 2017 年以来没有新的国家级新区得到批复，环新英湾争取设立的难度很大。因此，目前可对标国家级新区先进做法，积极争取省级层面赋予环新英湾地区更充分的决策自主权、资金统筹权、先行先试权。

（四）案例借鉴及结论

一是建立健全环湾办与区内机构指导对接关系。雄安新区管委会与所辖三县、保定市之间建立了较好的行政对接机制，探索推进区域托管、制定部门权责清单等工作机制。

二是借鉴雄安新区“大部制”管理经验。打破传统体制机制束缚，按照“小机关、大服务”原则，构建精简、高效管理机构，建立高效率机制和提供高质量服务，保障环新英湾开好局、起好步。

三是高标准、高起点建立区域规划体系。研究创新规划管理体制机制，构建强有力的项目推进机制，保障区域持续高质量发展。借鉴雄安在推进项目落地方面的创新经验，指导环新英湾地区建设开发迅速推进。

专栏 8-7 河北雄安新区管理体制机制案例分析①

一、由管委会管理，具备省级管理权限

雄安新区管委会是河北省人民政府的派出机构，负责组织领导、统筹协调雄安新区开发建设管理工作；对雄县、容城县、安新县及周边区域实行托管。管委会参照行使设区的市人民政府的行政管理职权，行使国家和省赋予的省级经济社会管理权限。与县直部门建立工作指导和对接机制，划转保定市代管事项，指导三县印发部门权责清单，实现“雄安事，雄安办”。

二、建立精干高效的管理体系，实行党政合设、大部门制、扁平化管理

落实大部制改革，实行一个部门管协调，一个部门管党务、管人事、管群众工作，一个部门管经济，一个部门管规划建设等，形成了精简高效的管理机制。

三、高标准编制规划体系，创新建立规划师单位负责制

先后邀请60多位院士及国内外200多个团队、3500多名专家和技术人员参与新区规划体系编制工作，编制形成“1+4+26”规划体系。出台片

① 李凤双，张涛，闫起磊．“未来之城”雏形呼之欲出［N］．经济参考报，2022-03-24（1）．DOI：10.28419/n.cnki.njjck.2022.001493.

区责任规划师单位制度，由责任规划师单位总牵头负责规划设计全过程的主线工作。

四、着力健全开发协调落实机制，创新“一会三函”制度，推进项目建设

坚持“成片开发、混合开发、融合开发”，先地下后地上，以项目建设为生命线，建立健全“指挥部+片区管委会+集团专业公司”协调督导落实机制。全面实施建设项目“一会三函”审批制度。具体建设项目开工前，将数十个审批事项优化为“一会三函”4个环节，明显缩短了建设项目审批时间。

五、创新选人用人机制，薪资标准对标北京

对于新区建设发展需要的人才，管理层外的其他人员一律实行聘任制。签订聘任合同，因岗选人、依岗定薪，按劳取酬、优绩优酬，工资标准参照北京，甚至高于北京，特殊人才特殊待遇。不唯身份，科学设岗，因岗选人，互为AB角，严格绩效管理，严格依法依纪管理，使人尽其才、才尽其用，创新创造活力迸发。

资料来源：本书编写组整理

四、市辖行政区管理模式

（一）基本概念和特点

市辖行政区设立区一级政府，拥有党委、政府、人大、政协等管理体制（政协可在条件成熟时成立），统筹管理地区发展建设、社会管理与服务职能。与派出机构和法定机构等模式相比，区一级政府经济社会管理职能更全面，拥有更大自主权和权威性，有利于集中统一管理。设立区一级政府有撤镇设区、开发区转为行政区、开发区与行政区一体化管理等模式，如三亚市崖州区属于撤镇设区，上海市浦东新区是由开发区管委会模式转为行政区模式，广州市南沙区属于开发区与行政区一体化管理模式。

（二）优点和不足

区一级政府有着明显的优点。一是管理效率高，经济发展和社会管理完全统一。二是协调性好，避免各园区与行政区的利益矛盾。三是互补性好，园区财力与行政区腹地及行政职权有效结合。

但是，新设区一级政府牵扯面广，涉及儋州全域行政体制改革，难以在短期内一蹴而就。同时，与法定机构和管委会相比，区一级政府管理模式的灵活性和创新性不足。

（三）环新英湾适用性分析

市辖行政区管理模式符合环新英湾地区战略定位和长远发展，可以较好协调整合环新英湾区内多主体、多部门之间的关系，高效统合多种层级行政资源，优化管理机构和管理层级，形成党政职能全、统合能力强、管理效率高的体制机制优势，将其打造成为港产城融合发展的新市区。同时，儋州市设立市辖区有利于推进儋洋一体化发展，新设那大区、新英湾区两个市辖区，形成海陆联动、产业互动、定位互补、协同发展的东西双核新格局，能够进一步提速儋洋一体化进程，助力儋州打造西部中心。

（四）案例分析及结论

一是管理体制要根据发展不同阶段的实际需求选择。管理体制改革是循序渐进的过程，不是一日之事不可一蹴而就，应根据区域长远发展提前谋划。

二是尽快理顺管理体制有利于新区健康快速发展。由广州南沙管理体制的演变过程可以发现，内部管理机构复杂、层级繁多，容易造成主体不明确、权责不清晰等问题，阻碍区域开发与发展，目前环新英湾地区也存在类似问题。

三是要用好关键窗口期推进行政体制改革。三亚市在撤镇设区过程中积极主动、科学提出、全力争取。广州南沙套搬一般行政区的一些做法，造成开发开放功能相对弱化、向旧体制复归等问题。在环新英湾地区管理体制设计中应大胆创新，规避旧体制对新区开发尤其是自贸港建设的制约。

专栏 8-8　三亚市撤镇设区工作案例分析

一、主动提出，积极推进，成效显著

2012 年，三亚就提出了“撤镇设区”的想法，后向国务院提交申请。2014 年 1 月，国务院批复了三亚市撤镇设区的请示，同意撤销海棠湾镇、吉阳镇、凤凰镇、天涯镇、育才镇、崖城镇等六个镇，设立海棠区、吉阳区、天涯区、崖州区等四个区。三亚市撤镇设区以来，管理机制得到理顺、城镇加快协调发展、产业分工合理布局、各区充分承担发展主责，取得十分显著的成效。

二、既有改革的动力，又有天时地利

首先，三亚提出撤镇设区正值国际旅游岛建设初期，而三亚作为国际旅游岛建设发展的排头兵，在改革创新方面具有一定政策优势。其次，三亚有六镇两个管理区，相对广东的中山、东莞等地级市而言，人员机构少一些，阻力少一些。同时三亚也面临发展的具体困难，有改革的动力。最后，三亚市“撤镇设区”正好抢在国务院出台新的设区标准之前完成改革，若按照新标准会有一定的难度。

三、成立领导小组，制定实施方案

国务院的批复下达后，三亚市委、市政府高度重视撤镇设区工作，迅速成立了行政区划调整工作领导小组，并制订相应工作计划。同时出台《三亚市行政区划调整工作实施方案》系统化部署相关工作。

四、推行“一居一社区”和“多村一社区”的基层架构模式

即“市—区、社区”管理模式。该模式优势明显，市级政府可以集中精力进行宏观调控和管理，通过简政放权，将大量市级政府行政管理职权下放至区级政府，同时将公共投入向社区倾斜，将政府服务平台前移至基层社区，实行属地化管理，更直接地为百姓提供近距离服务，有力促进了社区的健康发展。

资料来源：本书编写组整理

专栏 8-9　浦东新区“开发办—管委会—新区政府”发展过程案例分析①

1990 年，中共中央和国务院作出决策开发浦东，上海成立浦东开发领导小组，下设浦东开发办公室。“开发办”是市政府的一个派出机构，市政府副秘书长兼任办公室主任，下设秘书处、联络处、开发处等。该机构直接依托浦东地区三区两县（黄浦区、杨浦区、南市区及川沙县、上海县）政府开展工作。在管理体制上，上海市委、市政府决策，三区两县政府负责具体实施，浦东开发办进行总体协调。

① 唐亚林．浦东开发开放：用行政体制创新的制度成果不断引领浦东新区开发开放进程［EB/OL］.（2020-04-20）［2023-02-09］. https：//wenhui. whb. cn/third/baidu/202004/20/341865. html.

1993年，成立中共上海市浦东新区工作委员会、上海市浦东新区管理委员会。前者作为上海市委的派出机构，在新区内起到总揽全局、协调各方的领导核心作用；后者则是上海市政府的派出机构，是一个准政府机构，统一负责浦东新区开发开放的管理工作，履行国家法律所规定的地方行政机关应承担的行政管理职能。管委会在计划管理、项目审批、建设管理、财政税务、外经外事、劳动人事等方面，拥有国家计划单列市的各类权限（包括由中央批准扩权的部分）。

2000年，撤销浦东新区党工委和管委会体制，正式建立区委、区政府、区人大、区政协。浦东新区行政体制回归地方一级政府体制。新区建政后仍保持"小政府、大社会"的行政管理格局。

2009年，上海市将南汇区并入浦东新区后，建立了新的浦东新区区委、区政府。

资料来源：本书编写组整理

专栏8-10 广州市南沙区"管委会—指挥部—政区合一"发展过程案例分析[①]

一、前期管理体制不顺阻碍经济开发区发展

1993年7月国务院批准设立广州南沙经济技术开发区，成立广州市政府派出机构南沙经济技术开发区管理委员会，受广州市和番禺区的双重管理。政企合一，管委会负责审批等职能，经济开发公司负责政府的项目开发，身份为业主。管委会受广州市政府委托具有部分市一级的审批权限，但人、财、物属番禺区管理，管理体制非常不顺。招商引资受番禺行政区总体规划的限制，同时又缺少广州市在经济和政策上的支持，在2001年以前，南沙开发区的发展规模和同时获批的广州开发区相比差距很大。

二、成立具有市级审批权限的指挥部，政企分家，部分理顺管理体制

2002年，广州市委市政府为了实施"南拓"战略，成立了广州南沙开发区指挥部，作为广州市政府的直接派出机构，具有广州市市级审批

① 李颖．开发区与行政区合一的管理体制探析［D］．吉林大学，2009.

管理权限，对南沙地区实施统一规划、统一建设、统一管理。指挥部设立“五局一室”，全权负责开发区范围内的规划、用地、开发、建设、管理以及招商引资等工作。南沙指挥部受广州市委托全权受理南沙开发区范围内的所有审批申请，同时指挥部的人、财、物全部接受广州市的管理，但在社会事务方面仍由番禺区管理。另外，在开发模式上也有了转变，实行政企分家，成立了资产经营公司独立运作。这样就部分理顺了南沙开发区的行政机构。

三、开发区和行政区合一，全面理顺管理体制

2005 年 4 月广州市南沙区设立。成立区委区政府，全面接收原由番禺区承担的社会事务部分的职能。同时，保留了原来的开发区指挥部与行政区的机构，实行合署办公，一套人马、两块牌子，形成了开发区和行政区合一的体制模式的初型。2008 年，南沙开发区管理委员会挂牌成立，与区政府合署办公，从而理顺了开发区的管理机构。将行政区和开发区体制合一，通过优势互补实现行政资源、政策资源、规划建设资源和招商资源的整合，形成各职能部门全面覆盖，大大节省了行政人员和协调成本，使行政效率大大提高。

资料来源：本书编写组整理

第二节 案例分析结论与借鉴

对国内新区通常采用的法定机构、派出机关（管委会）、国家级新区、市辖行政区等管理模式开展案例分析，研究发现：一是法定机构是当下流行、高效、易施行的管理模式；二是派出机关（管委会）不可避免要走向政区合一；三是国家级新区是最理想但实现难度最大的管理模式；四是市辖行政区是新区发展到一定程度的新阶段。

一、案例分析基本结论

（一）法定机构是当下流行、高效、易施行的管理模式

法定机构是根据特定的法律、法规或者规章设立的具有独立法人地位的公共机构，依法承担公共事务管理或服务职能，但不列入行政机构序列。

法定机构通常“一法一机构”，承担一定的行政职能授权，经费来源、管理模式和薪酬分配高度市场化，近年来在国内和省内广泛施用。法定机构具有更加贴近市场主体、成立时间快、运行效率高、机制灵活等特点，使行政机关职责通过更加市场化的方式实现，兼具企业经营和政府行业管理职能，易于在快速建设推进、区域范围不大、功能定位明确、社会事务较少的新区施行。

（二）派出机关（管委会）不可避免要走向政区合一

派出机关（管委会）是一级人民政府根据实际需要针对某项特定行政事务设置的工作机构，多以管委会的形式代表上级政府行使区内开发建设管理权限，是各级各类非行政开发区域普遍采用的管理模式，在改革开放进程中发挥了重要作用。管委会按照“小政府、大社会”原则构建，机构精简、事权集中、办事效率高、行政成本低，但不可避免具有过渡属性，随着产城融合需求的不断释放，管委会承担更多社会职能，不可避免走向政区合一的管理模式。

（三）国家级新区是最理想但实现难度最大的管理模式

国家级新区是由国务院批准设立、承担国家重大发展和改革开放战略任务的综合功能区，国家级新区所在省下放部分省级管理权限，拥有副省级管理自主权。国家级新区具有很高的管理权限和特殊的制度安排，如决策自主权、资金统筹权、先行先试权、用地增减挂钩指标跨省域调剂特权，是开发区的最高管理组织形态。在19个国家级新区中，上海浦东新区、天津滨海新区是一级地方政府行政区，其他为行政管理区，设立党工委和管委会。

（四）市辖行政区是新区发展到一定程度的新阶段

市辖行政区是地方一级政府，拥有党委、政府、人大、政协等管理体制，经济社会管理职能全面，具有区域内最高的行政自主权和权威性。新设市辖行政区的路径有撤县设区、撤镇设区、开发区转为行政区、开发区与行政区一体化管理等方式，如海口市琼山区为撤县设区、三亚市崖州区为撤镇设区、上海市浦东新区为开发区管委会转为行政区、广州市南沙区为开发区与行政区一体化管理。随着经济社会全面发展，开发区逐步走向城区化，管委会逐步走向行政化，产城融合推动政区合一、适时设立新市辖行政区是我国发展进程中的一条重要经验。

二、对环新英湾启示借鉴

（一）研究设立新英湾管理局法定机构的可行性

海南省委、省政府《关于支持儋州洋浦一体化发展的若干意见》第二十七条明确提出“鼓励洋浦进行法定机构改革”。为落实省委、省政府决策部署，保障环新英湾港产城一体化开发建设顺利高效推进，提高环新英湾开发建设工作的统筹性、联动性、协同性，借鉴海口江东新区管理局、三亚崖州湾科技城管理局较成熟的模式经验，在儋州市委环湾办基础上向省委、省政府申请设立新英湾管理局法定机构，施行“领导小组+法定机构+平台公司”管理架构，提请省人大常委会通过《海南自由贸易港儋州新英湾条例》。

（二）提升市委环湾办统筹能力

环新英湾是推进儋洋一体化的核心区域，市委环湾办成立伊始取得良好效果，但统筹、协调、推进全区开发建设的工作机制尚未完全建立理顺，职能发挥偏“虚”偏“弱”，决策部署流程需进一步完善、统筹协调机制需进一步优化、督促落实抓手需进一步强化、工作人员需多种办法补足，尽早把“三定方案”赋予的各项工作职能落到实处，有效放大行政体制改革释放的发展红利。

（三）提升平台公司重要功能作用

推进区域内平台公司整合，把洋浦开发建设控股、洋浦国际投资咨询以及区内其他平台类公司合并为新英湾发展控股集团，引入央企、开发性及商业性金融机构作为战略级合作伙伴。通过市场化融资、资产划拨收购、战略伙伴注资担保等办法不断扩大资产规模，构筑直接融资为主、间接融资为辅的多层次融资体系，信用等级提升至 AA+及以上。平台公司要在区域开发、项目建设、园区平台、产业投资、招商引资和重大资源导入中发挥不可替代的作用，成为环新英湾投融资推动者、开发建设承接者、产城融合运营者和新兴产业培育者。

（四）研究推进儋州市设市辖区工作

儋州市积极建设海南西部中心和“第三极”，经济体量、常住人口、陆域面积与三亚市大体相当，具备设立市辖区的内在需求和外部条件。全国现有儋州市、东莞市、中山市、嘉峪关市四个不设区地级市，从东莞市、中山市发展经验看，镇街政府、园区管委会等责任主体过多过杂，出现城市发展碎片化、产业内部竞争和一定程度各自为政等现象，对区域长期协调发展提出挑战。自 2014 年 1 月国务院同意三亚市撤镇设区以来取得十分显著的发展成效，管理机制得到理顺、城镇加快协调发展、产业分工合理布局，各区充分承担起区域发展的主体责任。

第三节　设立新英湾管理局法定机构

一、“领导小组+法定机构+平台公司”管理架构

儋洋一体化自 2021 年 12 月底启动以来，省委、省政府高位高效推动，调整优化管理体制和机构设置，儋州市委、市政府与洋浦工委、管委会合署办公，实行一套工作机构、两个机关名称的管理模式，对儋州、洋浦进行统一管理。建立工作机制，组建市委推进环新英湾港产城一体化开发建设领导小组办公室（简称“环湾办”），对环新英湾区域内的工作事项加强统筹协调、督促落实。部分职能局在环新英湾设立办公地点，调整优化 7 镇 3 办事处基层行政管理体制。不到百天时间完成儋州洋浦一体化机构改革，党政机构减少 10 个、事业单位减少 24 个，为区域一体化发展提供重要保障。①

省委、省政府《关于支持儋州洋浦一体化发展的若干意见》第二十七条明确提出“鼓励洋浦进行法定机构改革”。为落实省委、省政府决策部署，保障环新英湾港产城一体化开发建设顺利高效推进，提高环新英湾开发建设工作的统筹性、联动性、协同性，借鉴海口江东新区管理局、三亚崖州湾科技城管理局较成熟的模式经验，在省委、省政府支持下，研究建议儋州市人民政府依法设立法定机构儋州新英湾管理局，成立环湾新区管理局党委，隶属儋州市委。提请省人大常委会审议《海南自由贸易港儋州新英湾条例》。

儋州新英湾管理局登记为机关法人，设党委书记、局长、党委副书记、常务副局长、副局长等领导职务，实行“领导小组+法定机构+平台公司”管理架构。儋州市人民政府是新英湾管理局的设立和主管部门，对新英湾管理局进行决策指导、财政支持、权限下放及其他有关事务协调帮助。市委环湾办代表儋州市委、市政府指导新英湾管理局日常工作（见表 8-3）。

① 本书编写组根据调研走访整理。

表 8-3　儋州新英湾、海口江东新区、三亚崖州湾科技城法定机构模式比较

机构名称	儋州新英湾管理局（研究建议）	海口江东新区管理局	三亚崖州湾科技城管理局
机构属性	法定机构	法定机构	法定机构
上位政策依据	省委、省政府《关于支持儋州洋浦一体化发展的若干意见》第二十七条：“鼓励洋浦进行法定机构改革。”		
机构条例	省人大常委会通过《海南自由贸易港儋州新英湾条例》	《海南自由贸易港海口江东新区条例》	《海南自由贸易港三亚崖州湾科技城条例》
设立和主管部门	儋州市人民政府	海口市人民政府	三亚市人民政府
管理架构	领导小组+法定机构+平台公司	领导小组+法定机构+平台公司	法定机构+平台公司
管理局党委书记、局长	管理局党委书记由儋州市委副书记、市长兼任 管理局局长由儋州市委环湾办主任（儋州市人民政府党组成员）兼任	管理局党委书记、局长由海口市人民政府党组成员兼任	管理局党委书记、局长由三亚市委副书记、市长兼任
管理局党委副书记、常务副局长	由儋州环湾办常务副主任兼任	由专职领导担任	先由崖州区委书记兼任，现由专职领导担任
机构职能	是履行相应行政管理和公共服务职责的法定机构，负责综合协调、开发建设、运营管理、招商引资、产业发展、制度创新、投资促进、企业服务等工作，依照授权或者委托行使相应的行政审批权和行政处罚权		
全资平台公司	在洋浦、儋州现有平台公司基础上进行资本整合设立儋州新英湾开发建设有限责任公司	海口江东新区开发建设有限责任公司	三亚崖州湾科技城控股集团有限公司 海南城发实业集团有限公司

资料来源：本书编写组整理

二、市委环湾办的角色任务

一是代表儋州市委、市政府指导新英湾管理局工作。在“领导小组+法定机构+平台公司”管理架构中，市委环湾办是重要的日常统筹协调管理部门，在“三定方案”职能范围内研究决策新英湾开发建设重大事项，推进港产城一体化开发建设，协调解决市级层面涉及新英湾发展建设的重要工作。

二是积极推进环湾办行政体制改革。强化市委环湾办在环新英湾开发建设中承担的统筹、协调、推进职责，大力推进职能作用“由虚向实”。作为市委环湾领导小组的办事机构，环湾办要进一步明晰机构定位，厘清与职能部门、园区的管理边界，在规划制定、开发建设实施、土地征收、产业政策、督促考核等工作中强化领导地位，把“三定方案”赋予的十个工作职责落实转化为科学、标准的常态化工作机制，优化完善环湾办日常决策部署工作机制、日常统筹协调联系机制和行之有效的督促考核机制，把前端决策部署、中端要素配置和后端督促考核作为推进工作的抓手。

三是建立科学合理、分工细致、畅通有效的协同工作机制。按照“主攻主业、专事主责”原则，明确环湾办与市委各职能部门、属地镇街、园区的相关职能，建立责任清单，明确责任主体。在社会管理职能方面，明确由属地镇街负责相应行政区域内的相关工作，环湾办实现“轻装上阵”。在招商职能方面，明确环湾办统一负责产业项目招商和引进，以及项目地块出让和配套建设，属地镇街做好项目的征地、拆迁、交地等工作。在基础设施建设职能方面，明确重大基础设施建设项目由环湾办负责，一般公益性、功能性项目由属地镇街负责。继续争取在全省范围内跨部门、跨区域选调熟悉经济工作、项目建设、招商引资等业务的人员到环湾办工作。

三、新英湾管理局的角色任务

一是根据授权或委托行使区域开发建设权利。新英湾管理局是履行相应行政管理和公共服务职责的法定机构，在区域开发建设中承担主体责任，负责综合协调、开发建设、运营管理、招商引资、产业发展、制度创新、投资促进、企业服务等工作。

二是明确重点开发建设范围。新英湾管理局与洋浦经济开发区管委会互补互促，管理局重点开发白马井新城、儋州工业园两个片区。白马井新城片区以发展现代服务业为主，高标准建设城市基础设施，高质量配套城市公共服务，打造新英湾区域的城市客厅、科教中心、中央生活区和旅游消费中心。儋州工业园（王五和木棠）以发展先进制造业为主，打造自贸港高新技术产业园区、商贸物流及保税加工特色园区。

三是享有较大的行政权力。管理局依照授权或者委托行使相应的行政审批权和行政处罚权，海南省和儋州市人民政府及有关部门应当依法将有关管理权限授权或者委托新英湾管理局行使。不宜授权或者委托行使的管理权限，海南省和儋州市人民政府及有关部门可以按照规定在新英湾设立驻区机构。海南省和儋州市人民政府有关部门、新英湾管理局、驻区机构应当明确在新英湾的管理权限，依法编制权力清单、责任清单，经批准后向社会公布。

四是享有较大的人事权力。管理局享有独立用人自主权，按照精简高效的原则，在依照有关规定确定的薪酬总额范围内，自主决定机构设置、岗位设置、人员聘用、薪酬标准等事项。省管市级领导干部和市委任命管理的现职领导干部保留行政编制、级别、工资等。

专栏 8-11　环新英湾争取审批管理权限下放和自贸港政策扩区推行

一、对标江东新区、崖州湾科技城等法定机构区域申请权力下放

重点在土地审批、项目规划、项目建设、企业设立、资质核准、特定机构备案等事项上申请承接省市两级有关管理权限下放，涉及发改、资规、住建、水务、市政、教育、林业、生态环境等职能部门；尚不具备下放条件的，由相关市级职能部门在新英湾政务服务中心设立窗口并派驻专人办理。在白马井新城设立新英湾政务服务中心，实现“湾区事湾区办，办事不出湾”。

二、申请下放重点开发片区规划调整权限

考虑到新区产业规划难以与招商引资落地项目完全对应，企业选址所考虑的市场因素综合复杂，片区控制性详细规划用地属性和刚性指标经常与实际需求存在差异，规划调整、控规维护等诉求频繁。应申请市政府授权，将重点开发片区法定规划调整权限下放至新英湾管理局。

三、推进洋浦经济开发区自贸港先行先试政策积极向环新英湾区域“应扩尽扩”

洋浦经济开发区政策包括自贸港先行先试政策和洋浦自行制定政策等，重点推进“一线”放开、“二线”管住、“零关税”清单、“加工增值”等自贸港先行先试政策扩点扩区、试点示范。针对洋浦自行制定政策，优化升级后扩散到环新英湾地区继续施行。

资料来源：本书编写组整理

四、平台公司的角色任务

参考江东新区、崖州湾科技城等法定机构的做法，新英湾管理局可以依法设立企业，委托企业负责区内土地开发、基础设施建设、产业投资、招商引资和公共服务设施的建设及运营，参与新英湾管理服务的组织与实施。新

英湾管理局根据儋州市人民政府授权对所出资企业履行出资人职责，依法享有资产收益、参与重大决策和选择管理者等出资人权利。

在洋浦、儋州现有平台公司（洋浦控股、儋州城投等）基础上，通过资本层面整合设立儋州新英湾开发建设有限责任公司，并将其定性为儋州新英湾管理局的全资子公司。平台公司负责区内土地收购、一级开发、资金融通、基础设施建设、运营管理等工作，参与新英湾区域管理服务的组织与实施。新英湾管理局对该公司履行出资人职责，依法享有资产收益、参与重大决策和选择管理者等出资人权利。

平台公司注册资本金为 50 亿元，新英湾管理局初期注资 2000 万～5000 万元用于公司运营与工作开展，后期根据运营需求与项目投资情况分期注资。新英湾管理局和平台公司通过探索设立新英湾开发建设基金、引入股权投资人、资产划拨、资产收购等途径，做大平台公司资产规模。三亚崖州湾科技城控股集团有限公司是崖州湾科技城管理局全资子公司，注册资本 100 亿元，通过接受资产划拨、资产收购等不断扩大资产规模，资产规模达到 189 亿元。①

第四节　推进儋州市设市辖区工作

一是尽快研究启动儋州市设区工作。建议在儋洋一体化契机下，考虑区域长远发展需求，儋州市新设那大区、新英湾区两个市辖区，形成海陆联动、产业互动、定位互补、协同发展的东西双核新格局，能够进一步提速儋洋一体化进程，助力儋州打造西部中心。

二是新英湾区包括洋浦经济开发区和 7 个沿海镇。新英湾区积极向海发展，统合“一区三办七镇”② 发展资源，优化管理机构和层级，形成党政职能全、统合能力强、管理效率高的体制机制优势，打造港产城融合发展的新市区。

三是那大区包括那大镇等 9 个镇。那大区积极向陆发展，强化那大发展腹地，推动三次产业加快发展，强化那大区西部交通枢纽地位，增强城乡垦

① 罗霞，黄媛艳，苏庆明，徐慧玲．崖州湾畔之变［N］．海南日报，2021-11-28（1）．

② 一区三办七镇：“一区”指洋浦经济开发区；“三办”指三都办事处、干冲办事处、新英湾办事处，“三办”的前身为三都镇；“七镇”指白马井镇、王五镇、新州镇、中和镇、木棠镇、峨蔓镇、排浦镇。

地统筹协调能力，积极对接环新英湾产业辐射，带动中西部内陆市县发展。

四是研究市政府住所迁移。在启动设区工作的同时，儋州市政府所在地可考虑设在新英湾区，一方面推动新英湾城区发展建设，一方面为那大城区更新提质腾挪空间。

儋州市与三亚市行政区划单位情况对比见表 8-4，儋州市设区方案设想见表 8-5、图 8-1。

表 8-4　儋州市与三亚市行政区划单位情况对比

指标	儋州市	三亚市	儋州：三亚
陆域面积（万平方公里）	3406	1921	1.773：1
人口（万人）	95.4	103.1	0.925：1
GDP（亿元）	832	835	0.996：1
行政区划单位	16 个市辖镇 3 个办事处 1 个国家级园区 2 个市级园区	4 个市辖区 1 个生态区 2 个省级园区	

资料来源：本书编写组整理

表 8-5　儋州市设区方案设想

指标	新英湾区	那大区
组成	7 个镇（白马井镇、王五镇、新州镇、中和镇、木棠镇、峨蔓镇、排浦镇） 3 个办事处（三都办事处、干冲办事处、新英湾办事处） 1 个国家级园区（洋浦经济开发区）	9 个镇（那大镇、兰洋镇、合庆镇、南丰镇、大成镇、雅星镇、东成镇、海头镇、光村镇）
陆域面积（万平方公里）	876	2530
人口（万人）	32	63
GDP（亿元）	443	389
发展定位	向海发展，高效统合 1 区 7 镇发展资源，优化管理机构和管理层级，形成党政职能全、统合能力强、管理效率高的体制机制优势，打造港产城科融合发展新市区	向陆发展，强化发展腹地和西部枢纽，增强城乡垦地统筹协调能力，积极对接环新英湾产业辐射，推动三次产业加快发展，打造成为带动内陆市县发展的西部中心
	新英湾区与那大区形成定位互补、海陆联动、产业互动、协同发展的东西双核心新格局	

资料来源：本书编写组整理

图 8-1　儋州市设区设想方案

图片来源：本书编写组整理

第九章

构建"1+7+5N"发展政策体系，持续释放体制机制改革红利

第一节　构建环新英湾"1+7+5N"发展政策体系

一、先进地区政策体系案例分析及启示借鉴

对广州南沙新区、深圳前海深港现代服务业合作区、深圳战略性新兴产业、珠海横琴粤澳深度合作区、上海自贸区临港新片区、河北雄安新区等政策先进地区开展案例分析，发现这6个先进地区具有四个方面的共同特征：一是政策体系全面、政策系统性强；二是政策关注点多元务实、体现地方特点；三是政策支持对象颗粒度细、聚焦细分领域；四是大胆突破政策边界、支持举措明晰多样（见表9-1）。

表9-1　国内6个先进地区的发展政策体系设计

地区	政策体系设计			
广州南沙	1	1	10	N（36）
	构建产业政策体系的上位指导文件	指导产业发展资金管理办法的文件	发展改革局出台的10个重要产业发展支持文件	各部门出台的产业发展支持文件，已出台36个
深圳前海	1		N（23）	
	中共中央　国务院出台的前海深化改革开放总体方案		海关总署配套方案，前海出台的科技创新、产业、土地、深港合作等配套政策，已出台23个	

续表

<table>
<tr><th>地区</th><th colspan="12">政策体系设计</th></tr>
<tr><td rowspan="2">深圳战略性新兴产业</td><td colspan="3">1</td><td colspan="3">20</td><td colspan="3">1</td><td colspan="3">1</td></tr>
<tr><td colspan="3">深圳市人民政府关于发展壮大战略性新兴产业集群和培育发展未来产业的意见</td><td colspan="3">培育发展20个战略性新兴产业集群行动计划</td><td colspan="3">培育发展8个未来产业行动计划</td><td colspan="3">二十大先进制造业园区空间布局规划</td></tr>
<tr><td rowspan="2">珠海横琴</td><td colspan="3">1</td><td colspan="3">1</td><td colspan="3">1</td><td colspan="3">N（14）</td></tr>
<tr><td colspan="3">中共中央　国务院出台的横琴粤澳深度合作区总体方案</td><td colspan="3">横琴粤澳深度合作区条例，正在研究制定中</td><td colspan="3">横琴粤澳深度合作区总体发展规划，正在研究制定中</td><td colspan="3">财政部、税务总局及横琴出台的支持政策，已出台14个</td></tr>
<tr><td rowspan="2">上海临港</td><td colspan="6">4</td><td colspan="6">N（28）</td></tr>
<tr><td colspan="6">在金融政策、产业政策、科技创新政策、人才政策4个方面密集出台一系列具体支持政策文件</td><td colspan="6">围绕4个方面，临港新片区、上海市发展改革委、上海市外专局等部门出台的支持政策文件，已出台28个</td></tr>
<tr><td rowspan="2">雄安新区</td><td colspan="4">1</td><td colspan="4">1</td><td colspan="4">N（8）</td></tr>
<tr><td colspan="4">中共中央　国务院印发设立河北雄安新区的通知</td><td colspan="4">河北省人大制定的《河北雄安新区条例》</td><td colspan="4">雄安新区有关部门出台的支持政策文件，已出台8个</td></tr>
</table>

资料来源：本书编写组整理

（一）政策体系全面、政策系统性强

在各地区政策体系中，既有战略性、指引性、权威性政策，也有落地性、操作性政策，还有配套实施政策、空间布局指引，形成了层次清晰、分工明确、衔接呼应、延展性强的政策体系。

儋州洋浦要构建环新英湾“1+7+5N”发展政策体系。“1”指《中共海南省委　海南省人民政府关于支持儋州洋浦一体化发展的若干意见》（琼发〔2022〕9号），是儋洋一体化最重要的上位指导文件之一；“7”指省发展改革委、省工信厅、省财政厅、省自规厅、省交通厅、省金融局、人民银行海口支行等部门出台的7个支持儋州洋浦一体化建设的政策，是对省委、省政府支持意见的进一步落实；“5N”指在环新英湾落地实施的“5类N个”自贸港政策和自主制定政策，包括全岛适用的自贸港政策（8个）、洋浦独有的自贸港政策（4个）、洋浦先行先试的自贸港政策（2个）、洋浦制定的政策（11个）、环新英湾制定的政策（38个）（见表9-2）。

表 9-2 儋州市环新英湾地区“1+7+5N”发展政策体系设计

地区	发展政策体系设计		
	1	7	5N（5 类 N 个）
环新英湾	《中共海南省委 海南省人民政府关于支持儋州洋浦一体化发展的若干意见》（琼发〔2022〕9 号）	省发展改革委、省工信厅、省财政厅、省自规厅、省交通厅、省金融局、人民银行海口支行等 7 部门出台的专门支持政策	第 1 类 8 个：全岛适用的自贸港政策 第 2 类 4 个：洋浦独有的自贸港政策 第 3 类 2 个：洋浦先行先试的自贸港政策 第 4 类 11 个：洋浦制定的政策 第 5 类 38 个：环新英湾制定的政策

资料来源：本书编写组整理

（二）政策多元务实、体现地方特点

总体上各地政策支持范围涵盖产业、金融、科技创新、人才、土地、区域合作等方面，也根据发展特点和定位出台具有地区特点的政策。例如，深圳前海、珠海横琴出台了多个跨海关区域合作支持政策，上海临港、广州南沙以重点产业“一产一策”为主，深圳一天内公布了 20 个战略性新兴产业发展扶持政策，雄安新区政策侧重服务北京非首都功能落地。

儋州洋浦要围绕儋洋一体化战略定位和发展方向研究新政策，制定的具体政策要与环新英湾发展战略定位一致、要直接服务产业发展、要素集聚。环新英湾“5N”（5 类 N 个）政策包括全岛适用的自贸港政策、洋浦独有的自贸港政策、洋浦先行先试的自贸港政策、洋浦制定的政策和环新英湾制定的政策，既要落实好自贸港政策在环新英湾地区先行先试和扩点扩区，也要围绕环新英湾产业发展、科技创新、人才引育、要素配置制定出台地方政策，上下结合形成政策“组合拳”“工具箱”，保障战略目标的实现。

（三）支持对象颗粒度细、精准到位

在各地区政策体系中，除了上位出台的战略性、指引性文件外，其他政策大多直指具体领域、具体产业、具体工作，政策设计呈现颗粒度越来越细、聚焦重点领域的趋势。如广州南沙出台新兴产业园发展用地、法律服务集聚区、种业小镇、独角兽企业等具体政策，深圳前海出台新型研发机构、新型智库、高端法律服务业、导游及领队执业备案等具体政策，深圳针对 20 个战略性新兴产业每个方向出台 1 个政策、针对 8 个未来产业共同出台 1 个政策，珠海横琴出台澳门居民就业政策等，上海临港出台氢能产业、法律服务、外国人才政策等。

儋州洋浦要利用自贸港制度优势做“微型手术”“定点爆破”。要利用自贸港制度优势和立法特点，围绕阻碍行业发展、要素配置的堵点难点进行定向突破，积极在多个局部实现创新突破和全国首例，持续释放改革红利。比如，在再制造监管、跨境结算、数据跨境传输、境外人才绿卡、新能源综合开发、洋浦船籍港政策升级、封关压力测试扩点扩区等方面实现局部创新，做出一批国内首创首单制度案例。

（四）大胆突破边界、支持举措多样

除了上位总体政策，在面向具体领域出台的支持政策上积极进行创新，政策文件内容大多短小凝练，较好指导政策落地实践操作，提出的支持举措多样丰富，即便同一领域方向的政策在不同地区也呈现不同特点。如珠海横琴在粤澳合作上做出一系列创新举措，突破传统海关监管方式；广州南沙针对企业落户、增资、研发、经营、上市等不同发展阶段设置了奖励、补贴或股权投资等政策扶持；上海自贸区临港新片区出台的氢能和燃料电池汽车产业政策一度刺激相关股票大涨，引起资本市场积极响应，政策精准度极高、落地操作性很强。

儋州洋浦制定的具体领域政策不求大而全，但求小而精。要充分做好政策前期研究调研工作，对重点拟出台政策开展落实效果模拟推演，支持具体领域的政策文件主干内容控制在10条以内，形成一批类似“创新10条”“基金9条”“再制造6条”等的高质量政策文件，争取出台一个政策带动一片发展。每个政策出台后1~2年做一次政策落地效果分析评价，对实施效果不理想的政策积极调整优化或中止。

二、先进地区政策体系案例分析

（一）广州南沙新区“1+1+10+N”产业政策体系

广州南沙新区在产业发展上制定出台“1+1+10+N”产业政策体系，2个“1”分别指《广州南沙新区（自贸片区）关于构建重点产业促进政策体系　加快打造高水平对外开放门户枢纽产业新高地的意见》《广州南沙新区（自贸片区）产业发展资金管理办法》，明确了产业体系上位指导和产业发展资金关键问题，“10”指南沙发展改革局出台的10个重要产业发展支持文件，“N”指南沙各部门出台的产业发展支持文件，已出台36个。

南沙“1+1+10+N”产业政策体系针对本地区产业发展迫切需求，突出针对新兴业态、新兴领域的政策扶持，利用政策引导支持产业转型升级和高质量发展。政策体系涵盖总部、科技、金融、先进制造与建筑、航运物流、商

贸、现代服务等7个重点产业方向以及人才、用地、项目引荐等3个共性产业要素，在人工智能、外贸综合服务、旅游、邮轮、种业小镇、生活服务业、港澳青年创新创业等领域出台专项扶持政策，针对企业落户、增资、研发、经营、上市等不同发展阶段设置了奖励、补贴或股权投资等政策，为企业提供全生命周期服务（见表9-3）。

表9-3　广州南沙新区“1+1+10+N”产业政策体系

体系	出台部门	政策名称	备注
1	发展和改革局	《广州南沙新区（自贸片区）关于构建重点产业促进政策体系　加快打造高水平对外开放门户枢纽产业新高地的意见》	总体设计
1	发展和改革局	《广州南沙新区（自贸片区）产业发展资金管理办法》	产业基金
10	发展和改革局	《广州南沙新区（自贸片区）促进总部经济发展扶持办法》	发改局牵头政策
	发展和改革局	《广州南沙新区（自贸片区）促进科技创新产业发展扶持办法》	
	发展和改革局	《广州南沙新区（自贸片区）促进先进制造业与建筑业发展扶持办法》	
	发展和改革局	《广州南沙新区（自贸片区）促进航运物流业发展扶持办法》	
	发展和改革局	《广州南沙新区（自贸片区）促进金融服务业发展扶持办法》	
	发展和改革局	《广州南沙新区（自贸片区）促进商贸业发展扶持办法》	
	发展和改革局	《广州南沙新区（自贸片区）促进现代服务业发展扶持办法》	
	发展和改革局	《广州南沙新区（自贸片区）集聚人才创新发展的若干措施》	
	发展和改革局	《广州南沙新区（自贸片区）支持新兴产业园发展的用地管理意见》	
	发展和改革局	《广州南沙新区（自贸片区）招商项目引荐专项奖励办法》	
N	区人民政府办公室	《广州南沙新区（自贸片区）促进邮轮产业发展扶持办法》	产业政策
	区管委会、区人民政府	《广州南沙新区（自贸片区）促进外贸综合服务企业发展扶持办法》	
	文化广电旅游体育局	《广州南沙新区（自贸片区）促进旅游产业发展扶持办法》	
	商务局	《广州南沙新区（自贸片区）促进人工智能产业发展扶持办法》	
	区管委会、区人民政府办公室	《广州南沙新区（自贸片区）鼓励支持港澳青年创新创业实施办法（试行）》	创业政策
	农业农村局	《广州市南沙区促进广州种业小镇发展扶持办法》	已失效
	商务局	《南沙区重点区域生活服务业发展扶持办法》	产业政策
	区管委会、区人民政府	《广州南沙新区（自贸片区）促进生物技术产业发展扶持办法》	已失效

续表

体系	出台部门	政策名称	备注
N	区管委会办公室、区人民政府	《广州南沙新区（自贸片区）促进新一代信息技术产业发展扶持办法》	产业政策
	工业信息化局、科学技术局	《广州南沙新区（自贸片区）支持自动驾驶汽车行业创新发展的若干意见（试行）》	
	区管委会、区人民政府	《广州南沙新区（自贸片区）促进独角兽企业发展扶持办法的通知》	
	工业和信息化局	《广州南沙新区（自贸片区）促进半导体与集成电路产业发展扶持办法》	征求意见稿
	工业和信息化局	《广州南沙新区（自贸片区）促进商业航天产业发展的扶持办法》	
	司法局	《广州南沙新区（自贸片区）法律服务集聚区发展扶持办法》	产业政策
	金融工作局	《发广州南沙新区（自贸片区）信贷风险补偿资金池管理办法》	金融政策
	发展和改革局	《广州南沙新区（自贸片区）促进总部经济发展扶持办法实施细则》	产业政策实施细则
	口岸工作办公室	《广州南沙新区（自贸片区）促进航运物流业发展扶持办法实施细则（修订稿）》	
	人才发展局	《广州南沙新区（自贸片区）集聚人才创新发展若干措施实施细则》	人才政策实施细则
	科学技术局、市场监管局	《广州南沙新区（自贸片区）促进科技创新产业发展扶持办法实施细则（修订稿）》	创新政策实施细则
	金融工作局	《广州南沙新区（自贸片区）金融服务业发展扶持办法的实施细则》	产业政策实施细则
	商务局	《广州南沙新区（自贸片区）促进现代服务业发展扶持办法实施细则》	
	商务局	《广州南沙新区（自贸片区）招商项目引荐专项奖励办法实施细则》	招商政策实施细则
	商务局、口岸工作办公室	《广州南沙新区（自贸片区）促进商贸业发展扶持办法实施细则》	产业政策实施细则
	工业信息化局、建设交通局	《广州南沙新区（自贸片区）促进先进制造业与建筑业发展扶持办法实施细则（2020年修订稿）》	
	投资贸易促进局	《广州南沙新区（自贸片区）促进外贸综合服务企业发展扶持办法实施细则》	
	商务局	《广州南沙新区（自贸片区）促进人工智能产业发展扶持办法实施细则》	
	文化广电旅游体育局	《广州南沙新区（自贸片区）促进旅游产业发展扶持办法实施细则》	

续表

体系	出台部门	政策名称	备注
N	文化广电旅游体育局	《广州南沙新区（自贸片区）促进邮轮产业发展扶持办法实施细则》	产业政策实施细则
	商务局	《南沙区重点区域生活服务业发展扶持办法实施细则》	
	人才发展局、港澳办	《广州南沙新区（自贸片区）鼓励支持港澳青年创新创业实施细则（试行）》	已失效
	区管委会、区人民政府	《广州南沙新区（自贸片区）促进独角兽企业发展扶持办法实施细则》	征求意见稿
	司法局	《广州南沙新区（自贸片区）法律服务集聚区发展扶持办法实施细则》	产业政策实施细则
	区管委会、区人民政府办公室	《推动创新链产业链资金链人才链深度融合的若干措施的通知》	配套政策
	金融工作局	《关于印发广州南沙新区（自贸片区）优化金融服务业创新营商环境暂行办法的通知》	营商环境政策
	区管委会	《广州南沙新区片区集群注册企业管理试行办法（修订稿）的通知》	配套政策
	发展和改革局	《广州南沙新区（自贸区南沙片区）关于支持国际金融岛发展的若干措施》	产业政策

资料来源：本书编写组整理

（二）深圳前海深港现代服务业合作区“1+N”政策体系

深圳前海深港现代服务业合作区制定出台“1+N”政策体系，“1”指中共中央、国务院发布的《全面深化前海深港现代服务业合作区改革开放方案》，是上位总体设计和最高指导，“N”从科技创新、产业政策、要素保障、开发开放、深港合作等方面入手，聚焦行业特点，找准产业定位，出台了一系列配套政策，共同构建“1+N”政策体系（见表9-4）。

表9-4 深圳前海深港现代服务业合作区“1+N”政策体系

体系	出台部门	政策名称	备注
1	中共中央、国务院	《全面深化前海深港现代服务业合作区改革开放方案》	总体设计
N	海关总署	《海关总署支持前海深港现代服务业合作区全面深化改革开放若干措施》	海关配套方案
	前海管理局	《深圳市前海深港现代服务业合作区管理局支持新型研发机构管理办法（试行）》	科技创新政策

续表

体系	出台部门	政策名称	备注
N	前海管理局	《深圳市前海深港现代服务业合作区管理局支持科技创新实施办法（试行）》	科技创新政策
	前海管理局	《深圳市前海深港现代服务业合作区管理局关于支持中国特色新型智库发展的暂行办法》	
	前海管理局	《前海深港现代服务业合作区支持创新创业载体发展专项资金实施细则（试行）》	
	前海管理局	《深圳市前海深港现代服务业合作区管理局促进商贸物流业高质量发展办法》	产业政策
	前海管理局	《深圳市前海深港现代服务业合作区管理局关于支持前海深港国际法务区高端法律服务业集聚的实施办法（试行）》	
	前海管理局	《深圳前海深港现代服务业合作区专业服务业发展专项资金管理暂行办法》	
	前海管理局	《深圳前海深港现代服务业合作区促进餐饮业发展管理暂行办法》	
	前海管理局	《深圳前海深港现代服务业合作区产业扶持用房管理办法（试行）》	
	前海管理局	《深圳前海深港现代服务业合作区支持金融业发展专项资金管理暂行办法》	
	前海管理局	《深圳前海深港现代服务业合作区促进产业集聚办公用房资金补贴办法》	
	前海管理局	《深圳前海深港现代服务业合作区招商引资奖励暂行办法》	
	前海管理局	《深圳前海深港现代服务业合作区产业发展资金管理办法》	
	前海管理局	《深圳市前海深港现代服务业合作区高端航运服务业专项扶持资金实施细则》	
	前海管理局	《深圳市前海深港现代服务业合作区新兴贸易发展专项扶持资金操作规程（试行）》	
	前海管理局	《深圳前海深港现代服务业合作区产业投资引导基金管理办法》	
	前海管理局	《深圳市前海深港现代服务业合作区立体复合开发用地管理若干规定（试行）》	土地政策
	前海管理局、文化广电旅游体育局	《深圳前海深港现代服务业合作区港澳导游及领队执业备案暂行规定》	深港合作政策
	前海管理局	《深圳市前海深港现代服务业合作区香港工程建设领域专业人士执业备案管理办法》	
	前海管理局	《深圳市前海深港现代服务业合作区香港工程建设领域专业机构执业备案管理办法》	

续表

体系	出台部门	政策名称	备注
N	前海管理局	《关于进一步便利港澳居民在深发展的若干措施》	深港合作政策
	前海管理局	《关于支持港澳青年在前海发展的若干措施》	
	前海管理局	《关于支持港澳青年在前海发展的若干措施实施细则》	

资料来源：本书编写组整理

（三）深圳市战略性新兴产业“1+20+1+1”政策体系

深圳市围绕发展壮大战略性新兴产业制定出台“1+20”产业政策体系，“1”是《深圳市人民政府关于发展壮大战略性新兴产业集群和培育发展未来产业的意见》，提出培育发展壮大“20+8”产业集群，即发展以先进制造业为主体的20个战略性新兴产业集群，战略布局八大未来产业，明确目标到2025年，战略性新兴产业增加值超过1.5万亿元，成为推动经济社会高质量发展的引擎。在发布“1”的同一天，深圳还发布了22个政策文件，其中20个文件为培育发展20个战略性新兴产业集群行动计划，第1个文件为《深圳市培育发展未来产业行动计划（2022—2025年）》，另1个文件为《深圳市20大先进制造业园区空间布局规划》，共同构成“1+20+1+1”政策体系，是国内战略性新兴产业最全面、最细致、最具体、最成体系的政策体系（见表9-5）。

表9-5　深圳市战略性新兴产业招商“1+20”政策体系

体系	出台部门	政策名称	备注
1	深圳市人民政府	《深圳市人民政府关于发展壮大战略性新兴产业集群和培育发展未来产业的意见》	总体设计
20	工信局、发展改革委、科创委	《深圳市培育发展网络与通信产业集群行动计划（2022—2025年）》	具体产业发展政策
	发展改革委、科创委、工信局、国资委	《深圳市培育发展半导体与集成电路产业集群行动计划（2022—2025年）》	
	发展改革委、科创委、工信局、文旅局	《深圳市培育发展超高清视频显示产业集群行动计划（2022—2025年）》	
	工信局、发展改革委、科创委	《深圳市培育发展智能终端产业集群行动计划（2022—2025年）》	
	工信局、发展改革委、科创委	《深圳市培育发展智能传感器产业集群行动计划（2022—2025年）》	
	工信局、发展改革委、科创委、政务数据局	《深圳市培育发展软件与信息服务产业集群行动计划（2022—2025年）》	

续表

体系	出台部门	政策名称	备注
20	文旅局、委宣传部、工信局	《深圳市培育数字创意产业集群行动计划（2022—2025年）》	具体产业发展政策
	工信局、商务局、发展改革委	《深圳市培育发展现代时尚产业集群行动计划（2022—2025年）》	
	工信局、发展改革委、科创委	《深圳市培育发展工业母机产业集群行动计划（2022—2025年）》	
	工信局、发展改革委、科创委	《深圳市培育发展智能机器人产业集群行动计划（2022—2025年）》	
	工信局、发展改革委、科创委	《深圳市培育发展激光与增材制造产业集群行动计划（2022—2025年）》	
	工信局、发展改革委、科创委	《深圳市培育发展精密仪器设备产业集群行动计划（2022—2025年）》	
	发展改革委、科创委、工信局、规划局	《深圳市培育发展新能源产业集群行动计划（2022—2025年）》	
	工信局、发展改革委、科创委、生态局、应急局	《深圳市培育发展安全节能环保产业集群行动计划（2022—2025年）》	
	发展改革委、科创委、工信局、交通局、市监局	《深圳市培育发展智能网联汽车产业集群行动计划（2022—2025年）》	
	工信局、发展改革委、科创委	《深圳市培育发展新材料产业集群行动计划（2022—2025年）》	
	发展改革委、科创委、工信局、市监局、卫健委	《深圳市培育发展高端医疗器械产业集群行动计划（2022—2025年）》	
	发展改革委、科创委、工信局、市监局、卫健委	《深圳市培育发展生物医药产业集群行动计划（2022—2025年）》	
	发展改革委、科创委、工信局、市监局、卫健委	《深圳市培育发展大健康产业集群行动计划（2022—2025年）》	
	规划局、发展改革委、科创委、工信局、文旅局	《深圳市培育发展海洋产业集群行动计划（2022—2025年）》	
1	科创委、发展改革委、工信局	《深圳市培育发展未来产业行动计划（2022—2025年）》	具体产业发展政策
1	工信局、规划局	《深圳市20大先进制造业园区空间布局规划》	空间安排

资料来源：本书编写组整理

（四）珠海横琴粤澳深度合作区“1+1+1+N”政策体系

珠海横琴粤澳深度合作区提出“1+1+1+N”政策体系，第一个“1”指中共中央、国务院发布的《横琴粤澳深度合作区建设总体方案》，是上位总体设计和最高指导；第二个“1”指《横琴粤澳深度合作区条例》，因涉及“一国两制”，正在积极争取中央有关部门制定出台；第三个“1”指《横琴粤澳深度合作区总体发展规划》，正在研究制定中；“N”指一系列相关配套政策，包括粤澳合作下的分线管理、财税金融、市场准入、产业发展等一系列制度设计。目前，双15%所得税优惠政策已实施，已出台集成电路产业、中小微企业融资、企业挂牌上市、企业赴澳发行债券、外商股权投资等方面配套政策文件（见表9-6）。

表9-6　珠海横琴粤澳深度合作区“1+1+1+N”政策体系

体系	出台部门	政策名称	备注
1	中共中央、国务院	《横琴粤澳深度合作区建设总体方案》	总体设计
1	上级部门	《横琴粤澳深度合作区条例》	研究制定中
1	上级部门	《横琴粤澳深度合作区总体发展规划》	研究制定中
N	财政部、税务总局	《关于横琴粤澳深度合作区个人所得税优惠政策的通知》	国家部委政策
	财政部、税务总局	《关于横琴粤澳深度合作区企业所得税优惠政策的通知》	
	金融发展局	《横琴粤澳深度合作区企业上市挂牌专项扶持办法》	金融政策
	金融发展局	《横琴粤澳深度合作区促进中小微企业融资发展扶持办法》	
	区执行委员会	《横琴粤澳深度合作区外商投资股权投资类企业试点办法（暂行）》	
	区执行委员会	《横琴粤澳深度合作区支持企业赴澳门发行公司债券专项扶持办法（暂行）》	
	金融发展局	《横琴粤澳深度合作区促进金融产业发展扶持办法（征求意见稿）》	
	经济发展局	《横琴粤澳深度合作区关于支持澳资企业发展的扶持办法（征求意见稿）》	粤澳合作政策
	经济发展局	《横琴粤澳深度合作区促进引领型企业实质性运营发展扶持办法（征求意见稿）》	
	民生事务局	《横琴粤澳深度合作区支持澳门居民就业若干措施的暂行办法（征求意见稿）》	

续表

体系	出台部门	政策名称	备注
N	商事服务局	《横琴粤澳深度合作区澳门个人经营者经营备案管理办法》	粤澳合作政策
	经济发展局	《横琴粤澳深度合作区境外专业人才执业备案试行管理办法（征求意见稿）》	
	区管委会	《横琴新区促进总部经济发展办法（修订）》	产业发展政策
	区执行委员会	《横琴粤澳深度合作区促进集成电路产业发展若干措施》	

资料来源：本书编写组整理

（五）上海自贸区临港新片区“4+N”政策体系

上海自贸区临港新片区制定出台“4+N”政策体系，“4”指金融、产业、科技创新、人才四个重点政策支持方向，“N”在每个方向上出台系列具体支持政策。上海临港聚焦新技术、新模式、新业态、新产业，围绕集成电路、人工智能、生物医药、航空航天、氢能等产业出台支持措施。在促进科技创新方面，为科创企业提供全周期服务扶持体系，针对企业创业、孵化、研发、经营、上市、融资等不同发展阶段设置奖励、补贴等政策扶持。重视政策精准度、落地操作性，出台氢能和燃料电池汽车产业政策后一度刺激相关股票大涨，引起资本市场积极响应（见表9-7）。

表9-7　上海自贸区临港新片区“4+N”政策体系

体系	出台部门	政策名称	备注
1金融政策	临港新片区管委会	《临港新片区加快建设跨境资产管理示范区的若干措施》	金融N个政策
	临港新片区管委会	《中国（上海）自由贸易试验区临港新片区支持金融业创新发展的若干措施》	
	临港新片区管委会	《中国（上海）自由贸易试验区临港新片区企业信贷风险补偿资金管理办法》	
	临港新片区管委会	《全面推进中国（上海）自由贸易试验区临港新片区金融开放与创新发展的若干措施》	
2产业政策	临港新片区管委会	《中国（上海）自由贸易试验区临港新片区促进产业发展若干政策》	产业N个政策
	临港新片区管委会	《中国（上海）自由贸易试验区临港新片区集聚发展人工智能产业若干政策》	
	临港新片区管委会	《中国（上海）自由贸易试验区临港新片区集聚生物医药产业发展若干措施》	

续表

体系	出台部门	政策名称	备注
2 产业政策	临港新片区管委会	《中国（上海）自由贸易试验区临港新片区集聚发展航空航天产业若干措施》	产业 N 个政策
	临港新片区管委会	《中国（上海）自由贸易试验区临港新片区集聚发展集成电路产业若干措施》	
	上海市发展改革委	《中国（上海）自由贸易试验区临港新片区氢能产业高质量发展的若干政策》	
	临港新片区管委会	《中国（上海）自由贸易试验区临港新片区支持产业转型升级的若干措施（试行）》	
	临港新片区管委会	《关于着力发挥资本市场作用促进临港新片区企业高质量发展的实施意见》	
	临港新片区管委会	《中国（上海）自由贸易试验区临港新片区管理委员会支持总部经济发展若干措施》	
	临港新片区管委会	《中国（上海）自由贸易试验区临港新片区促进法律服务业发展若干政策》	
	临港新片区管委会	《中国（上海）自由贸易试验区临港新片区促进旅游及体育产业高品质发展的若干政策》	
	临港新片区管委会	《中国（上海）自由贸易试验区临港新片区进一步促进服务业高质量发展的实施意见》	
	临港新片区管委会	《中国（上海）自由贸易试验区临港新片区促进商业发展若干政策》	
	临港新片区管委会	《中国（上海）自由贸易试验区临港新片区促进文化产业发展若干政策》	
	临港新片区管委会	《中国（上海）自由贸易试验区临港新片区战略性新兴产业发展专项实施细则》	
3 科技创新政策	临港新片区管委会	《中国（上海）自由贸易试验区临港新片区支持"专精特新"企业的若干措施》	科技创新 N 个政策
	临港新片区管委会	《中国（上海）自由贸易试验区临港新片区推进创新联合体建设和发展的实施方案》	
	临港新片区管委会	《中国（上海）自由贸易试验区临港新片区关于推进"智造焕新"建设行动若干措施实施细则》	
	临港新片区管委会	《中国（上海）自由贸易试验区临港新片区企业研发创新机构专项奖励实施细则》	
	临港新片区管委会	《中国（上海）自由贸易试验区临港新片区提升科技创新策源能力建设若干政策》	
	临港新片区管委会	《中国（上海）自由贸易试验区临港新片区建设发展科技企业孵化载体若干政策》	

续表

体系	出台部门	政策名称	备注
4 人才政策	临港新片区管委会	《中国（上海）自由贸易试验区临港新片区促进人力资源服务机构集聚若干政策》	人才 N 个政策
	临港新片区管委会	《中国（上海）自由贸易试验区临港新片区支持人才发展若干措施》	
	上海市外专局	《关于支持中国（上海）自由贸易试验区临港新片区更加便利更加开放地引进外国人才的通知》	

资料来源：本书编写组整理

（六）河北雄安新区“1+1+N”政策体系

河北雄安新区制定出台了“1+1+N”政策体系，第一个“1”指《中共中央　国务院关于设立河北雄安新区的通知》，是上位总体设计和最高指导；第二个“1”指河北省人大颁布的《河北雄安新区条例》，是省级层面的落实和指导；“N”指围绕承接北京非首都功能疏解与本地区产业发展，在支持企业投资、融资、上市等方面出台的相关政策，以及在推动企业科技创新、产业转型升级出台的相关政策（见表 9-8）。

表 9-8　河北雄安新区“1+1+N”政策体系

体系	出台部门	政策名称	备注
1	中共中央、国务院	《中共中央　国务院关于设立河北雄安新区的通知》	总体设计
1	河北省人大	《河北雄安新区条例》	省级层面落实
N	新区管委会	《全面深化服务贸易创新发展试点实施方案》	配套政策
	新区管委会	《关于促进“专精特新”企业和数字经济核心产业高质量发展的若干措施》	
	新区党工委会	《关于服务承接非首都功能疏解　培育和支持雄安新区企业挂牌上市的实施意见》	
	新区党工委会	《关于服务承接非首都功能疏解　促进雄安新区融资租赁业高质量发展的若干意见》	
	新区改革发展局	《河北雄安新区外商投资股权投资类企业试点暂行办法》	
	新区管委会	《河北雄安新区关于支持企业创新发展的若干措施》	
	新区党工委会	《关于加快培育和发展住房租赁市场的实施意见（试行）》	
	新区党工委会	《传统产业转移升级工作的实施方案》	

资料来源：本书编写组整理

三、构建儋洋一体化“1+7+5N”发展政策体系

根据省级层面支持儋州洋浦一体化政策、自贸港先行先试政策、环新英湾发展需求政策，构建环新英湾“1+7+5N”发展政策体系，其中“1+7”为省级层面支持政策，“5N”为在环新英湾（洋浦）实施的5类自贸港政策和自主制定政策（见表9-9）。

表9-9　儋州市环新英湾地区“1+7+5N”发展政策体系设计

政策体系	含义	说明
1	1个省委、省政府支持政策	《关于支持儋州洋浦一体化发展的若干意见》（琼发〔2022〕9号）
7	7个省级部门支持政策	省发展改革委、省工信厅、省财政厅、省自规厅、省交通厅、省金融局、人民银行海口支行
5N	环新英湾地区5类N个政策	第1类8个：全岛适用的自贸港政策
		第2类4个：洋浦独有的自贸港政策
		第3类2个：洋浦先行先试的自贸港政策
		第4类11个：洋浦制定的政策
		第5类38个：环新英湾制定的政策

资料来源：本书编写组整理

（一）“1”：省委、省政府支持政策

2022年5月，海南省委、省政府出台《关于支持儋州洋浦一体化发展的若干意见》（琼发〔2022〕9号），提出儋洋一体化的指导思想、基本原则、发展定位、发展目标、20条支持措施、4条保障措施，是指导环新英湾地区发展的上位要求和总体设计，也是指导省级7个部门制定支持政策、环新英湾制定“N”发展政策的重要依据。

（二）“7”：省级部门支持政策

海南省委、省政府出台支持政策以来，短时间内省发展改革委、工信厅、财政厅、自规厅、交通厅、金融局、人民银行海口支行7个部门配套推出7个政策文件，共计118条具体支持措施。省级层面“1+7”政策体系具有出台速度快、政策突破大、针对性强等特点，但部分政策需进一步细化。省自规厅、金融局、人民银行海口支行3个部门出台的配套政策改革创新力度大或原则性较强，需要研究出台指导落地的配套操作办法。省发展改革委、工信

厅、财政厅、交通厅 4 个部门出台的配套政策较明确具体或项目较清晰，暂不需要出台落地配套办法，可在环新英湾自主制定的相关政策中针对性落实（见表 9-10）。

表 9-10　儋州市环新英湾地区“1+7”省级层面支持政策

序号	出台部门	政策文件	说明
1	省委、省政府	《中共海南省委　海南省人民政府关于支持儋州洋浦一体化发展的若干意见》	
2	省发展改革委	《海南省发展和改革委员会关于支持儋州洋浦一体化发展的若干措施》	
3	省工信厅	《海南省工业和信息化厅关于支持儋州洋浦一体化发展的若干措施》	
4	省财政厅	《海南省财政厅关于支持儋州洋浦一体化发展的若干措施》	
5	省自规厅	《海南省自然资源和规划厅关于支持儋州洋浦一体化发展的若干措施》	需研究配套办法
6	省交通厅	《海南省交通运输厅关于支持儋州洋浦一体化发展的若干措施》	
7	省金融局	《海南省地方金融监督管理局关于支持儋州洋浦一体化金融发展工作方案》	需研究配套办法
8	人民银行海口支行联合银保监会海南监管局、证监会海南监管局、外汇管理局海南省分局	《关于金融支持儋洋一体化　打造海南自由贸易港贸易投资高水平开放先行区的意见》	需研究配套办法

资料来源：本书编写组整理

（三）“5N”：环新英湾政策（5 类 N 个）

第一类：全岛适用的自贸港政策——大部分向全区扩散

在 8 个全岛适用的自贸港政策中，6 个政策在环新英湾具备应用场景，“应扩尽扩”全区执行，包括 3 张“零关税”正面清单、企业和个人双 15% 所得税、境外投资免征所得税、独立办学政策。暂时不具备应用场景的政策有国际展会境外展品进口销售免税政策、进出岛航班加注保税油政策（见表 9-11）。

表 9-11 海南全岛适用的自贸港政策

序号	环新英湾适用性	政策
1	具备应用场景，环新英湾全区扩散执行	自用生产设备“零关税”政策
2		交通工具及游艇“零关税”政策
3		原辅料“零关税”政策
4		企业和个人所得税双 15%政策
5		境外直接投资免征所得税政策
6		境外院校在海南独立办学政策
7	暂不具备应用场景	国际展会境外展品进口销售免税政策
8		进出岛航班加注保税油政策

资料来源：本书编写组整理

第二类：洋浦独有的自贸港政策——暂不具备扩散场景

4 个洋浦独有的自贸港政策均为港航物流领域政策，包括国际船籍港、船舶退税、加注保税油、启运港退税政策，此类政策继续在洋浦执行，暂不具备向环新英湾全区扩散的场景条件（见表 9-12）。

表 9-12 洋浦独有的自贸港政策

序号	环新英湾适用性	政策
1	继续在洋浦执行，暂不具备向环新英湾全区扩散的场景条件	“中国洋浦港”国际船籍港政策
2		国际运输船舶增值税退税政策
3		内外贸同船运输加注保税油政策
4		启运港退税政策

资料来源：本书编写组整理

第三类：洋浦先行先试的自贸港政策——向全区扩散

2 个洋浦先行先试的自贸港政策为“一线”放开、“二线”管住进出口管理制度、加工增值 30%进入内地免关税政策，“应扩尽扩”由洋浦向环新英湾全区扩散执行（见表 9-13）。

表 9-13 洋浦先行先试的自贸港政策

序号	环新英湾适用性	政策
1	由洋浦向全区扩散执行	“一线”放开、“二线”管住进出口管理制度
2		加工增值 30%进入内地免关税政策

资料来源：本书编写组整理

第四类：洋浦制定的政策——吸收进入全区政策体系中

洋浦经济开发区自行制定了一系列发展政策，目前处于有效期内的政策有10项，环新英湾吸收借鉴科技创新、人才、贷款贴息、全球贸易商、产业扶持等7项政策的先进做法，融入环新英湾政策体系（见表9-14）。

表9-14　洋浦制定的政策

序号	环新英湾适用性	政策
1	吸收借鉴政策特点，融入环新英湾政策体系	科技创新优惠政策实施细则
2		中小企业贷款贴息暂行办法
3		鼓励人才引进十条措施
4		全球贸易商计划
5		产业发展扶持政策（商贸业部分）
6		产业发展扶持政策（现代服务业部分）
7		产业发展扶持政策（先进制造业部分）
8	继续在洋浦执行	促进港航物流产业发展暂行办法
9		促进企业上市暂行办法
10		扶持建筑业发展的暂行办法

资料来源：本书编写组整理

第五类：环新英湾制定的政策——以发展政策和要素配置政策为主

1. 产业发展政策

主动对接海南四大主导产业、封关压力测试、政策扩点扩区对产业政策的需求，结合环新英湾产业发展定位，研究提出20个方向产业发展扶持政策办法，到2025年研究出台10个左右（见表9-15）。

表9-15　环新英湾制定的政策——产业发展扶持政策办法

序号	环新英湾产业发展扶持政策办法	出台时间
1	《促进洋浦建设西部陆海新通道国际航运枢纽扶持办法》	1~2年
2	《促进集装箱物流、大宗商品物流、冷链物流、石化物流产业发展扶持办法》	1~2年
3	《促进交通工具融资租赁产业发展扶持办法》	1~2年
4	《促进保税维修和再制造产业发展管理办法》	1~2年
5	《促进氢能产业发展扶持办法》	1~2年
6	《促进石化新材料产业发展扶持办法》	1~2年
7	《促进新能源产业发展扶持办法》	1~2年

续表

序号	环新英湾产业发展扶持政策办法	出台时间
8	《促进文化旅游体育产业发展扶持办法》	1~2 年
9	《促进天然橡胶科技研发和产业升级扶持办法》	1~2 年
10	《促进热带特色高效农业发展扶持办法》	1~2 年
11	《促进高端中介服务机构发展扶持办法》	2~3 年
12	《促进供应链金融产业发展扶持办法》	2~3 年
13	《促进专业交易市场建设发展扶持办法》	2~3 年
14	《促进新一代信息技术产业发展扶持办法》	2~3 年
15	《促进海洋装备产业发展扶持办法》	2~3 年
16	《促进人工智能产业发展扶持办法》	2~3 年
17	《促进燃料电池产业发展扶持办法》	2~3 年
18	《促进智能制造产业发展扶持办法》	2~3 年
19	《促进深海养殖产业发展扶持办法》	2~3 年
20	《支持“专精特新”企业加快发展扶持办法》	2~3 年

资料来源：本书编写组整理

2. 科技创新和人才政策

对标先进地区经验做法，按照港产城科“四箭齐发”融合发展的要求，结合科技创新和产业发展实际需要，提出 8 个方向科技创新创业和人才政策，根据工作进展近期（1~2 年）研究出台 4 个，中期（2~3 年）研究出台 4 个（见表 9-16）。

表 9-16　环新英湾制定的政策——科技创新和人才政策

序号	环新英湾科技创新和人才政策	出台时间
1	《促进科技创新和成果转化扶持办法》	1~2 年
2	《促进科研机构和新型研发机构落户发展扶持办法》	1~2 年
3	《支持创新创业载体发展专项资金管理办法》	1~2 年
4	《企业机构自主人才认定管理办法》	1~2 年
5	《促进离岸研发中心落户发展扶持办法》	2~3 年
6	《引进人才奖励办法》	2~3 年
7	《国际人才绿卡制度管理办法》	2~3 年
8	《鼓励支持国内外青年创新创业实施办法》	2~3 年

资料来源：本书编写组整理

3. 要素配置政策

对标先进地区经验做法，根据省级层面关于土地、金融政策导向，结合环新英湾实际需要，提出10个方向要素配置政策，根据工作进展近期（1~2年）研究出台5个，中期（2~3年）研究出台5个（见表9-17）。

表 9-17　环新英湾制定的政策——要素配置政策

序号	环新英湾要素配置政策	出台时间
1	《基准地价及标定地价实施管理办法》	1~2年
2	《新型产业用地（M0）和标准地试点管理办法》	1~2年
3	《促进金融机构设立分支机构法人机构扶持办法》	1~2年
4	《产业投资引导基金管理办法》	1~2年
5	《非银行金融机构结售汇业务试点管理办法》	1~2年
6	《招商项目引荐专项奖励办法》	2~3年
7	《促进境内外基金管理企业和基金落户扶持办法》	2~3年
8	《创业投资引导基金管理办法》	2~3年
9	《信贷风险补偿资金管理办法》	2~3年
10	《基础设施和公共服务投资引导基金管理办法》	2~3年

资料来源：本书编写组整理

第二节　产业投资引导基金政策

产业投资引导基金一直被视为撬动地区社会经济发展、推动产业结构升级、深化财政支出变革的重要抓手。海南省委、省政府《关于支持儋州洋浦一体化发展的若干意见》明确提出“支持儋州洋浦设立企业发展专项资金和产业发展引导基金，对符合产业规划和环保标准的产业及基础设施、公共设施建设等项目给予扶持”。海南省财政厅《关于支持儋州洋浦一体化发展的若干措施》明确提出“推动设立儋州洋浦发展投资基金和产业引导基金，支持儋州洋浦产业开发和环新英湾等基础设施建设，促进产业集聚”。通过设立产业投资引导基金，将财政资金由分散无偿使用转变为集中有偿投入，对促进儋州洋浦一体化发展尤其环新英湾产业发展具有重要意义。

一、先进地区产业投资引导基金案例分析及启示借鉴

对深圳市政府投资引导基金、重庆市产业引导股权投资基金、合肥市政府产业引导基金、天津市海河产业引导基金四支产业基金进行案例分析，研究发现这几个基金具有“五个一”的特点，即确定一个发展目标、建立一种管理机制、制定一套政策体系、成立一家合伙企业、招募一支专业团队。

（一）确定一个发展目标

设立基金首先要明确发展目标，明确产业投资方向。比如，深圳市政府投资引导基金早期主要投向高新技术产业，随着基金规模壮大增设了天使投资基金专门投资创新企业；天津市海河产业引导基金主要投向天津市支柱产业和战略性新兴产业，主攻先进制造业研发基地建设。

各地产业发展处于不同阶段，对基金支持的诉求也不相同，通过分析四地四支产业基金的发展历程可以得到以下启示：一是产业基金初期集中投向本地区重大产业项目，后期根据产业发展增设创新创业基金、天使投资基金等；二是政府要保持足够耐心，投资周期3~5年起步、上不封顶，注重持续拓宽多元募资渠道，保持定力形成基金效益爆发式释放；三是在关注地区重大产业项目的同时，也要对产业链短板弱项持续投入补足；四是产业基金也面临转型压力，创新基金多元投资机制、提高奖励比例、建立基金尽职免责和容错机制是重要方向（见表9-18）。

表9-18　四个地区产业投资引导基金规模发展情况

基金	2014—2017年（快速增长期）		2018—2021年（优化调整期）	
	成立时间	成立规模	时间	事件
深圳基金	2016年	200亿元	2021年	规模1049亿元，子基金143支，总规模4761亿元
重庆基金	2014年	25亿元	2021年	规模102亿元，子基金40支，总规模400亿元
天津基金	2017年	200亿元	2021年	规模200亿元，母基金52支，总规模1453.25亿元
合肥基金	2014年	2.2亿元	2021年	规模30亿元，子基金40支，总规模400亿元

资料来源：本书编写组整理

根据国内先进地区产业投资引导基金发展规律，结合环新英湾地区“三年成势，五年成形，十年成城”发展要求，提出儋州洋浦环新英湾产

业投资引导基金发展目标为“三年打基础、五年初具规模、十年形成基金丛林”。

“三年打基础”指，到2025年，做好环新英湾产业投资引导基金顶层设计，建立基金多元化投资机制，建立健全产业基金政策体系，搭建基金运营平台公司，引入专业化团队，成功投资1~2个重大产业项目。

“五年初具规模”指，到2027年，建立被投企业“标的池”，构建产业投资循环机制，吸引社会资本扩大基金规模，培育优质创新创业企业，扶持优质企业上市，以项目带动地区经济发展。

“十年形成基金丛林”指，到2032年，按照“一个产业配套一个基金”方式深挖优势产业链关键环，围绕产业链打造基金丛林，形成企业全生命周期股权投资体系。

（二）建立一种管理机制

产业投资引导基金具备放大财政资金，引导社会资本投向一定产业方向的功能。如何协调政府与社会资本关系，既能避免政府不必要的干预导致基金管理效率下降，又能有效引导基金投资综合效益最大化，是多数产业基金遇到的主要问题。比如，重庆市政府部门与基金管理公司建立了权责明晰的管理机制，政府主管部门负责宏观管理，建立基金工作协调会机制审定投资总方案，但不参与具体项目决策；基金管理公司负责基金运营管理，具体投资事项交给熟悉市场规则和项目前景的管理人。再比如，合肥在基金设立初期提出允许基金出现30%的总体亏损，客观原因造成的损失不追究项目经理责任，鼓励基金管理公司大胆闯大胆投。

儋州洋浦环新英湾产业投资引导基金要建立健全基金管理机制。一是建立“基金管理委员会—基金管理委员会办公室—基金管理公司”三层架构委托管理模式，明确政府主要部门、基金管理机构等各方职责；二是参考重庆“四同四化”[①] 模式，建立基金管理机构高效运作的机制模式；三是建立完备的监督管理体系，监管机构、托管银行、基金管理机构合力发挥监管作用；四是建立科学有效的绩效评价体系和适度容错机制，激发干事创业积极性（见图9-1）。

---

① “四同四化”是重庆探索实行的产业基金运营管理机制，“四同”指产业基金与其他社会资本“同股同权”“同回报同进退”的利益分配机制，“四化”指市场化、专业化、规范化、综合平台化的运作模式和管理机制。

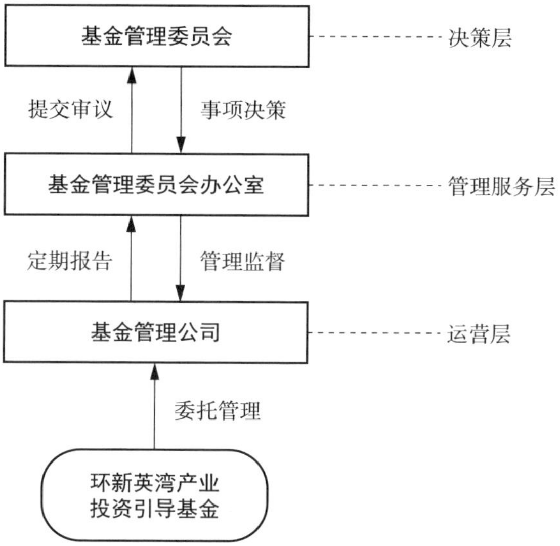

图 9-1 儋州市环新英湾产业投资引导基金管理架构

图片来源：本书编写组整理

（三）制定一套政策体系

产业投资引导基金需根据基金功能定位和地方发展做好顶层设计，制定出台完整的管理政策体系，实时优化调整。比如，合肥率先提出“1+3+5+N”产业基金政策体系，并适时更新调整部分管理办法，打造出产业基金的“合肥模式”。

与先进地区不同，儋州洋浦在创新财政资金使用方式、基金投资实操等方面无充足经验，应循序渐进搭建完整的产业基金政策体系，优先制定《环新英湾产业投资引导基金管理办法》及实施细则，初期重点支持高端制造业、优势产业和特色产业。随着产业发展和基金规模扩大，逐步增设创新创业投资引导基金、天使投资引导基金等相关管理制度，逐步形成环新英湾产业投资引导基金“1+3”政策体系（见图 9-2）。

（四）成立一家合伙企业

有限合伙制是地方政府设立产业投资引导基金的主要方式，执行“委员会决策+专业机构运营”运营机制，能够确保基金投资项目符合国家和地区政策导向，实现公共利益和市场效率的统一。例如，天津市海河产业引导基金采用典型的有限合伙制母基金组建方式，基金股东包括中信集团、弘毅投资、津融集团等 15 家机构。

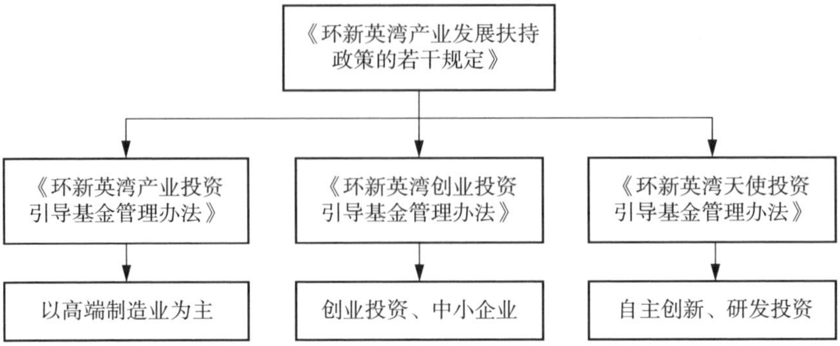

图 9-2　儋州市环新英湾产业投资引导基金“1+3”政策体系

图片来源：本书编写组整理

为避免双重税收、限制结构化出资等问题，建议儋州洋浦环新英湾产业投资引导基金以有限合伙制形式设立，由省级或市级财政出资，联合地方国企洋浦开发建设控股有限公司和洋浦国际投资咨询有限公司，吸纳金融机构、私募机构、上市公司和其他社会资本，按照有限合伙制成立儋州洋浦环新英湾产业投资基金合伙企业（有限合伙），并委托专业基金管理公司运营管理（见图 9-3）。

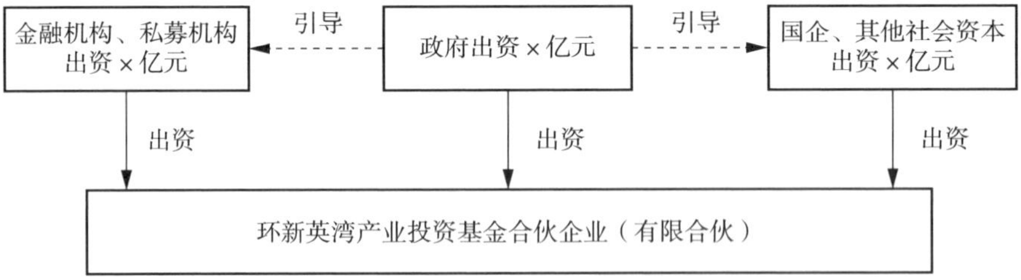

图 9-3　儋州市环新英湾产业投资引导基金合伙企业出资形式

图片来源：本书编写组整理

环新英湾产业投资引导基金采用“母基金+子基金”运作模式，政府出资成立产业引导基金母基金，采用平行投资架构，吸引大型金融机构和其他出资机构参与。母基金下设子基金，子基金管理机构通过优选股权投资管理机构确定，由子基金投向标的企业或产业项目（见图 9-4）。

适时增设创新创业投资引导基金，构建覆盖企业全生命周期的股权投资基金体系，引进市场化股权投资机构，通过科技成果转化吸引社会资本加入，建立“苗圃—孵化—加速”的创新创业生态。针对种子期、初创期科技型企业给予天使投资基金扶持，提供高水平创业指导和配套服务，加快科技成果

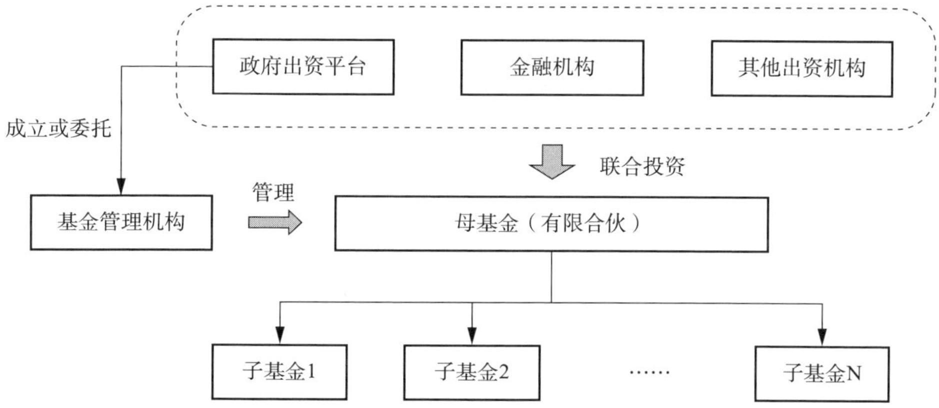

图 9-4 儋州市环新英湾产业投资引导基金“母基金+子基金”运行模式

图片来源：本书编写组整理

转化，助推中小微科技企业快速成长。

积极申请设立海南自贸港建设投资基金的子基金，联合金融机构和社会资本，甄选子基金管理机构，确定子基金规模、投资方向、运营管理、退出机制、收益分配等条件。围绕新材料、新能源、先进制造业等重点产业方向以及基础设施和公共服务领域重大项目，梳理儋州洋浦已有项目清单，策划新项目清单，形成子基金项目库。

（五）招募一支专业团队

母基金运作是选择具有政府背景的团队还是选择专业团队，关系到基金募集成功率和有效运作。从募集角度看，招募知名投资团队作为基金管理机构往往具有一定公信力，能吸引更多投资人募集大量资金。从投资角度看，与专业化、高水平管理团队合作能增强资金使用效率，高水平实现基金市场化运作。因此，引进专业化管理团队具有较明显优势，先进地区也通常将产业投资引导基金委托给专业的基金管理公司运营。

儋州洋浦环新英湾产业投资引导基金应借鉴先进地区做法，建立市场化管理机制，引进专业化管理团队。一是团队人员配置要兼顾政府引导作用和市场化管理，政府可选派 1 人作为基金管理公司董事长兼法人代表，总经理、副总经理及其他高层管理人员通过市场化方式聘用。二是根据环新英湾实际需要选聘高管，总经理或副总经理除具备丰富基金管理经验外，还应熟悉海南自贸港政策、儋州洋浦发展情况，并拥有较丰富的内外资源渠道。三是团队人员薪酬应按市场化标准制定，建立灵活高效的奖励机制，着力吸引专业性投资人才。

二、先进地区产业投资引导基金案例分析

（一）深圳市政府投资引导基金

深圳市政府投资引导基金是由深圳市财政出资设立的政策性基金，旨在促进产业结构调整，实现地区高质量发展。2016 年 10 月，深圳市财政局委托深圳市创新投资集团有限公司（以下简称“深创投集团”）作为基金委托管理机构，并成立深圳市引导基金投资有限公司，承担股权投资母基金业务，公司注册资本 200 亿元。到 2021 年底，深圳市政府投资引导基金规模达到 1049.24 亿元，共参股子基金 143 支，基金总规模为 4761.69 亿元。① 研究分析深圳市政府投资引导基金发展经验，具有以下特点。

一是目标清晰定位精准。深圳市政府投资引导基金设立之初就明确提出重点扶持高新技术产业，借助国家对新兴产业创业投资计划的支持，先后成立多支高新技术产业创投引导基金，包括生物技术、信息科技、新材料、新能源等。2018 年为进一步完善深圳创新生态，培育优质创新创业企业，深圳市政府投资引导基金专门出资设立天使投资引导基金，目标定位为支持早期企业，基金运作充分体现政策导向。

二是采用多样化基金运作模式。深圳市政府投资引导基金的运作模式主要有四种。② 第一种为保本+固定收益模式，该方式较为谨慎，政府收取固定回报，符合政府财政偏保本的投资策略。第二种为特殊分成模式，由政府出资与深创投集团共同设立基金管理公司并负责基金投资运营，根据股权结构与管理架构安排分成。第三种为跟进投资模式，政府提供部分资金，与深创投集团约定跟随投资。第四种为阶段参股模式，即在子基金存续的前五年，政府基金份额可按一定优惠价格转让给其他投资者，尽早实现政府资金循环使用。深圳市政府投资引导基金通过提供多种基金运作模式，较好满足不同目标投资者实际需求，使得政府拥有更多政策操控空间，更有利于实现政府多方位发展目标。

三是大幅提高基金管理机构收益奖励。通常地区政府为激励基金管理机

---

① 深圳市创新投资集团有限公司社会责任报告（2021）。

② 杜朝运，黄丹萍．地方政府引导基金运作模式比较考察：以深圳和重庆为例［J/OL］．发展研究，2019（5）：21-26［2022-10-15］．https：//wenku. baidu. com/view/0a532a75a100a6c30c22590102020740be1ecdf5. html？_wkts_=1677813609181.

构会将子基金投资净收益的20%作为奖励拨付给子基金管理机构，剩余的80%再分配给各出资人。深圳为了吸引更多资本，提高了奖励标准，将初创期项目奖励比例由净收益20%提高至50%，将早中期项目奖励比例由净收益的20%提高至30%。[①] 深圳调高收益奖励比例，提高了财政让利于企、让利于民的幅度，兼顾基金自身发展的同时，也大力推动了地区产业发展（见图9-5）。

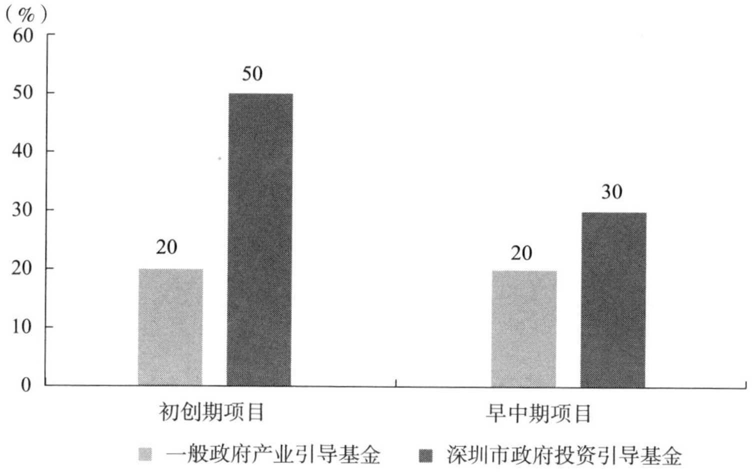

图9-5 深圳市政府引导基金子基金管理机构奖励标准

图片来源：本书编写组整理

（二）重庆市产业引导股权投资基金

重庆市产业引导股权投资基金是由重庆市政府出资设立的政策性基金，旨在创新财政分配方式、推进产业结构优化升级，重庆市政府委托重庆产业引导股权投资基金有限责任公司管理运营。2017年，重庆市财政将基金出资份额转为该基金公司注册资本，转型成为自我管理的公司制母基金，实缴资本102亿元。到2021年底，重庆产业引导基金与国内外基金管理机构共同发起设立了40支子基金，总规模超400亿元，投资项目近400个，投资金额超220亿元。[②] 研究分析重庆市产业引导股权投资基金发展经验，具有以下特点。

一是创新财政投入方式，提高资金使用效率。重庆市产业引导股权投资基金是采用“化零为整”方式，归集重庆市经信委、市商务委、市科委、市

① 张琳祎．河北省J基金公司投资运作策略优化研究［D］．石家庄：河北经贸大学，2020.

② 重庆成立400亿产投基金，如何从“创投洼地”转为吸金热土？［N/OL］．财联社，（2022-07-27）［2022-10-15］．https：//www.163.com/dy/article/HDA8P8TK05198CJN.html

文化旅游委等六个部门预算内专项资金发起设立的，通过 1∶3 或 1∶4 资金配套比例广泛吸引社会资本，实现财政支持产业发展的乘数效应。2014 年起，重庆市财政连续五年每年筹资 25 亿元，以分期投入方式积累形成了百亿元规模基金蓄水池。①

二是管理架构明晰、职责分工明确。在政府层面，设立产业引导股权投资基金委员会，由重庆市财政局、市金融办、市国资委、市发展改革委、市工商局等六个部门组成。基金委员会不参与项目决策，主要研究制定基金重大政策，宏观把握基金投资方向、投资原则等，统筹实施政策指导、监督管理、绩效考核等工作。在母基金层面，由重庆产业引导股权投资基金作为公司制母基金进行自我管理。在子基金层面，采用公开遴选方式，选择具有丰富投资经验且投资业绩一流的基金管理机构（见图 9-6）。

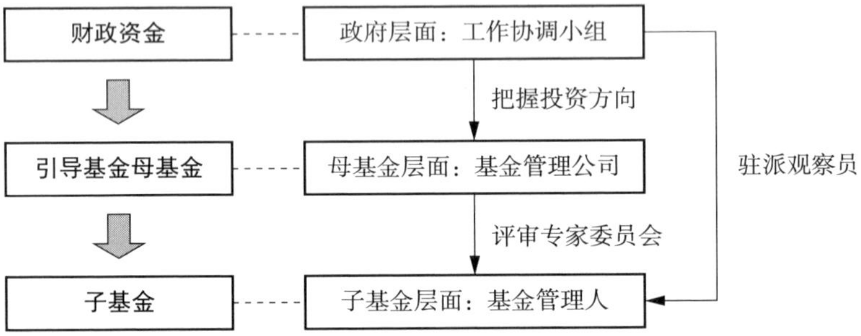

图 9-6　重庆市产业引导股权投资基金组织架构

图片来源：本书编写组整理

三是创新“四同四化”运作模式。② 重庆摸索提出的“四同四化”运作模式得到业界广泛认可，即产业引导基金在专项子基金中作为专业有限合伙人（Limit Partner，LP）参股不控股，通过有限合伙方式与其他社会资本实行“同股同权”“同回报同进退”（“四同”）的利益分配机制，采取市场化、专业化、综合化、规范化（“四化”）的运作模式和管理机制。

市场化即引导基金实行所有权、管理权分离，公开招募优秀基金管理机构，联合发起设立子基金开展项目投资，引导基金参股不控股，专项子基金的发起设立、投资决策、日常管理、到期退出等均按市场化原则运作。专业化即专业的母基金管理团队、专业的普通合伙人（General Partner，GP）筛选

① 重庆健全创新驱动财政政策引导体系［N/OL］. 中国政府采购网，（2015-11-06）［2022-10-15］. http：//www. ccgp. gov. cn/df/chongqing/201511/t20151106_ 6095144. htm.

② 胡彦飞 . 重庆市产业引导股权投资基金发展现状、问题及对策研究［D］. 重庆：重庆理工大学，2016.

标准、专业的基金管理机构及专业的中介服务机构。综合化即打造整合政策、资金、专业机构的高水准增值服务平台和资本项目对接平台，为普通合伙人（GP）和被投项目提供增值服务。规范化即规范的业务流程、规范的评价指标体系及规范的协议体系。

（三）合肥市政府产业引导基金

合肥市政府产业引导基金成立于2014年，是由合肥市财政出资设立的公司制母基金，初始资金规模为2.2亿元。合肥市政府产业引导基金通过参与专项子基金引导社会资本投向战略性新兴产业，直接和间接参股设立了40支子基金，形成总规模近400亿元的基金集群，向328家企业投资113亿元，在“基金招商”中发挥了重要作用。① 合肥打造三大具有国资背景的基金运营平台，政府产业引导基金与三大国资平台形成合力，成为推动合肥新兴产业突飞猛进的重要力量。研究分析合肥市政府产业引导基金发展经验，具有以下特点。

一是搭建政府投资基金政策体系。② 为实现集中使用政策资金、政策资金可持续使用、市场化运作等目标，2014年，合肥对产业扶持政策作出调整，出台“1+3+5+N”产业投资政策体系，增强政府投资基金在产业政策体系中的主导地位。同时，要求合肥市国资委会同市属国资平台公司按照“一个产业配套一个基金”要求，打造支持先进制造业等实体经济发展的基金丛林。“1”指《合肥市扶持产业发展的若干规定（试行）》，“3”指《合肥市产业投资引导基金管理办法》《合肥市创业投资引导基金管理办法》《合肥市天使投资基金管理办法》，“5”指工业、服务业、农业、自主创新、文化产业五大重点扶持产业，“N”指执行部门制定的多个具体实施细则（见图9-7）。

二是投资“大项目”搭建产业基础。合肥产业引导基金投资的“大项目”均顺应战略性新兴产业发展方向，比如2007年出资175亿元投资京东方液晶面板，2011年出资100亿元投资长鑫集成电路，2019年出资100亿元投资蔚来汽车等。战略性新兴产业投资通常体量大、周期长、见效慢，合肥创建多元化投融资机制，利用股权投资、定向增发、基金入股等方式撬动社会资本跟投，解决产业项目建设和发展资金需求，擦亮了合肥独特“芯屏汽合”

---

① 周姝豆．合肥市产业投资引导基金管理问题研究［D］．合肥：安徽大学，2019（2019-05-28）［2022-10-15］．

② 倪华．从安徽新兴产业集群的崛起，解析“合肥创投”模式成功的原因［R］．（2022-09-05）［2022-12-15］．

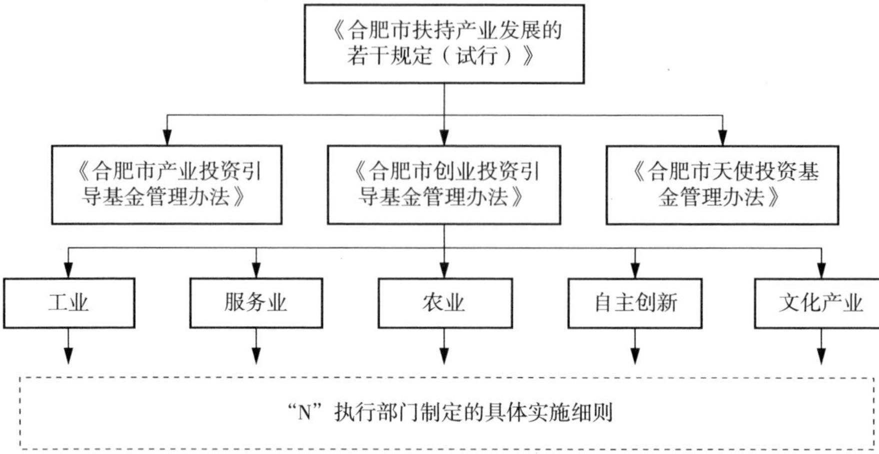

图 9-7　合肥市“1+3+5+N”产业投资政策体系

图片来源：本书编写组整理

“集终生智”[①] 产业地标。

三是构建全生命周期股权投资体系。合肥既投资上百亿元的重大产业项目，也投资符合发展定位和招商政策的科技型中小企业，构建了覆盖企业全生命周期的股权投资体系。对种子期、初创期企业以直投方式参与投资，帮助企业实现资产保值增值，对成长期企业以阶段参股方式放大资本、助力企业上市融资，对成熟期企业通过“基金+基地”“投资+招商”的县区合作推动项目落地和产业招商。

（四）天津市海河产业引导基金

2017 年，天津市政府设立天津市海河产业引导基金，通过注资 200 亿元政府引导基金和市场化募集，吸引国内外金融机构、企业和社会资本共同发起设立多支产业投资母基金，母基金再通过发起设立若干子基金进一步放大基金功能。海河产业引导基金主要投向天津市支柱产业和战略性新兴产业，包括高端装备制造、新一代信息技术、航空航天、海洋工程装备等。到 2021 年，已有 52 支母基金投资运营，基金规模达 1453. 25 亿元，引导基金出资

① “芯屏汽合”“集终生智”是合肥新一轮产业布局方向，“芯”指芯片产业，“屏”指新型显示产业，“汽”指新能源汽车和智能网联汽车产业，“合”指人工智能与制造业融合；“集”指集成电路产业，“终”指智能终端产业，“生”指生物医药产业，“智”指智能语音及人工智能产业。

130.75 亿元，累计引入项目 230 个。① 研究分析天津市海河产业引导基金发展经验，具有以下特点。

一是采用三级架构在较短时间内取得效果。天津市海河产业引导基金是引导社会资本投向支柱产业和新兴产业，推进天津建设全国先进制造业研发基地、促进产业转型升级和提质增效的有效载体。基金采用引导基金、母基金、子基金三级架构，遵循“整体设计、分期募集、政府让利、滚动发展”原则，以 200 亿元财政投入资金撬动社会资本，形成千亿级规模母基金群，实现母基金数量和规模快速增长（见图 9-8）。②

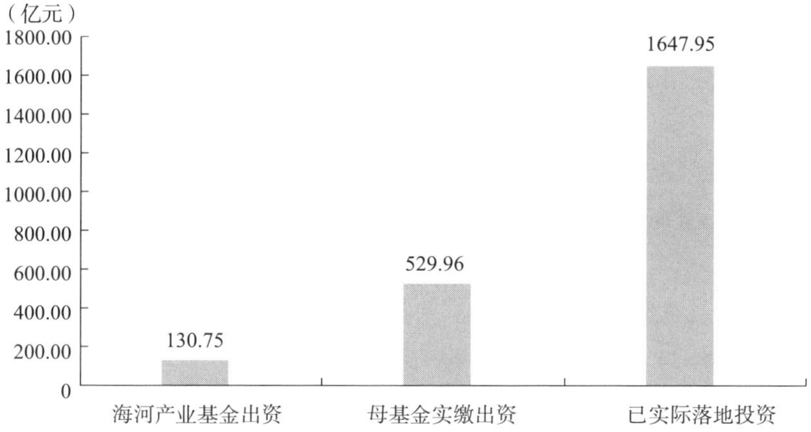

图 9-8　2017—2022 年天津市海河产业引导基金累计撬动资本规模

图片来源：本书编写组整理

二是以产业引导基金为引领带动新区发展。2017 年，天津市海河产业引导基金与天津北辰经济技术开发区联合设立天津天创海河先进装备制造产业基金，并设立多支子基金，重点引育智能制造产业发展，助力企业挂牌上市。③ 通过产业引导基金撬动 478 平方公里土地资源，引导投资机构、上市公司、优秀人才、优质项目等要素集聚。

三是基金招商效果良好。积极用好海河产业引导基金的招商功能，深挖

① 杨子炀，庞喻文．天津：海河产业基金撬动社会资本超 4 倍带动项目返投 230 个［N/OL］．中国新闻网，（2022-04-02）［2022-10-15］．https：//finance. sina. com. cn/roll/2022-04-02/doc-imcwipii1985439. shtml.

② 马明．天津市海河产业基金成立　重点支持十大支出产业［N/OL］．天津北方网，（2017-04-08）［2022-10-15］．http：//news. enorth. com. cn/system/2017/04/08/031709565. shtml.

③ 李玉峰，王音．天津海河产业基金探索基金招商模式，助力北辰企业上市增效［N/OL］．天津日报，（2020-03-30）［2022-10-15］．http：//tj. people. com. cn/n2/2020/0330/c375366-33913927. html.

天津“有什么、缺什么、要什么”，运用朋友圈、产业链、区域圈精准营销，介入合作方产业链和项目库筛查优质项目，通过核心企业搭建产业链，构建生态圈。比如，海河基金引入中电科新材料公司，并与企业联合设立母基金，共同以“专家+保姆”式服务成功引入中环半导体、中芯国际等①，搭建投资上百亿元的半导体芯片产业链。

三、儋州洋浦环新英湾产业投资引导基金应用场景推演

（一）场景推演前提设定

根据前述环新英湾产业投资引导基金设立工作建议和有关政策要求，对资金来源、投资方式、管理机制、基金管理公司、管理团队、应用场景等做出相应设定。根据产业投资引导基金有关管理政策和要求，对子基金管理机构准入标准、子基金注册、子基金募资要求、子基金投资金额限定、子基金管理费、子基金门槛、收益率、基金返投要求、基金退出要求、基金管理费、基金让利等做出相应设定。

根据以下场景和政策条件，设定环新英湾产业投资引导基金首期募集资金12亿元（母基金），主要扶持先进制造业，投资方式包括市场化子基金、专项子基金、直投子基金，每种投资方式的初始资金均为4亿元（见表9-19、表9-20）。

表 9-19 儋州市环新英湾地区产业投资引导基金应用假设推演

序号	场景前提	设定内容	设定依据
1	资金来源	■ 市财政：3.5 亿元 ■ 市属国有企业：2 亿元 ■ 争取省财政支持：3 亿元 ■ 金融机构：2 亿元 ■ 专业私募机构：1 亿元 ■ 其他社会资本：0.5 亿元 综上，基金首期规模 12 亿元	① 2017 年哈尔滨新区先进装备制造业产业投资基金成立，总规模 16 亿元② ② 2019 年中山成立先进装备制造产业发展基金，总规模 10 亿元③ ③ 2021 年日发精机获得国家制造业基金 3 亿元投资额④

① 海河产业基金搭台天津打造半导体芯片全产业链［N/OL］. 天津日报，（2020-04-14）［2022-10-15］. http：//tj. sina. com. cn/news/m/2020-04-14/detail-iirczymi6164416. shtml? from=tj_ cnxh.

② 刘述波 . 哈尔滨市政府首期出资 10 亿元设立新区产业引导基金［N/OL］. 哈尔滨新闻网，（2017-09-20）［2022-10-15］. http：//hlj. sina. com. cn/news/s/2017-09-20/detail-ifykywuc7944205. shtml? from=hlj_ ydph.

③ 《中山市人民政府办公室关于印发中山市高端装备制造产业发展行动计划（2018—2022 年）的通知》（中府办〔2018〕26 号）.

④ 蔡嘉 . 日发精机牵手国家制造业基金子公司获 3 亿增资估值增至 12 亿［N/OL］. 长江商报，（2021-11-11）［2022-10-15］. https：//finance. sina. com. cn/roll/2021-11-11/doc-iktzscyy4845161. shtml.

续表

序号	场景前提	设定内容	设定依据
2	投资方式	■ 市场化子基金 ■ 专项子基金 ■ 直投子基金	多元化投资方式有利于政策调控
3	管理机制	■ 精简审批，高效决策程序 ■ 部门职责分工明晰 ■ 完善的绩效考核评价体系、监管体系 ■ 尽职免责机制和容错机制	政府主要职责：宏观决策、监督管理
4	基金管理公司	■ 混合所有制公司	既能发挥引导作用，又能兼顾市场化、专业化
5	管理团队	■ 专业化投研团队 ■ 熟悉海南省情和儋州产业 ■ 丰富的投资经验 ■ 丰富的内外资源渠道	专业的人做专业的事

资料来源：本书编写组整理

表 9-20　产业投资引导基金政策有关运营条件限定

序号	政策要求	限定内容
1	子基金管理机构准入标准	■ 子基金注册规模 500 万元以上（实缴或认缴） ■ 管理团队中至少 3 名具有 3 年以上从业经历 ■ 具有 1~3 个成功投资案例
2	子基金注册	■ 子基金需注册在本地区或本省 ■ 子基金管理公司注册地可不在本地区或本省 ■ 存续期不超过 10 年，有需要可申请延长
3	子基金募资要求	■ 产业投资引导基金出资上限为 35%，最高不超过 50% ■ 根据项目投资情况确定募集进度 ■ 产业投资引导基金与社会资本同步出资 ■ 对国资出资比例不作要求
4	子基金投资金额限定	■ 子基金为直投子基金，投向本地区企业资金规模，不低于产业投资引导基金的出资额 ■ 子基金为市场化基金，对单个企业投资额，不超过子基金规模的 20% ■ 子基金为专项子基金，采取“一事一议”方式在协议中明确
5	子基金管理费	■ 专项子基金管理费按照 1%~1.5%的比例提取 ■ 市场化子基金管理费参考行业标准，不超过实缴出资额的 2%
6	子基金门槛收益率	■ 市场化子基金：在协议明确

续表

序号	政策要求	限定内容
7	基金返投要求	■ 返投倍数：1.5 倍 ■ 特殊项目可不设返投要求，需引入相关项目 ■ 多口径返投认定标准："被投企业迁入当地""被投企业在当地设立子公司""被当地企业控股的外地子公司"
8	基金退出要求	■ 提前退出对价根据项目情况在协议中明确 ■ 明确基金强制退出情况
9	基金管理费	■ 管理费与投资规模挂钩，费用不超过投资额的 1% ■ 按照绩效考核分档提取：考核优秀，管理费按 1%提取；考核良好，管理费按 0.8%提取；考核合格，管理费按 0.6%提取；考核不合格，管理费按 0.4%提取
10	基金让利	■ 市场化子基金，以产业投资引导基金出资额的超额利润作为让利基数，与返投任务挂钩：投资本地企业达到产业投资引导基金出资额 2 倍、2.5 倍和 3 倍，可将出资额所得超额收益，按 40%、60%和 80%进行让利 ■ 专项子基金，以产业投资引导基金出资额的收益作为让利基数，与收益情况、投资进度挂钩

资料来源：本书编写组整理

（二）市场化子基金

1. 市场化子基金限定要求

产业投资引导基金（母基金）出资 4 亿元，子基金募集社会资本 8 亿元，子基金总规模 12 亿元，需投资 5 家企业，每家企业投资上限为 2.4 亿元，返投要求即投资本地区企业或项目 6 亿元，管理费每年最高 2400 万元（以实缴规模计算）。

2. 市场化子基金让利条件

以子基金门槛收益率 6%为标准，如子基金投资本地区 8 亿元（2 倍），产业投资引导基金（母基金）出资部分超额收益 40%给予让利；投资本地区 10 亿元（2.5 倍），超额收益 60%给予让利；投资本地区 12 亿元（3 倍），超额收益 80%给予让利。

3. 市场化子基金运营效益分析

创璟资本报告（2019）显示，2012—2014 年美国高端制造业投资回报率为16.5%，中国为8.5%。[①] 假设市场化子基金平均收益率为8.5%，根据上述条件测算，产业投资引导基金（母基金）收益占比19%，子基金（社会资本）收益占比53%，基金公司收益占比28%。通过测算表可知，在子基金规模不变，且不考虑政府收益循环利用的情况下，随着平均收益率提高，子基金（社会资本）收益占比将大幅提高，母基金收益占比逐步降低，与子基金（社会资本）、基金管理公司相比，其份额占比也将逐渐减少。初步判断，政府若能专注子基金宏观决策，适度降低门槛，加大让利举措，就能够较好把握政策导向，实现让利于企、让利于民的初衷（见表9-21）。

表9-21 市场化子基金场景推演收益占比测算

基本情况	产投基金出资（母基金）（万元）	40000	市场化子基金总规模（万元）	120000
	门槛收益率	6%	管理费提取比例	2%
	返投要求	3倍	政府让利	80%
平均收益率	平均收益（万元）	母基金收益占比	子基金（社会资本）收益占比	基金公司收益占比
8.5%	10200	19%	53%	28%
10%	12000	17%	59%	24%
12%	14400	15%	64%	21%
15%	18000	13%	70%	17%

资料来源：本书编写组整理

4. 市场化子基金投资管理建议

通过场景推演可知，收益率变动幅度是决定各方收益占比的关键因素，影响变动幅度的限定条件通常在基金合作协议中予以明确，所以对于市场化子基金，基金合作协议是维护基金市场化运营原则，实现政府战略意图的重要手段，基金管理机构需根据产业目标、合作对象、项目需求等逐一优化调整合作协议内容，建议：

一是深入研究产业发展规律，根据产业不同发展阶段投资回报、资金需求、政策支持、配套条件等信息，精准设定门槛回报率、返投比例、让利幅度等关键性政策条件，切实增强政策吸引力。二是以业内私募基金通用合作协议为模板，建立符合自身发展的产业投资引导基金合作协议，根据不同项

① 沈韬．制造业有多重要？解读中美股市核心资产与回报率［N/OL］．第一财经，（2019-09-06）［2022-10-15］．https：//www.yicai.com/news/100322598.html.

目情况，合理增减条款内容，为企业量身打造合作协议，最大化平衡企业效益和社会效益。

（三）专项子基金

1. 专项子基金限定要求

产业投资引导基金（母基金）出资4亿元，子基金募集社会资本4亿元，子基金总规模8亿元，子基金投资本地项目，管理费每年1200万元（以实缴规模计算）。

2. 专项子基金让利条件

不设定子基金门槛收益率，以产业投资引导基金（母基金）出资额的收益作为让利基数，视收益情况、投资进度等适当让利。

3. 专项子基金运营效益分析

专项子基金承担地区发展重点产业的任务使命，在子基金规模不变，且不考虑政府收益循环利用情况下，以1年期银行贷款基准利率为参考标准，假设子基金平均收益率为4.35%，根据政府让利幅度为40%~80%，产业投资引导基金（母基金）收益占比区间为19%~6%；子基金（社会资本）收益占比区间为46%~59%；基金公司因管理费按实缴规模计提，在规模、提取比例不变情况下，其收益占比会随平均收益率提高而降低。初步判断，政府可通过设定不同让利标准调整子基金（社会资本）收益占比，如平均收益率提高，可适当提高政府让利幅度，有效激励子基金按期完成投资目标（见表9-22）。

表9-22 专项子基金场景推演收益占比测算

基本情况	产投基金出资（母基金）（万元）	40000	专项子基金总规模（万元）	80000
	返投要求	无	管理费提取比例	1.5%
平均收益率	政府让利幅度	母基金收益占比	子基金（社会资本）收益占比	基金公司收益占比
3%	40%	15%	35%	50%
	60%	10%	40%	50%
	80%	5%	45%	50%
4.35%（基准）	40%	19%	46%	35%
	60%	13%	52%	35%
	80%	6%	59%	35%

续表

平均收益率	政府让利幅度	母基金收益占比	子基金（社会资本）收益占比	基金公司收益占比
5.5%	40%	22%	51%	27%
	60%	15%	58%	27%
	80%	7%	66%	27%

资料来源：本书编写组整理

4. 专项子基金投资管理建议

通过场景推演可知，专项子基金承担着重大责任使命且无门槛收益率限制，基金管理公司往往面临政策导向和资本收益矛盾，平衡难度较大，一方面政府关心项目落地、投资进展等情况而忽略投资收益，另一方面社会资本因收益不高影响投资信心，基金管理公司也会因收益固定而缺乏运营管理动力，建议：一是实时跟踪子基金投资运营情况，建立让利幅度与项目投资进度、基金收益挂钩等多种奖励分配机制，对落地快、收益高的项目给予最大让利。对基金管理公司，视基金平均收益情况，适当调整管理费提取比例，扩大收益占比，调动公司员工积极性；二是创新多元化投融资机制，根据项目情况适时采取定向增发、基金入股等方式吸引社会资本跟投；三是坚持产业投资方向，建立长效投资机制，做好资金预算安排，扩大资金募资渠道，形成基金蓄水池。

（四）直投子基金

1. 直投子基金限定要求

产业投资引导基金（母基金）出资 4 亿元，设立直投子基金，投资本地项目，在基金合作协议中提出，对单个企业投资规模采取“一事一议”方式确定。

2. 直投子基金运营管理建议

直投子基金主要采取直接投资或平行投资模式投向本地区重大项目，无管理费用和返投要求，通常投资回收期短，收益大，因具有较大风险，应谨慎运营管理，建议：一是对直投子基金设定投资规模，提前锁定风险，即直投子基金规模不得超过产业投资引导基金（母基金）规模的 20%；二是设定单个项目投资比例，分散投资风险，即直投子基金对单个项目投资金额不得高于其实缴出资额的 20%，且不作为最大出资人或股东；三是明确限定投资领域，支持战略性新兴产业或创新创业企业，将资金直接投资实体企业；四是遴选优秀基金管理机构，专业的管理团队拥有较丰富的项目渠道和内外资源，能第一时间获取项目源和项目信息，实现有效高水平投资。

第三节 土地要素政策

海南省委、省政府《关于支持儋州洋浦一体化发展的若干意见》提出加大用地保障，支持儋州洋浦统筹建设用地指标和耕地占补平衡指标，优先用于环新英湾滨海产业新城建设。同时提出深化农村“三块地”改革，开展新型产业用地试点，推进实施标准地制度，探索更加灵活的供地方式，创新存量建设用地处置方式等多项任务与措施。土地要素是区域开发建设的最基本保障，要尽快落实相关政策，创新土地供应方式，提高土地资源要素保障水平推动儋洋一体化发展。

一、推动征地拆迁和土地整理做在前面

将征地拆迁工作和群众住房条件改善有机结合，安置先行，超前谋划安置小区选址等工作，加快推进安置小区建设。加大土地整理开发力度，将土地重新规划利用、调整用途，形成若干个形状规则、面积适中的净地块，提高土地整理开发的水平，为重大产业项目落地提供空间。

二、推进“土地超市”[①]“闲储置换”[②] 等政策实施

一是摸底清理批而未供、供而未用等闲置土地，对地块信息开展梳理归集和补充完善，建立土地权属、批准时间、四至坐标等清单台账，通过海南省“多规合一”信息综合管理平台汇交上图入库，导入“土地超市”，为政策落地打好基础。二是构建低效用地腾退机制，对不符合产业发展要求、产能低下、圈而不用等低效用地登记造册，纳入收回计划。三是按照国土空间规划布局和开发边界，编制环新英湾地区年度土地储备计划，合理确定土地储备规模、范围、分布、前期开发、临时管护和资金需求等。

---

① “土地超市”制度：海南省通过建立“土地超市”信息平台，实现归集产权明晰的存量建设用地、发布公开透明的土地信息、配对有效精准的项目要素、提供方便快捷的用地选择、实施规范高效的服务监管为一体的土地全生命周期监管制度体系。

② “闲储置换”制度：是指因政府原因闲置的土地（指已缴清土地价款、落实项目资金，但因国土空间规划依法修改造成闲置的土地）与“土地超市”中的政府储备土地竞价置换。

三、开展土地综合整治试点，深化“三块地”改革

开展全市土地综合整治试点，统筹农用地、低效建设用地和生态保护修复，促进耕地保护和土地集约节约利用。对全市土地整治潜力进行调查摸底，合理确定试点区域，优先安排环新英湾地区进行试点以快速推进新城建设。尽快实现全市乡村规划全覆盖，合理安排集体经营性建设用地布局和用途。加快农村集体建设用地使用权确权登记颁证，建立农村集体建设用地入市制度，探索农村集体经营性建设用地以出让、租赁、作价出资或入股等方式进行产业项目建设。

四、推行标准地和“带方案出让”供地模式，实现“拿地即开工”

一是组织开展区域性评价，筛选确定拟用于“标准地”出让试点的地块名单，制定试点实施方案，完善净地出让条件，完成区域评估、控制指标和准入清单设定，形成标准统一可出让的国有建设用地使用权。二是建立事先评估、事前定标、按标出让、告知承诺、并联审批、按标建设、对标验收、效益评价等全程管理机制，真正实现项目“拿地即动工”，形成可复制、可推广的“标准地”模式。三是在儋州工业园等园区开发建设中，对工业、仓储物流等用地探索以产业项目带方案出让土地的供地模式，明确准入行业，确定“带方案出让”实施范围、设计方案编制和审批部门、办理流程、实施监督等规定性内容。

五、加大混合用地供给，开展新型产业用地（M0）[①] 试点

一是制定第二、第三产业混合用地推进实施机制，鼓励工业、仓储、科研、商业、商务、金融等规划用途混合布局、空间设施共享。按不同用途在多种用途混合土地使用权出让时分别评估地价，建设三维地籍管理机制对土地进行确权登记，保障混合用地有效供给。二是开展新型产业用地试点，优先针对研发、设计、检测、无污染生产等创新功能的新型产业用地出台试点政策，明确适用范围和部门职责分工，划定新型产业用地主体、产业以及投入产出比等准入条件，确定新型产业用地出让方式、用地使用年限、地价政策和规划功能配比，确定新型产业用地选址、用地布局、规划技术参数，明

① 新型产业用地（M0）：是城市用地分类“工业用地（M）”大类下新增的一种用地类型，指融合研发、创意、设计、中试、无污染生产等新型产业功能以及相关配套服务的用地。

确新型产业用地产权登记、转让具体要求。

第四节　财政要素政策

区域发展离不开财政政策的支持，尤其对于环新英湾地区，开发初期更是需要各级财政的大力支持。积极发挥财政政策供给和资金保障作用，争取中央、省级的财政支持，保障新区开发中重大项目的资金需求。同时充分发挥财政资金、国有资产资源的杠杆撬动作用，用财政资金“小投入”撬动社会资本“大投资”，实现“四两拨千斤”。

一、争取中央支持，盘活国有资产，多渠道筹措资金

积极争取中央支持，加大国有资产存量盘活力度、适度举债与财力倾斜并举。随着自贸港建设进入关键时期，海南财政支出刚性日益增强，但财政收入随着退税减税降费、经济下行或不确定性冲击而增速放缓。目前，在地方财政收紧平衡的态势下，应进一步加强财政资源统筹，积极谋划项目，提高财政资金使用效益，向中央争取自贸港建设资金支持。不仅要考虑财政预算收支流量，还应考虑存量层面的国有资产，加快整合地方政府、事业单位、国企的各类资产，积极盘活存量国有资产、资源，利用金融、市场化手段充实可支配财力，增强财力保障。此外，考虑到经济快速发展时期可以适度举债，海南还有较大举债空间，可以积极向中央争取加大对海南省的债券分配支持力度，适度扩大赤字规模、优化债务结构，通过债券资金支持环新英湾等儋州洋浦一体化重大基础设施建设。

二、加大转移支付力度，促进基本公共服务均等化

海南省与儋州市政府要研究制定新发展阶段促进一体化发展的财政制度安排，应以调动各级积极性、引导地方行为模式为出发点，以城乡区域协同治理、城市群协同发展为抓手，建立统一大市场，借助差异性财政偏向与支出、策略性的税收与有效的政府投资，合力引导劳动力、技术、资本等生产要素向目标区域流动。研究建立以区域基本公共服务均等化为导向的转移支付制度，在财力允许的情况下结合原先儋州洋浦不同区域的需求，逐步统一财政支出标准和方案，加大支持地方推动“补短板、强弱项”基本公共服务体系建设的力度，切实破解区域间资源不均衡、硬件软件不协调和服务层次

与水平差异较大等问题，确保各地区百姓享受均等化的基本公共服务。此外，鼓励跨区域财政协同投入机制，引导、鼓励和支持区域间教育联合体、医疗联合体等方面的对口支援建设计划，促进相对均衡的教育、医疗等方面的基本公共服务。

三、充分发挥财政资金“四两拨千斤”引导撬动作用

发挥财政资金引导撬动作用，培育儋州洋浦税源和财力，加快构建现代化产业体系。党的二十大会议提出加快建设现代化产业体系，推进新型工业化。儋州洋浦作为西部中心城市，要从自贸港建设的需要和既有产业优势基础出发，用足用好财税优惠、专项债券、政府投资基金、政府和社会资本合作（PPP）、政策性金融性工具、设备更新改造贷款等政策工具，实现“四两拨千斤”，吸引更多社会资本和金融资本共同支持儋州洋浦一体化建设。在保障公共设施公益性的基础上，鼓励采取资源开发、权利授予、资源配补、财政补贴或价格调整等方式，积极创新市场化运作模式。推行政府引导的良性竞争激励机制，提高要素配置效率，坚持财政政策投入和市场化运作相结合，以政策导向撬动社会资本投入，形成责任共担、利益共享、合作共赢的区域经济发展长效机制。

第五节　人才政策

在自贸港建设的政策大背景下，儋州洋浦近年来依托产业经济快速发展，吸引了不少人才，在人才引入和保障方面做了大量工作。就目前来看，儋州洋浦在高层次人才的数量和结构方面，相对于海口和三亚仍有较大差距，环新英湾地区城市建设刚起步，公共服务配套不足不优是留才引才难的关键问题之一，洋浦产业发展中面临的技能型人才的紧缺和留才难的问题比较突出。考虑自贸港建设、未来产业发展以及现实发展需求，儋州洋浦应在科技型人才、技能型人才、国际型人才方面加大引才育才力度。

一、奋力抢抓高水平科技型人才

大力引进科技创新人才，以科技领军人才为突破，以高层次人才为重点，引领新兴产业创新发展。围绕产业发展重大需求或关键技术难题开展“揭榜招贤”活动，重点引进海内外高层次科技领军人才和团队来儋州洋浦创新创

业，“一事一议”给予全力支持，以人才“引擎”驱动科技创新和产业聚变。吸引具有自主知识产权和科技创新产品的青年创新创业团队来环新英湾进行科技转化，促进产业延链补链。围绕重点产业制定紧缺型科技人才目录，通过争取“海南”专项研究生单列招生政策等措施，精准吸引和培育一批紧缺型科技创新人才。

二、加大技能型人才引进与培育力度

加大高技能人才培育与引进力度，推动科技成果转化为实际生产力，有效解决科技创新的“最后一公里”问题。强化技能人才学校教育，扩大技工学校建设与招生规模，提升教育水平与质量。在“外引”的同时紧抓“内培”，对于需求体量更大的产业人才、乡土人才等群体，通过“定制”、挖掘、扶持等措施，激活内生动力，让本土人才生机勃发。继续通过学校与企业合作等形式对企业员工进行技能培训，加强对企业员工技能培训的扶持与补贴。通过人才公寓、保障性住房、租住补贴等政策，降低住房成本留住技能型青年人才。

三、营造良好海外人才发展环境

一是探索实施国际“人才绿卡”制度，为持有国际人才绿卡者在工作、生活等多方面提供与本地居民同等的待遇与便利化服务。二是争取国家与海南省委、省政府支持，探索试点实施技术移民制度。三是提升国际化人才便利化公共服务保障，积极谋划国际人才社区建设，构建系统化的宜业宜居一流国际人才生态环境。强化国际化医疗服务保障，探索在公立医院建立国际医疗服务体制。鼓励引导学校增设国际班，推进国际学校建设，为人才子女提供高水平的国际教育服务。四是在环新英湾地区建设离岸孵化器、海外人才离岸创新基地，打造海南国际离岸创新创业试验区。

《中共海南省委　海南省人民政府关于支持儋州洋浦一体化发展的若干意见》

（琼发〔2022〕9号）

推进儋州洋浦一体化发展，是省委、省政府着眼于海南自由贸易港建设全局、统筹区域协调发展作出的重要战略决策。近年来，儋州、洋浦发展均取得积极进展，综合实力稳步提升，在海南统筹区域协调发展格局中的地位日益凸显。与此同时，儋州、洋浦发展难以适应新形势新任务，儋州产业结构不合理，缺乏项目、人才支撑，科技创新能力偏弱，生态保护、民生保障存在短板；洋浦发展空间受限、城市功能不全、社会包袱沉重，市场主体发展不充分，自由贸易港政策压力测试效果不明显。为进一步优化全省统筹区域协调发展格局，提升儋州和洋浦协同发展水平，打造海南高质量发展第三极，提出如下意见。

一、总体要求

（一）指导思想

以习近平新时代中国特色社会主义思想为指导，全面贯彻习近平总书记关于海南工作的系列重要讲话和指示批示精神，坚持稳中求进工作总基调，立足新发展阶段、贯彻新发展理念、构建新发展格局，以统筹区域协调发展为主线，以体制机制改革创新为动力，以“空间调整、产业统筹、体制改革”为路径，以构建深度融合的共同体为目标，推动儋州洋浦高质量发展，打造成为海南自由贸易港面向东南亚高水平开放和对接国际高水平经贸规则的桥头堡。

（二）基本原则

坚持“稳、进、谋、新、变”。做到稳思想、稳经济、稳社会、稳政策、稳预期，凝聚改革共识，提振各方信心。坚持稳中有进、以进固稳，当好海南自由贸易港建设的“先行者”和“排头兵”。高水平谋划未来五年发展蓝图，稳妥有序推进管理体制改革。充分发挥新领导班子集体力量，抓紧推进思想融合、机构融合、工作融合，展现新面貌，构建新体制，做出新成效。坚持实事求是，推动制度集成创新，在体制机制、营商环境、社会治理等重点领域和关键环节形成一批可复制可推广的创新成果，实现“1+1>2”的聚合效应。

坚持统筹区域协调发展。统筹推进区域规划、建设、治理，推动要素自由流动，深化城乡融合发展，实现资源统一高效配置，打造高水平一体化发展新格局。

坚持港产城相融合。将洋浦的政策、区位、产业优势，与儋州城市功能和腹地优势相结合，不断提高环新英湾地区城市承载能力和服务水平，建设港产城融合发展先行区、示范区。

（三）发展定位

——海南自由贸易港政策压力测试区。积极对接国际高水平经贸规则，把全面与进步跨太平洋伙伴关系协定和 DEPA 的一些关键要素，与“一线”放开“二线”管住进出口管理制度、“中国洋浦港”船籍港政策、“零关税”、所得税优惠、金融、人才、数据流动等自由贸易港政策制度结合起来，充分发挥压力测试和示范效应，率先建立以贸易自由便利和投资自由便利为重点的自由贸易港政策制度体系，为 2025 年前适时启动全岛封关运作探索积累经验。

——西部陆海新通道国际航运枢纽。加快建设“中国洋浦港”船籍港和多功能国际海事服务基地，提升航运物流水平与航运服务能级，加快完善集疏运体系，整合港口、航运、产业、物流、金融等供应链全要素资源，增强洋浦港中转集拼业务功能，加快建设我国面向太平洋和印度洋的门户港、国际集装箱枢纽港、港口型国家物流枢纽，建成具有高水平资源配置能力的区域国际航运中心和港航物流供应链服务中心，带动临港相关产业发展。

——临港经济引领区。围绕四大主导产业，持续优化产业布局，打造海南经济高质量发展新的增长极。充分运用加工增值货物内销免征关税、“零关税”、保税维修再制造等政策，大力引进新一代信息技术、人工智能、石化新材料、新能源、海洋装备、健康食品及旅游消费品等制造业项目，加快建设文化旅游产业新高地，支持热带特色高效农业示范区建设，打造形成石化新材料、港航物流、商贸服务三个千亿级业态，健康食品加工、高端旅游消费品制造等超百亿产业集群。

——海南自由贸易港区域中心城市。优化城市发展空间，建设现代综合交通运输体系，完善城市市政公用设施等“硬”功能；加快国内外人才、资本等要素集聚，提质升级教育、医疗、文体、旅游、消费等服务能力，强化城市公共服务功能，提升城市软实力，发挥区域中心城市带动作用，促进产业、人口及各类生产要素合理流动和高效集聚。

（四）发展目标

到2022年，儋州洋浦一体化发展的管理体制机制基本形成，实行高位推动、管理下沉、机构融合，完成各级机构人员整合、空间规划一体化，实现儋州洋浦优势互补、互利共赢。

到2025年，地区生产总值突破1500亿元，常住人口城镇化率达到60%，现代化产业体系基本形成，高质量发展体系不断完善，西部陆海新通道航运枢纽基本建成，区域基础设施一体化基本实现，港产城融合发展格局基本确立，基本公共服务得到大幅提升，城乡居民人均可支配收入快速增长，营商环境不断优化，生态宜居水平大幅提高，自由贸易港“样板间”的示范作用充分发挥，初步形成现代化滨海产业新城框架，打造成为海南自由贸易港西部地区现代化产业中心。

到2035年，参与国际分工、集聚全球资源的整体竞争力大幅增强，在支撑国家重大战略实施中发挥更大引领作用，基本建成国际化滨海产业新城，生态环境、营商环境达到国际一流。

二、支持措施

（五）优化空间规划布局

以功能区战略定位为引领，加快构建形成儋州洋浦“一湾、三带、多组团”的区域协调发展新格局。“一湾”即将儋州所辖的木棠镇、峨蔓镇、王五镇、中和镇、新州镇、白马井镇、排浦镇等区域与洋浦经济开发区统一规划、统一管理、统一开发，对标港产城深度融合，打造一座现代化国际滨海产业新城，构建西部区域协调发展的核心区和主引擎。“三带”即以现有石化产业为基础，推动产业链条向下游、高端、低环境负荷延伸，打造全链条石化新材料产业带；以港航服务业、大宗商品集散、保税维修业务和绿色再制造为重点，打造生产性服务业产业带；以雅星镇、大成镇、兰洋镇、南丰镇、峨蔓镇、海头镇等为依托，协调发展特色种养、天然橡胶、工厂化循环水养殖、深海养殖，打造热带特色高效农业带。“多组团”即根据区位、交通、产业、资源条件，打造先进制造组团、国际创新企业集聚生活组团、商贸文旅休闲组团、现代农业示范组团等若干重要功能组团。依法将省政府赋予洋浦的省级管理权限拓展到儋州全域。保留洋浦在规划调整、用地用海用林审批、土地出让、环境评价、市场监管等方面的高效行政管理体制机制。

（六）支持打造海南自由贸易港“样板间”

支持儋州洋浦打造海南自由贸易港先行区、示范区和高质量发展第三极，做大经济流量、做强实体经济。推动在儋州洋浦全域先行先试“一线”放开、“二线”管住等一系列海南自由贸易港早期安排政策，在更大范围为全岛封关运作做好压力测试和积累经验。支持进一步优化“中国洋浦港”船籍港、船舶出口退税、保税油加注等运输来往自由便利政策，增加内外贸航线，促进船舶以及航运相关服务业等要素集聚。支持进一步深化洋浦跨境货物贸易、服务贸易和新型国际贸易结算便利化改革，打造海南自由贸易港新型离岸国际贸易先行区。支持利用自由贸易港有关投资、跨境资金流动和税收等政策，搭建对外投资的便利化平台，打造中国企业“走出去”的“桥头堡”。

（七）支持打造高新技术产业基地

鼓励国内外投资者积极利用加工增值货物内销免征关税等政策，用好国际国内两种资源、两个市场，坚持产业链、创新链并重，集约发展高附加值、低环境负荷的石化新材料、清洁能源、高端健康食品及旅游消费品、智能装备制造、海工装备制造等高新技术产业。支持洋浦加快石化新材料产业园、国际健康食品港、智能制造产业园等重大产业平台建设，推动产业向高端化、智能化、绿色化转型升级，将洋浦建设成国内一流的先进制造业基地和国际领先的石化新材料基地。到 2025 年，石化新材料产业产值突破 1400 亿元，高端健康食品加工、高端旅游消费品制造及智能装备制造产值均超百亿元，研究与试验发展经费支出占 GDP 比重达 1.5%，高新技术产业增加值占 GDP 比重达 8%，高新技术产业产值占比超过 85%。

（八）支持打造生产性服务业高地

支持洋浦建设面向东南亚的保税油加注中心和国际海事服务基地。做强集装箱物流、大宗商品物流、冷链物流、石化物流四大专业物流，打造国际航运中心和供应链服务中心，到 2025 年，集装箱吞吐量达到 500 万标箱，港航物流产业营收规模突破千亿元。支持洋浦实施全球贸易商计划，将洋浦建成我国重要的大宗商品集散交易基地、海南自由贸易港进出口贸易基地，到

2025 年，贸易规模突破 6000 亿元。支持开展保税维修业务和绿色再制造，打造国家再制造产业示范基地。支持加快引进法律服务、会计审计、资产评估、信用评级、融资担保、投资咨询等中介服务机构，为企业生产经营和产业发展提供专业服务，把生产性服务业做大做强。

（九）加快发展现代金融服务业

鼓励银行、证券、期货、信托、保险、金融租赁等金融机构在洋浦设立分支机构或者法人机构，支持扩展飞机、船舶等融资租赁业务，推进新型国际贸易结算便利化，实行有利于促进跨境贸易投资的外汇管理政策，为企业提供综合金融服务。鼓励各类金融机构用好用足海南自由贸易港政策措施，结合产业发展需要推动金融创新政策落地。支持符合条件的企业在境内外资本市场上市融资。支持海南国际能源交易中心立足海南，建设成为集石油储备、交易结算、能源交易为一体的国际化大型综合性交易平台。鼓励引进各类股权投资企业及创业投资企业。支持发展普惠金融。支持在洋浦建立统一高效的金融监管机构，对接国际监管规则，按照市场化、国际化的方式引进金融监管人才和金融干部，择优选派省直金融监管部门、中央金融管理部门驻琼机构、金融机构等单位的优秀干部人才前往洋浦双向交流、挂职任职、短期协作等。

（十）加快建设文化和旅游融合发展示范区

鼓励研究和弘扬东坡文化，加强对文物及非物质文化遗产的保护和传承。支持办好“三节两赛”（儋州调声文化节、东坡文化节、海南雪茄文化旅游节，国际马拉松赛、国际象棋特级大师超霸战赛），把儋州国际马拉松赛打造为国际品牌赛事。培育发展电影电视产业链，发展影视作品的版权交易、进口电影等业务，推进国际知识产权（版权）交易，建设国家对外文化贸易基地先行区。积极推动设立免税商店，完善邮轮游艇设施。以环岛旅游公路为连接线，高标准建设一批旅游驿站、度假区、A 级景区、主题公园和椰级乡村旅游点，打造红色旅游精品景区和线路，构建海花岛、东坡书院、莲花山风景区、千年古盐田、峨蔓火山海岸等旅游消费产品体系，打造精品化、国际化、多层次的“西部旅游黄金圈”。

（十一）建设热带特色高效农业高地

现代农业基础设施建设项目适当向儋州倾斜。加快建设国家现代农业产业园，推进天然橡胶生产保护区建设，争取国家对橡胶保护区政策和资金投入。支持以雅星生态养殖区为龙头的特色养殖业。推动天然橡胶、生猪等农产品“保险+期货”项目在儋州落地。打造峨蔓—海头现代渔港经济区，支持渔港、渔船基地升级改造和建设，实施渔船更新改造计划，鼓励生态养殖、智能化深远海养殖、海水鱼标准化养殖。完善热带农产品加工、储藏、冷链、物流和交易中心等全产业链条。支持开展“三品一标”提升工程。

（十二）建设区域性综合交通枢纽

支持洋浦对接国内国际航线和港口集疏运网络，建设港口型国家物流枢纽承载城市。支持洋浦国际集装箱枢纽扩建工程、小铲滩北港池、滚装码头、公共危险品码头及配套航道、锚地加快建设，进一步提升洋浦港口的货物吞吐能力。加快推进儋州机场建设前期工作，支持通用航空产业发展。支持洋浦铁路支线、洋浦港疏港高速（连接洋浦小铲滩—西线高速—中线高速/机场）等集疏运体系加快建设，加快形成“空、海、铁、公”协同的互联互通立体化综合交通体系，实现海陆联运、海空联运、水水中转的有机衔接。

（十三）加快重大基础设施建设

推动洋浦与那大城区的快速互联互通，提升环新英湾地区基础设施水平。支持建设环湾公路、环湾轻轨、滨海新区、中心渔港、滨海休闲观光大道、新英湾海底隧道、洋浦至那大快速路，加快构建环湾快捷交通一张网。加快琼西北供水工程、北门江天角潭水利枢纽工程等项目建设，协同推进区域水利基础设施建设和水资源保障。推进2×460MW热电联产项目、洋浦电厂改扩建项目，加快建设智能电网，提高供电能力和可靠性。加快推进天然气骨干网建设，补齐城镇天然气管网短板。推进智慧城市、智慧园区建设，加快5G、IPv6、综合能源补给站、大数据中心、人工智能、工业互联网、物联网等新型基础设施的推广应用，提升城市和园区管理水平。

（十四）进一步提升口岸服务能力

推进洋浦智慧口岸、EDI（电子数据交换）的信息化建设，推动港口集装箱设备交接单、装箱单、提货单等口岸物流单证无纸化，推动船公司统一海运电子提单标准。加强洋浦自动化码头建设，推广智能卡口、无人集卡等新技术，提升口岸基础设施和监管智能化水平。加快多式联运发展，支持建设多式联运公共信息系统。支持适时申请增设儋州机场口岸。支持洋浦完善对外开放口岸和二线口岸查验设施及综合指定监管场地建设，稳步提升洋浦口岸公共卫生核心能力、反走私能力。

（十五）构建适应自由贸易港发展的产业扶持政策体系

支持儋州洋浦根据授权自行编制、颁布实施基准地价及标定地价。支持儋州洋浦在自身财力范围内根据需要依法依规制定相应的优惠政策，设立企业发展专项资金和产业发展引导基金，对符合产业规划和环保标准的产业及基础设施、公共设施建设等项目给予扶持。根据企业和产业项目情况给予资金扶持，用于企业基本建设、科研创新、人力资源开发、市场拓展等综合补助。

（十六）加大财税支持力度

适度加大财政支持力度，合理划分省与市事权和支付责任，合理安排转移支付，在保持对儋州转移支付力度不减的基础上，原给予洋浦的重点园区优惠政策予以保留，并在安排中央补助资金和地债资金时予以重点支持。洋浦财税分成体制继续保留至 2022 年 12 月 31 日。省政府设立专项资金（包括专项债），全力服务保障环新英湾地区规划落地等重点工作和重大项目建设。

（十七）深化投融资体制改革

支持设立儋州洋浦发展投资基金，引导社会资本共同参与儋州洋浦开发建设。支持儋州洋浦通过特许经营、政府购买服务等方式，在交通、环保、养老等领域采取单个项目、组合项目等形式，扩大公共产品和服务供给。支持国际政策性银行、开发性金融机构等国际金融组织对儋州洋浦基础设施、公用事业及产业发展项目给予信贷支持。支持儋州洋浦联合引入国际财团或知名城市运营商开展合作，采用市场化融资，依法依规实施土地开发。加快洋浦控股市场化改革，实现由公益类国企向商业类国企转变，洋浦控股由洋浦管委会全权管理，人事、财务等重大问题由管委会自主决策。支持儋州洋浦市属国企提升在境内外资本市场融资能力。

（十八）强化各类要素保障力度

在排放、能耗等指标安排方面向儋州洋浦倾斜。加大用地用林用海要素保障，年度新增建设用地指标需求，由省统筹安排，支持儋州通过处置存量建设用地产生计划指标予以保障；对重大产业项目、基础设施项目用地指标不足的，由省根据全省指标情况调剂安排。深化农村“三块地”改革，允许以出让、租赁、作价出资或者入股等方式利用农村集体经营性建设用地进行产业项目建设。支持儋州洋浦统筹建设用地指标和耕地占补平衡指标，优先用于环新英湾滨海产业新城建设。开展新型产业用地（MO）试点，推进实施标准地制度。根据产业项目特点，采取长期租赁、先租后让、租让结合、弹性年期、作价入股等灵活方式供应土地。支持农垦集团在儋州的改革创新试点和重大项目建设，推动垦地融合发展。支持创新存量建设用地处置方式，支持儋州洋浦对因政府原因造成的闲置土地、低效利用土地，按照一事一议、集体决策的方式作出处置决定。

（十九）持续优化营商环境

建设统一的市场规则、互联互通的市场基础设施，清理废除妨碍统一市场和公平竞争的各种规定和做法。实施和深化极简审批改革，推动在具有强制性标准领域建立“标准制+承诺制”的投资制度。加强重点领域的风险监管和信用监管，全面推行跨领域的“双随机、一公开”监管，探索建立行业综合监管机制，对新技术、新产业、新业态、新模式实施包容审慎监管。建立完善公平竞争审查联席会议运行机制，探索建立重大政策措施会审制度。拓宽政企沟通渠道，建立营商环境等投诉维权机制。探索“简易破产”改革，实现简易破产制度创新。开展企业投资项目承诺制改革，深化工程建设项目审批制改革。支持引进国际知名的商事仲裁机构，完善国际商事纠纷案件集中审判机制。大力推动要素市场化改革，研究实施降成本优环境行动方案，切实降低企业生产运营成本。

（二十）进一步提升区域创新驱动发展能力

围绕产业链打造创新链，建立以企业为主体的技术创新体系，鼓励和支持企业建设工程（技术）研究中心、重点（工程）实验室、院士专家工作站和博士后科研工作站，加强与科研院所联合攻关，参与和主导国家、省重大科技项目。支持采取“政府支持、企业参与、市场运作”方式，建设功能多样、独立核算、自主经营、独立法人的新型研发机构。支持围绕石化新材料、健康食品、航运物流、海工装备制造等主导产业设立创新创业平台，提升科技创新服务水平。支持海南大学、中国热带农业科学院发挥农业科技优势，打造国际一流的国家热带农业科学中心。探索科技成果使用处置和收益管理改革，完善职务发明、科技成果转化制度，试点开展赋予科研人员职务科技成果所有权或长期使用权。支持儋州与全球动植物种质资源引进中转基地建立合作机制，开展科研育种育苗。加快建设德国比勒菲尔德应用科技大学和中德产业园，吸引优质企业资源和科教资源落户。

（二十一）提升基本公共服务水平

支持儋州洋浦争取城市现代化试点，建设宜居宜业城市。支持城镇基本公共服务常住人口全覆盖，扩大义务教育阶段公办学校学位供给，实现公共资源按常住人口规模配置。深化实施职业技能提升行动，提升农业转移人口就业能力。支持推进那大城区城市更新。支持儋州洋浦建设城乡融合发展试验区。允许以灵活的体制机制引进岛外优质教育、医疗、文化等资源，支持在儋州洋浦建设一批优质院校、医院、文体场馆设施，加大对海南西部中心医院、儋州市人民医院和滨海新区医院、海南大学儋州校区、上海师范大学附属实验学校（含幼儿园）、洋浦产城融合安居工程等项目建设支持力度。推进儋州洋浦城乡公共文化体育服务体系一体建设，实施文化体育惠民工程。健全覆盖全民、统筹城乡、公平统一、可持续的多层次社会保障体系。

（二十二）深化人才发展体制机制改革

支持儋州洋浦根据经济社会发展需要，制定急需紧缺人才目录，自主出台高层次人才认定标准，以市场化薪酬吸引高端人才，自主认定人才的标准和政策在儋州洋浦区域内执行。支持简化海外人才工作办理手续，积极推动将外国人工作许可审批权限下放至儋州洋浦，支持离岸创新人才引进及使用，鼓励儋州洋浦各类单位在港澳台地区及国外建立前端孵化基地、离岸研发中心并聘请使用高层次创新人才。加大干部人事制度改革力度，按照控制总量、急需紧缺原则，在专业性较强的政府机构设置高端特聘职位，实行灵活人事管理制度，吸引国内外一流专业人才。支持儋州洋浦施行以经常居住地户口登记制度，全面取消引进人才落户限制，灵活运用落户、购房等措施，吸引海内外人才集聚，为产业发展服务，并加强事中事后监管。推动在儋州洋浦设立外国人永久居留身份证受理点，为外籍高层次人才提供更加便利的工作、生活环境。

（二十三）不断优化生态环境

支持儋州创建国家生态文明建设示范区。支持环新英湾地区生态修复和环境整治，推进大气、水、土壤等协同防治和综合整治，推动减污降碳协同增效。支持推广光伏等清洁能源，降低碳排放强度，探索碳中和实现机制。优化生态环境空间布局，构筑与资源环境承载力相匹配的生态安全、新型城镇化和产业发展格局。严守生态保护红线、环境质量底线、资源利用上线、生态环境准入清单的管控要求，确保发展不超载、底线不突破。

（二十四）提升社会治理能力和治理水平

全面推进法治建设，持续推进平安建设。完善安全生产和应急管理体系，全面落实安全生产责任制。建立完善“一支队伍管执法”的综合行政执法体系。推进全国市域社会治理现代化试点创建工作。支持加快推进儋州洋浦社会管理信息化平台指挥中心建设，建立健全立体化、信息化、智能化社会治安防控体系，创建标准化“智慧平安社区”。按照宜放则放的原则，将贴近基层和群众的管理服务事项交由乡镇街道承担，构建社会治理、信息综合、指挥调度、联动处置体系，实现镇街行政管理与基层群众自治有效衔接和良性互动。强化机构编制和经费资源向一线倾斜，提高基层管理服务能力。

三、保障措施

（二十五）加强党的领导

把加强党的领导贯穿于儋州洋浦一体化发展各方面和全过程，坚持党建引领，确保正确政治方向。坚持用习近平新时代中国特色社会主义思想武装党员干部头脑，优化党的组织机构，加强基层党组织建设。把党的政治建设摆在首位，以改革创新精神抓好党建，充分发挥全面从严治党引领保障作用。认真贯彻落实党中央、国务院决策部署和省委、省政府工作安排，成立推进儋州洋浦一体化发展改革工作领导小组，强化地方主体责任，推动建立更加高效的一体化发展新机制，为实施统筹区域协调发展战略提供强有力的保障。省直有关部门要真放权、真支持，切实贯彻落实本意见提出的各项任务和政策措施。

（二十六）加强法治保障

运用法治思维和法治方式推进儋州洋浦一体化发展，充分发挥法治的引领规范保障作用。省人大常委会要充分运用自由贸易港法规制定权，围绕管理体制、开发建设、产业促进、监管服务等方面开展立法。省级下放洋浦的管理权限适用于儋州相关机构，给予充分的改革发展自主权。推动司法体制综合配套改革，支持儋州洋浦法院、检察院等司法机构整合。

（二十七）完善激励机制

完善干部考核评价体系，充分运用容错纠错机制，坚持“三个区分开来”，激励干部担当作为。按照激励与约束并重原则，实行体现工作绩效和分级分类管理的工资薪酬制度。妥善安置机关事业单位相关人员，全省统筹调配一批工作岗位进行合理安排，鼓励洋浦进行法定机构改革和政府雇员制度改革，对非体制内人员实施市场化激励机制，引导优秀人才到改革发展一线建功立业。

（二十八）加强风险防控

坚持底线思维，深入分析、提前研判可能存在的改革发展风险，重点防范意识形态、贸易投资、生态环境、安全生产等领域风险，制定防范预案，严格落实责任，加强舆论引导，营造安全稳定的良好环境。

后　记

2018 年 4 月 13 日，习近平总书记在庆祝海南建省办经济特区 30 周年大会上发表重要讲话。2020 年 6 月 1 日，中共中央、国务院印发《海南自由贸易港建设总体方案》。海南省社会科学界联合会（海南省社会科学院）紧紧围绕党中央、国务院重大决策部署，在海南高水平建设中国特色自贸港方向上持续深入开展一系列重大课题研究，形成一批有一定社会和学术影响力、目标导向与问题导向相结合、为自贸港建设实践提供必要理论支撑的研究成果。本书在海南省社会科学界联合会（海南省社会科学院）重大课题《推进儋州洋浦一体化研究》成果基础上成稿付梓出版，是近年来海南自贸港研究系列成果代表之一。

本书编写委员会由海南省社会科学界联合会（海南省社会科学院）与海南省工程咨询设计集团牵头组成，成员来自海南省社会科学界联合会（海南省社会科学院）、海南省工程咨询设计集团、海南经贸职业技术学院等单位。海南省社会科学界联合会（海南省社会科学院）原党组书记、主席（院长）王惠平任主编，海南省工程咨询设计集团原党委书记、董事长苏金明和海南省社会科学界联合会（海南省社会科学院）党组成员、副主席（副院长）熊安静任执行主编，海南省工程咨询设计集团刘桓和海南省社会科学院王艳婷任执行副主编。王惠平主编负责全书策划、总体设计、编撰统筹等工作，苏金明执行主编和熊安静执行主编负责章节安排、论点梳理、研究指导等工作，刘桓执行副主编和王艳婷执行副主编负责统稿校对、研究指导、章节撰写等工作。各章主要编写人员为（按贡献排名）：第一章刘桓、赖龙威、林凌子；第二章王嘉、林凌子、陈雨若、赖龙威；第三章安洋、刘桓；第四章刘桓、王维霞、王嘉、陈雨若；第五章安洋、刘桓；第六章王维霞、刘桓；第七章王嘉、陈雨若；第八章刘桓、王维霞；第九章刘桓、安洋、王维霞、林婷、林祖司。在此对所有具名和未能一一具名的参与单位和参与人员表示感谢！

本书引用参考了多位专家学者的论著、论文等研究成果及观点，使用了大量的公开数据和调研数据，呈现了多位调研受访对象的思想观点，在此一并表示衷心感谢和诚挚敬意！书中对引用部分做了标注，但恐遗漏之处不乏一二，对可能存在的疏忽敬请批评和指正！

海南自贸港建设如火如荼、日新月异。为了第一时间把本书呈现给各方读者，成稿过程较为匆忙，书中难免存在不足和不当之处，一定还有部分观点值得进一步商榷和论证，敬请各位专家、学者、读者批评指正和提出宝贵建议，并请发送电子邮件至 kyc_sky@ hainan. gov. cn 为盼！

本书的出版还要感谢中共儋州市委、儋州市人民政府、洋浦经济开发区管委会、儋州市委推进环新英湾港产城一体化开发建设领导小组办公室、儋州市社会科学界联合会等儋州市相关部门的大力支持和协助！感谢中国经济出版社姜静编辑、郑潇编辑在书稿修订、校对、编辑过程中的辛勤付出！

衷心祝愿中国特色海南自贸港早日建成，结出累累硕果！

《海南省儋州洋浦一体化发展研究》编委会

2023 年 3 月 1 日